W0339268

K

Samira Bellil

Durch die Hölle der Gewalt

Unter Mitarbeit von Josée Stoquart

Aus dem Französischen
von Gaby Wurster

Pendo Verlag Zürich

Für meine Leidensgenossinnen im Elend. Damit sie wissen, dass man herauskommen kann. Es ist schwierig und langwierig, aber es geht.

Für meine Familie.

Für meine Schwestern Mejda und Assïa. Ich liebe euch.

Papa Jean, Maman Josette, Toon, Vinaye und Vimala – danke für das Glück, das ich bei euch erleben durfte.

Unendlich dankbar bin ich den drei Menschen, die mir geholfen haben, wieder geboren zu werden: Fanny, die mich aus meiner Hölle herausgeholt und mir geholfen hat, ein »richtiger Mensch« zu werden. Josée, für ihre Aufmerksamkeit und ihre herzliche Unterstützung beim Entstehen dieses Buches; mit geschicktem Feingefühl und großem Respekt hat sie meine Texte überarbeitet. Und meinem Anwalt, der das Unmögliche versucht und für mich gewonnen hat. Vielen Dank für diese wunderbaren Geschenke.

Ich danke Boris Cyrulnik für sein Buch *Die Kraft, die im Unglück liegt;* es hat mir viel Hoffnung gegeben.

Besonderen Dank an Insaf alias »la Girafe« und Benoît »le digne« – eure große Liebe für die Menschen überrascht mich jeden Tag aufs Neue. An Térésa und ihre Familie. »Ich warte auf dich!« An Fabiola alias Madame Fifi II. An Memed, für seine Liebe und seine Geduld! An Franck, Nacim, Fred, David und all jene, die ich »chez Toi« getroffen habe. An Dourdin, mein Hauptquartier. An Malek, »du weißt …« An Totof, Kalhilou, Pishcal; an Don Jambone und seinen kleinen Bruder, der nun groß ist! An Mektoub und seine Familie; Kadar, Lydia, Sabrina, Redha, Raquel, Sonia, Marco (o ja!), Samuel, Coco; die kleine Maus; D.D.F. und all die anderen. An Cyril den Schönen; Virginie die Tochter der Nacht! Luis de Corch Valley, Jean-Claude, mein Onkel Doktor vom »Traumschiff«. Danke für eure Hilfe, eure Liebe und eure unbeugsame Moral.

Dank auch an all jene, die mir irgendwann zugelächelt und mir die Hand gereicht haben, als ich dringend Hilfe gebraucht habe.

Ruf: (m) Beurteilung, die jemand, etwas von der Allgemeinheit erfährt; Meinung, die die Allgemeinheit von jemandem, etwas hat.

Duden. Deutsches Universalwörterbuch

Ruf: Attribut, das einer Person durch Mundpropaganda zugesprochen wird; das Bild, das untrennbar mit einem Menschen verbunden ist und sein Leben ruiniert, sei er oder sie nun ein Schurke, ein Kasper oder eine »Schlampe«.

Die Realität des Ghettos

Vorwort

Dieses Buch ist ein Schlag ins Gesicht. Es führt uns ein gesellschaftliches Phänomen vor Augen, das in einschlägigen Vierteln am Rande französischer Großstädte die sexuelle Gewalt institutionalisiert und banalisiert. Sexualität existiert dort oftmals nur in Verbindung mit Gewalt und Herrschaft. Es gilt das Gesetz: Der Stärkste hat Recht. Das Gesetz des Dschungels.

Seit den achtziger Jahren haben sich in Frankreich immer mehr Cliquen gebildet, deren Anführer idealisiert wird. Für ihn ist die Anzahl der gemeinschaftlichen Vergewaltigungen ein Ehrentitel. Der Film *La Squale,* der das Leben der Jugendlichen in den Vorstädten von Paris dokumentiert (Frankreich 2000; Anmerkung der Übersetzerin) hat der Öffentlichkeit die Praktiken der gemeinschaftlichen Vergewaltigungen vorgeführt, bei denen ein Junge seine Freundin »herumreicht«.

Dieses Buch enthüllt die unerträglichen Lebensbedingungen mancher Mädchen, die hin- und hergerissen sind zwischen zwei Zwangssituationen: Entweder sie bleiben zu Hause eingesperrt oder sie laufen Gefahr, auf der Straße den Cliquen und ihren sexuellen Bestialitäten zum Opfer zu fallen.

Samira ist eine »Überlebende«. Mit vierzehn wurde sie zweimal Opfer von gemeinschaftlichen Vergewaltigungen, mit siebzehn zum dritten Mal. Ihre Jugend war zerstört, sie wurde gepeinigt von Scham und Schuldgefühlen, von der Zurückweisung der Leute und der Angst vor weiterer Gewalt. Erdrückt von ihrem Schmerz, von Unverständnis und Einsamkeit, konnte sie darauf nur mit Gewalt, kleineren Vergehen, Weglaufen und Herumstreunen reagieren. Sie hat sich zunehmend selbst zerstört, sie wurde ein kleines wildes Tier, eine Bombe, die jederzeit explodieren konnte.

Im Jahr 1998 verhaftete die Polizei 994 Jugendliche, die der gemeinschaftlichen Vergewaltigung minderjähriger Mädchen beschuldigt wurden. Laut einer landesweiten Untersuchung zur Gewalt gegenüber Frauen werden nur fünf Prozent der Vergewaltigungen erwachsener Frauen angezeigt. Über Fälle bei minderjährigen Mädchen gibt es keine Statistiken, aber es ist bekannt, dass es nur wenige wagen, Anzeige zu erstatten. Scham und die Angst vor Repressalien zwingen sie zum Schweigen. Deswegen steht die Justiz bei der Verfolgung solcher Verbrechen erst am Anfang. Viele Leute in verantwortlichen Positionen verschließen weiterhin die Augen und behaupten, diese gemeinschaftlichen Vergewaltigungen seien nur ein vereinzeltes Phänomen, sexuelle Gewalt gebe es überall.

In den »problematischen« Vierteln, in den sozialen Brennpunkten, in der Banlieue, leben vor allem Einwandererfamilien. Die Frau hat dort eine besonders schwierige Stellung. Die jungen Leute sind gefangen im Widerspruch zwischen den rigiden Regeln ihrer kulturellen Herkunft – religiöse Strenge,

Unberührbarkeit der Frau, Polygamie des Mannes – und einem stark erotisierten kulturellen Umfeld. Der Flirt ist genauso geächtet wie die Freundschaft zwischen Jungen und Mädchen, die sexuelle Spannung ist immens. Sexualität kennen diese Jugendlichen nur aus Pornos, ein anderes Bild von Liebesbeziehungen bekommen sie nicht vermittelt. Diese Jungen kennen keinerlei Reue und sind sich der Schwere ihrer Taten nicht bewusst. Für sie sind die gemeinschaftlichen Vergewaltigungen ein Spiel, die Mädchen sind pure Objekte.

Die missbrauchten Mädchen sind in den Augen der Jungs und des ganzen Viertels so genannte *filles à cave* – »Kellermädchen«, »Schlampen« gewissermaßen, mit denen man alles machen kann. Doch den Mädchen wird nicht nur körperliche Gewalt angetan. Neben dem Trauma einer Vergewaltigung müssen sie noch die psychische Gewalt ertragen, die ihnen mit einem zerstörten Ruf, mit der Scham, mit der Erniedrigung und, sollten sie es wagen, Anzeige zu erstatten, mit der Angst vor Repressalien angetan wird.

Durch diese Hölle ist Samira gegangen. Doch im Gegensatz zu anderen Mädchen, die in die Drogensucht, in die Prostitution oder in den Wahnsinn abgeglitten sind, hat sie es geschafft, sich beispielhaft aus dieser Hölle zu befreien. Mit neunundzwanzig Jahren ist sie nun eine junge Frau voller Lebenslust und Hoffnung.

Ihre Geschichte wollen wir erzählen, dieses Auftauchen aus dem Nebel, ihre Verwandlung, ihren Weg aus der Dunkelheit zum Licht. Samira will all jenen Mädchen Hoffnung geben, die wie sie eine zerstörte Kindheit und Jugend und eine zerstörte Zukunft haben. Vor allem für diese Mädchen hat Samira dieses Buch geschrieben, sie will ihnen sagen, dass es immer eine Möglichkeit gibt, sich zu retten.

In *Die Kraft, die im Unglück liegt* bewundert Boris Cyrulnik die Fähigkeit mancher Menschen, großes Unglück zu überwinden und trotz allem weiter zu leben. Er nennt diese Fähigkeit »Resilienz«, seelische Stabilität. »Ein Schicksalsschlag ist eine Wunde, die in unsere Geschichte geschlagen wird, er ist nicht das Schicksal selbst.« So korrigiert er die fatalistische Sicht, an die wir uns so gewöhnt haben.

Man kann sich fragen, was Samira die Kraft gegeben hat, aus dem Elend herauszukommen, während ihre Leidensgenossinnen daran kaputtgegangen sind. Samira hatte zwei Trümpfe: ihre ausgesprochen kämpferische Natur, die sie von ihrer Mutter geerbt hat, und die emotionale Stabilität, die sie in den ersten vier Lebensjahren bei ihrer Pflegefamilie bekommen hatte.

Nie hat sie die Hoffnung verloren. Nie hat sie den Willen aufgegeben, aus ihrem Elend herauszukommen und auch nach wiederholten Niederlagen weiterzukämpfen. Auch wenn es lange schien, als ob ihre Vergangenheit sie immer wieder unerbittlich einholen würde und als müsse sie weiterhin dafür bezahlen, dass sie zum Opfer geworden war.

Die Psychologin Fanny arbeitete fünf Jahre mit Samira. Mit Verständnis und mit Geduld hat sie ihr geholfen, aus ihrem Tunnel herauszukommen und das Fundament für das Weiterleben zu legen. Durch die therapeutische Arbeit wurde es Samira möglich, dieses Buch zu beginnen. So haben wir uns kennen gelernt.

Das Schreiben war die zweite Phase von Samiras Befreiung. Ich hätte sie auch interviewen und ihre Geschichte schreiben können, doch ich wollte, dass sie sie selbst schreibt. Sie hat eine starke und bildreiche Sprache, und Schreiben ist Arbeit an sich selbst. Es ist eine persönliche Innenschau, es präzisiert die Dinge.

Schreiben mit dem Ziel, gelesen zu werden – erst von mir, dann von einem potenziellen Leser –, das hat Samira zur Disziplin angehalten und verhindert, dass sie sich in spontanen Ergüssen »gehen ließ«. Dieses Buch sollte keine Verlängerung ihrer Therapie sein. Mit meinen Kommentaren habe ich versucht, Samira zu mehr Prägnanz und mehr Kohärenz zu bewegen. Ich habe an dem Text mitgearbeitet und hoffe, dabei den Ton des Berichts und Samiras Persönlichkeit respektiert zu haben.

Ich habe es nicht bereut, dass ich Samira meine Unterstützung für dieses Buch zugesagt habe. Ihr Eifer, aus der Not herauszukommen, und ihre grausame Geschichte haben mich mitten ins Herz getroffen. Und ich habe Tränen gelacht, als mich diese junge Frau voller Pep mit ihrer deftigen Sprache und ihrem bissigen Humor in ihre Welt geführt hat.

Samira, das Mädchen aus dem Maghreb, hat das Leben mit mir geteilt und meine Gedanken beherrscht, teilweise auch die Gedanken meiner Familie und meiner Freunde. Für dieses gemeinsame Abenteuer war ich durch und durch empfänglich. An der Befreiung eines Menschen teilzuhaben ist eine einzigartige Chance und ein großes Glück.

Wir haben uns ein Jahr lang für zwei oder drei Stunden pro Woche getroffen. Anfangs war Samira noch beherrscht von ihrer Vergangenheit, sie war verbittert und sie litt. Ihre Erinnerungen und deren Aufarbeitung waren noch wirr. Sie kam nicht los von dem, was sie durchgemacht hatte, und sie sah sich immer noch als die Schuldige, die verdient hatte, was ihr zugestoßen war. Sie hatte keine Worte, um die Gefühle auszudrücken, die mit diesen Traumata verbunden waren. Auch ihr Körper reagierte und litt, während die Erinnerungen in ihr hochkamen.

Erst als die Gewalt, die ihr angetan worden war, aus ihrer Erinnerung herausgefiltert, niedergeschrieben, gedruckt, gelesen und wieder gelesen worden war, konnte sie sich langsam von ihrer Vergangenheit distanzieren und ihren Frieden finden. Alles war gesagt, hinausgeschrien, hinausgeheult. Alles war reflektiert, verstanden, integriert. Sie hatte alle Stücke ihres Lebens an den richtigen Platz gesetzt. Alles war sortiert, geordnet, aufgeräumt. Und endlich war Platz für etwas anderes.

Heute sieht sich Samira nicht mehr als »Samira, die Vergewaltigte«, sondern als eine Samira, die nicht mehr über ihre Vergangenheit sprechen will, eine Samira, die neu geboren wurde und jetzt lebt.

Josée Stoquart

1 Jaïd und K.

»Danke, Mesdemoiselles, auf Wiedersehen.«

Der Verkäufer mit dem buschigen Schnurrbart hat nichts gemerkt. Er hat nicht gesehen, dass unsere Schecks gefälscht sind und er hat auch nicht die Angst in unseren Augen gesehen. Nichts hat er gesehen. Gar nichts!

Schon immer haben Sofia und ich von diesen *Weston* für 1 450 Francs geträumt! Also haben wir beide unseren Müttern einen Scheck geklaut und ihre Unterschriften mit Kohlepapier abgepaust. Wir wollten was hermachen, wir beide. Wollten diejenigen sein, die *Weston* tragen! Ich hab mir rotbraune *Golfs* ausgesucht, Sofia schwarze Halbschuhe. Echt Wahnsinn!

Wir gehen aus dem Laden und haben große Taschen mit goldener Aufschrift in der Hand; darin sind unsere alten Latschen. Wir können es kaum glauben! An der Gare du Nord verabschieden wir uns. In der S-Bahn nach Garges schiele ich immer wieder auf meine Treter, ich kann den Blick nicht abwenden, sie sind einfach stark.

In Garges besuche ich Rachida und die anderen, ich will mit meinen Schuhen für 1 450 Steine angeben. Ich gehe wie auf Wolken. Ich platze fast!

Ich bleibe eine Weile bei meinen Freundinnen, gegen Mitternacht gehe ich nach Hause. Ich habe mir angewöhnt, auf dem Heimweg durch eine Siedlung zu gehen, die *Cité bleue;* dort ist immer jemand aus der Clique – egal, ob es regnet, ob es schneit oder stürmt. Heute sind Bouboule, Poisscaille, Salim la Crevette, Karim le Fou und Gros Blaze da: die Hofnarren von »König Jaïd«.

Jaïd ist der Boss, er ist geachtet und gefürchtet im ganzen Viertel, sein Wunsch ist Befehl. Aber ich habe keine Angst vor diesen Typen, zu mir sind sie nett. Doch was ich für Freundschaft halte, ist Hinterhältigkeit, was ich für Respekt halte, ist Heuchelei. Ich bin nämlich nur Jaïds Bumse. Aber das weiß ich heute Abend noch nicht.

Jaïd habe ich mit dreizehn in der *Cité bleue* kennen gelernt. Es war Sommer, ich hatte Ferien, aber ich durfte nicht raus. Ich war gerade aus Saint-Rosaire rausgeflogen, einem katholischen Internat; davor war ich schon von zwei anderen Schulen geflogen, und meine Eltern fanden, dass sie nun strenger sein müssten. Das hat ein bisschen geholfen, aber nur, was mein Verhalten betraf. Die verhätschelten Kids haben auf mich abgefärbt: Ich bin nicht mehr ausgegangen, habe nicht mehr geklaut, nicht mehr geschwänzt, aber ich habe deswegen nicht besser gelernt. Ich war mit dem Kopf schon lange ganz woanders! Mit der Schule hatte ich nichts mehr am Hut, mit meinen Eltern auch nicht.

Meine Eltern wollten mich deshalb bestrafen und mich in den Ferien zu Hause einsperren. Doch es kam für mich überhaupt nicht in Frage, dass ich den ganzen Sommer lang die Sonne nur durchs Fenster scheinen sah! Sobald es ging, bin ich abgehauen. Für eine Stunde, für drei Tage, für vier Tage oder mehr, je nachdem. Ich kam nur nach Hause, um mich zu waschen und umzuziehen, zu schlafen, ein paar Bissen zu essen und eine Tracht Prügel zu kassieren, dann verschwand ich wieder für länger. Wie vor der Zeit bei den Katholiken hing ich mit meinen Freundinnen von früher rum.

In jenem Sommer war ich öfter in Jaïds Viertel, und irgendwann hat er sich für mich interessiert. Ich war neu, und die ganze Clique stand auf mich. Jaïd hat mich angemacht. Und er hat mich genommen.

Ich war dreizehn. Er war neunzehn. Er war der Star des ganzen Viertels. Dunkle Haut, rasierter Kopf, Augen so schwarz, dass man fast Angst bekam. Ein Körper wie Bruce Lee. Er machte Thai-Boxen und konnte dadurch eine ganze Menge Kerle zusammenschlagen. Als ich ihn besser kennen lernte, merkte ich, dass er respektiert und gefürchtet war, die ganze Clique und das ganze Viertel zitterten vor ihm. Das alles hat mich damals enorm beeindruckt. Und treibt mich jetzt zur Flucht.

Ich war ihm total verfallen, gefangen in dem Netz, das er um mich herum gesponnen hatte. Ich ließ mich von seinen Worten und seinen schönen Augen einlullen. Mit dreizehn glaubt man an die Liebe, an die Liebe auf den ersten Blick. Und malt sich die wahnwitzigsten Geschichten aus! Ich lebte in meinen Träumen, in meiner Seifenblase, und diese Blase schützte mich auch vor den Schlägen, die ich zu Hause einstecken musste. Für mich gab es nur noch Jaïd. In seinen Armen suchte ich verzweifelt die Liebe, die ich zu Hause nicht fand.

Bis ich elf war, lief eigentlich alles glatt. Ich war ein braves Mädchen und mochte besonders gern Musik. Ich hatte Unterricht am Konservatorium und lernte Klavierspielen. Ich ging ins Ballett und machte Jazz-Tanz. Auch Malerei und Theater gefielen mir. Vielleicht hatte ich damals das Zeug zu einer Künstlerin – ein schwieriges Mädchen war ich aber ganz sicher noch nicht!

Doch dann bin ich widerspenstig geworden, und der ganze Ärger begann. Auf der Straße wurde ich das, was man eine *caillera* nennt, eine richtige Göre, ein Ghettokid. Ich habe angefangen, mich wie eine Halbstarke aufzuführen, habe wegen jeder Kleinigkeit die Leute blöd angemacht, habe im Euromarché *Granola*-Kekse und *Burlington*-Strümpfe geklaut, die damals große Mode waren. Ich hatte nur Unsinn im Kopf.

Vor Jaïd war ich einfach so mit Jungs zusammen – um mich wichtig zu machen, um sagen zu können, dass ich mit einem Kerl gehe. Dieser ganze Mist eben. Aber ich war nicht in sie verliebt. Mit Jaïd war das anders. Das war Ernst für mich. Ich war glücklich, dass ich angesehen, gefragt, »geliebt« war. Mit Jaïd hielt ich mich für unwiderstehlich und ich glaubte, die anderen würden mich respektieren. Die »Freunde« fraßen die Geschichte, ich bin fast geplatzt, so eingebildet war ich. Mit dreizehn ist es für die Jungs nicht von Bedeutung, ob man blond oder braun ist – Hauptsache, man hat einen »geilen Arsch«.

Jaïd! Bei ihm bin ich dahingeschmolzen wie ein Eiswürfel. Er war zu schön für mich. Er war der Chef, er war toll, er genoss so viel Respekt – und da interessierte er sich für ein Mädchen in meinem Alter! Ich konnte es kaum glauben!

Er hatte zwar eine Freundin, aber trotzdem hat er mich angemacht und zu mir gesagt: »Ich bumse dich vor meiner Tuss!« Heute wurmt mich das. Ich sage mir: Wenn ich weniger verliebt, ein wenig älter und ein wenig scharfsinniger gewesen wäre, dann hätte ich damals aufwachen müssen. Aber ich war wie betäubt und ich litt so sehr unter fehlender Zuneigung, dass ich rein gar nichts gemerkt habe. Er tat mir schön, und ich blöde Pute bin drauf reingefallen. Ich glaubte an die Liebe auf den ersten Blick und meinte, für mich schmeißt er alles hin, sogar seine Tuss lässt er sitzen!

Im Viertel war ich also »die Frau von Jaïd«. Wie die Gräfin von Rotz war ich die Frau von Jaïd, und dieses Adelsprädikat veränderte mein Leben. Ich bekam Achtung und Beachtung, ich kam mir wichtig vor. Ich muss wirklich gestehen, dass mir das alles übel zu Kopf gestiegen war.

Jaïd gefielen vor allem meine Augen; aber es gefiel ihm auch, dass ich noch nicht so durchtrieben war wie die anderen Ghettokids. Ich machte zwar kleine Dummheiten, aber ich war nicht verschlagen. Ich kam von einer katholischen Schule, ich wohnte nicht in einem Wohnblock, sondern in einer kleinen Siedlung, und das reichte aus, um mir den Stempel einer kleinen Spießerin aufzudrücken.

An Jaïds Seite habe ich mich sehr verändert, ich bin hart geworden. Aber er hat mich nicht dazu getrieben, Mist zu bauen; das habe ich vor ihm und ohne ihn auch getan. Ich wollte vor allem Eindruck auf ihn machen, wollte sein wie er: abgebrüht, gefürchtet und respektiert. Eine kleine Draufgängerin, die sich um nichts schert, die vor nichts Angst hat. Seinetwegen musste ich gegen Vorurteile und veraltete, überkommene Tabus kämpfen. Ich fühlte mich hin- und hergerissen zwischen den willkürlich auferlegten Pflichten meiner Herkunft und meinen Träumen von der Freiheit. Ich wollte frei sein, wollte nicht gefügig und zu Hause eingesperrt sein wie die anderen Mädchen um mich herum. Ich wollte dieselben Freiheiten haben wie ein Junge. Wollte frei atmen, wollte das Leben in vollen Zügen genießen. Und das ist doch ganz normal!

Ich merkte nicht, dass in unserer Beziehung etwas nicht stimmte. Ich begriff nicht, dass ich zwar Jaïds Freundin war, aber nicht so, wie ich es eigentlich wollte. Wir trafen uns lediglich hin und wieder, dann nahm er mich mit und vögelte mich, entweder in irgendeiner Ecke oder bei sich zu Hause. Ich war eine Marionette in seinen Händen, ich ließ es geschehen, ich akzeptierte alles im Namen der Liebe – eines Begriffs, den mir noch niemand erklärt hatte.

Meine Gefühle für ihn hinderten ihn nicht daran, mich in den Dreck zu ziehen, mich zu demütigen, meine Hoffnungen und meine Illusionen zu zerschlagen. Er hat nichts getan, um mich darauf vorzubereiten, dass ich mich veränderte und dass ich abrutschte. Er hat nichts gesagt, er hat mich lieber benutzt und mich besudelt, wann er wollte, wo er wollte. Das war praktisch. Mein Leben geriet auf die schiefe Bahn, ihm war es egal.

Die Leute hatten immer weniger Respekt vor mir. Mir eilte ein gewisser Ruf voraus, weil Jaïd seiner Clique unser »Zusammensein« in allen Einzelheiten schilderte. Er verriet mich schamlos, und ich doofe Kuh liebte ihn weiterhin und merkte nichts von seiner Falschheit und von all dem, was er über mich rumerzählte. In seiner Clique wussten alle, dass ich die Beine breit machen musste, sobald ich bei ihm war. Und sicherlich fragten sich alle Typen: »Warum nicht ich?«

Seit ich Jaïd kannte, hatte ich mich wahnsinnig verändert. Für die Erzieher, die Sozialarbeiter und für meine Eltern war in den anderthalb Jahren, die ich mit Jaïd zusammen war, aus einem schwierigen Kind ein hoffnungsloser Fall geworden.

Nachdem nun also der Rahmen gesetzt ist, komme ich wieder auf jenen besagten Tag zurück, als ich mit meinen *Weston* in die *Cité bleue* kam.

Ich laufe also mit meinen *Weston* rum: Wow, diese Schuhe sind echt geil! Eigentlich habe ich das Gefühl, ich sollte es an diesem Abend nicht übertreiben, sondern heimgehen, weil ich schon so lange nicht mehr zu Hause war.

Doch Jaïds Clique ist vollzählig am Treffpunkt.

Auch Jaïd. Alle stieren meine Treter an. Er spricht mich an, ich habe nur Augen für ihn.

»Wie geht's?«

»Gut.«

»Haste 'ne Kippe?«

Ich gebe ihm eine.

»Scharf, deine *Weston!*«

»Danke.«

»Kommst du?«

Diese beiden abgedroschenen Worte – und ich war im siebten Himmel! Ach, ich war nicht anspruchsvoll! Nicht die geringste Zärtlichkeit, nicht die geringste Zuwendung. Er behandelte mich wie einen Hund, und ich schwamm im Glück!

Ich soll kommen. Also folge ich ihm wie verzaubert. Er schleift mich in sein Loch. Ein ausgebautes Kellerloch mit einem Sofa, wo es nach Benzin und Schimmel riecht. Später habe ich erfahren, dass ich bei weitem nicht die Einzige war, die er hierher gelockt hat.

»Deine *Weston* sind geil. Kleine Größe. Das hat echt Stil!«

Ich habe ein bisschen Angst, dass er sie mir klauen und verscherbeln könnte, doch so etwas macht ein Kerl nicht mit seinem Mädchen, denke ich und merke einfach nicht, dass das, was er mit mir macht, tausendmal schlimmer ist …

Er drückt mich an sich. Er küsst mich. Ich platze fast vor Glück – erst die Schuhe und jetzt Jaïd! Ein toller Tag! Er macht »Liebe« mit mir, das heißt, er leert seine Eier, dann kann ich gehen.

Heute bedrückt es mich, dass ich null und nichts geblickt habe. Ich komme mir beschämt und schmutzig vor, dass ich dieses Elend hingenommen habe. Sich einfach so, in einem düsteren Loch, wo es nach Benzin und Scheiße stinkt, auf einem modrigen Sofa von so einem Arschloch vögeln zu lassen! Das ist erbärmlich, das ist schändlich. Und ich dumme Gans fühlte mich geliebt und schwamm im Glück.

Als ich aus dem Keller komme, ist die Clique immer noch am Treffpunkt. Einer ruft nach mir, er will eine Kippe. Ich gehe hin. Er kommt mir schnell entgegen und macht mich blöd an, er erfindet irgendeine Geschichte, um mich anzulocken. Während ich noch versuche zu verstehen, was sie von mir wollen, kommen die anderen herüber. Jaïd ist nirgends zu sehen.

Ich fange eine Ohrfeige, ohne zu begreifen, warum. Ich spüre, wie meine Wange heiß wird. Ich will reagieren, aber dazu habe ich keine Zeit mehr. Ein Tritt in den Rücken streckt mich zu Boden. Ich begreife überhaupt nichts mehr. Vor zehn Minuten haben wir noch zusammen rumgealbert, nun sehe ich mich wilden Tieren gegenüber, die sich auf mich stürzen.

Ich höre: »Halt die Schnauze!«, während sieben oder acht wild gewordene Typen auf mich einschlagen und ihren Teil vom Kuchen fordern. Sie wollen, dass ich sie ein wenig »verwöhne«. Ich bekomme immer mehr Angst und Panik, dass ich herhalten muss – dennoch versuche ich, mich zu wehren, so gut es geht, obwohl es von allen Seiten Schläge hagelt. Auf die Schenkel, auf den Rücken, in den Bauch, ins Gesicht. Ich schlage zurück, ich kralle mich fest, ich kämpfe mit aller Kraft.

Plötzlich höre ich eine Stimme, die ihnen sagt, dass sie aufhören sollen. Jaïd? Nein. Zu meiner großen Überraschung ist es Jaïds Kumpel, sein bester Kumpel K.

K. Ein Mordskerl. Ein Muskelpaket. In ihm steckt ein wildes Tier. Er ist ein Bulle, er hat einen Stiernacken, Glotzaugen und riesige Hände, Totschlägerhände. Angeblich sei er ein Schlächter und nicht ganz richtig im Kopf. Er versetzt einen wirklich in Angst und Schrecken, alle gehen ihm aus dem Weg. Er ist ein Meister in allen Disziplinen des Schlechten. Er hat sogar schon mal einen totgeschlagen und sich mit Notwehr herausgeredet. Ich selbst habe gesehen, wie er einmal einen Typen gezwungen hat, einen anderen zusammenzuschlagen, und wie er ihm gedroht hat, ihn fertig zu machen, wenn er nicht gehorcht. K. wollte schon öfter mit mir reden, aber ich hatte solche Angst vor ihm, dass ich jedes Mal verschwunden bin.

K. schreit also, und die Schläge hören auf. Die Angreifer lassen von mir ab. Ich bin gerettet. Der Albtraum ist vorbei. Ganz erleichtert danke ich K.

Und da haut er mir voll eine rein. Er zieht mich an den Haaren hoch, schleift mich fort, sagt, ich solle aufhören zu schreien und ihm folgen. »Haut ab!«, sagt er zu den anderen. Sie verziehen sich. Je mehr ich schreie, desto härter schlägt er zu. Total erschrocken, benommen und fast verrückt vor Angst gehorche ich. Wir gehen Richtung Nationalstraße, er zerrt mich an den Kleidern mit. Ich sterbe fast vor Angst, ich flehe ihn an, mich in Ruhe zu lassen, mich nach Hause gehen zu lassen. Ich rede auf ihn ein, versuche, vernünftig mit ihm zu reden. Doch ihn interessiert gar nicht, was ich sage, er hört mir nicht mal zu. Irgendwann kann ich mich aus seinem Griff befreien und ich renne, so schnell mich meine Beine tragen. Ich bin wie von Sinnen. Ich will ein Auto anhalten. Ich schreie, ich brülle, man müsse mir helfen, doch die Autos fahren vorbei, ohne mich zu beachten.

K. wird bei meinem Geschrei wütend und schlägt wieder mit voller Kraft zu. Er gibt mir ein paar Kinnhaken, die mich ganz umhauen. Ich weine vor Erschöpfung, vor Ohnmacht, vor Schmerz. Mein Gesicht ist tränenüberströmt und voller Blut. Er hat keinerlei Mitleid, er schlägt und schlägt, bis ich keine Kraft mehr habe, mich zu wehren, und bis ich begreife, dass ich ihm bedingungslos folgen muss, wenn ich überhaupt am Leben bleiben will.

Also gehorche ich. Ganz erschöpft von diesem ungleichen und hoffnungslosen Kampf wanke ich hinter ihm her. Auf dem ganzen Weg haut er mir immer wieder eine rein, um meine Angst zu schüren und mich willenlos zu machen. Er sagt kein Wort. Ich suche einen Ausweg aus meiner Lage, obwohl ich weiß, dass ich keine Kraft mehr habe. Außerdem sind meine Beine vor Angst wie gelähmt.

Angst ist etwas Entsetzliches. Sie raubt einem alle Kraft, sie raubt einem den Atem, sie lähmt einem die Beine. Als wäre man vollständig gelähmt, innen wie außen. Körper, Seele und Geist sind gebrochen. Wie viele Leute sagten mir später: »Ich, ich hätte an deiner

Stelle das und das gemacht … Man kann sich doch immer wehren … kann den Angreifer überraschen, ihm in die Eier treten …« Und so weiter. Wie oft habe ich solche unsinnigen Sätze gehört, die mir Schuldgefühle einimpften, mitleidlose Kommentare von Leuten, die niemals erlebt haben, was wirkliche Angst bedeutet.

Schließlich kommen wir zu einem Wohnblock und gehen in den dritten Stock hinauf. Vor einer dunklen Tür bleiben wir stehen. Ich kann noch den Namen auf dem Türschild lesen. Eine saubere Wohnung, sparsam in Beigetönen eingerichtet, ein großes, halbkreisförmiges braunes Sofa. Fernseher, Video, Teppichboden. Schlicht und wohnlich. K. weiß, dass ich nach den Schlägen ins Gesicht nicht mehr schreien werde, und so redet er mit mir, als sei nichts gewesen.

»He, Mann, deine Schuhe sind echt abgefahren! Hast du vielleicht Hunger? Willst du was essen, was trinken? Also, du treibst es jetzt mit Jaïd, was?«

Ich begreife sein Verhalten nicht. Ich bin von unsäglicher Angst beherrscht. Worauf will er hinaus? Warum spricht er nun so ruhig mit mir, wo er mich noch vor wenigen Minuten verprügelt hat? Wie erstarrt sitze ich auf dem Sofa. Ich höre ihm zu, sehe mich aber überall um. Ich will mich an alles erinnern. Ich sage mir: »Sieh hin! Erinnere dich! Man weiß nie. Vielleicht fragt man dich eines Tages, und dann brauchst du das als Beweis …«

Ich höre, wie ich auf seine Fragen antworte. Was passiert da mit mir? Wie kann ich nur so ein Gespräch führen? Ich spiele mit, ich habe Angst vor weiteren Schlägen. Durch mein Verhalten habe ich das unangenehme Gefühl, gefügig zu sein. Aber was soll ich tun? Ich will doch nicht sterben! Jahrelang hat mich dieser Gedanke gequält. Ich fühlte mich schuldig, weil ich mich nicht gewehrt habe. Heute weiß ich, dass ich nicht anders handeln konnte. Ich wollte nur meine Haut retten.

»Geh dich waschen! Dort ist das Bad. Und wasch dich von Kopf bis Fuß!«, sagt er und wirft mir ein Handtuch zu.

Um sich zu vergewissern, dass ich auch tue, was er will, sieht er zu, während ich mich wasche. Ich sage nichts, aber ich bin stinksauer. Arschloch! Scheißkerl! Er hält mich für ein Dreckschwein. Aber, Freund, selbst auf der Straße habe ich es immer geschafft, sauber zu sein!

Dann sagt er, ich soll mitkommen. Er geht zum Videorekorder und legt eine Kassette ein. Es ist ein Porno. »Schau zu und mach's nach!«

Ich mache, was er sagt. Ich könnte kotzen, aber ich beherrsche mich. Ich habe Angst, dass er wieder zuschlägt. Ich bin »nett«, damit es so schnell wie möglich vorbei ist und ich nach Hause gehen kann.

Während ich seine Befehle ausführe wie ein Roboter, flüchte ich mich mit aller Willenskraft in meine Gedanken, mein Kopf arbeitet wie wild. Ich begreife sehr schnell, dass dies der einzige Ort ist, der mir noch bleibt, der einzige Ort, wohin ich mich flüchten kann. Er hat meinen Körper – meinen Kopf hat er nicht. Mein Kopf gehört nur mir allein.

Ich denke an meine Eltern, an meine Schwestern, die nun schlafen. Ich denke an all das, was mein Leben ausmacht … Und dann sehe ich im Geiste wieder den Namen an der Tür. Daran halte ich mich fest. Ich lasse Bilder vor meinem inneren Auge vorüberziehen: meine Freundin Sofia, die Schule, die Ferien in Belgien, Maman Josette … alles. Nur damit ich diesen Atem, diese Haut nicht spüren muss, diesen Geruch nicht riechen muss. Keine Frage, dass ich nicht mal für einen Moment an das denken will, was er mir antut! Ich will diese Realität hier nicht! Und während ich mich in meinem Kopf verschanze, schaffe ich es, mich von dem zu lösen, was mein Körper »erlebt«. Mein Körper gehört mir nicht mehr.

Endlich ist es vorbei. Ich weiß nicht, wie lange das Ganze gedauert hat. Hoffentlich kann ich jetzt gehen! Aber nein, er bringt mich in ein Zimmer am Ende des Gangs. Überall Poster und rote Lampen. Er sagt, ich soll mich aufs Bett legen, und schließt mich ein. Ich liege im Dunkeln und warte, ich weiß nicht, was auf mich zukommt. Ich liege mit offenen Augen da. Ich höre mein Herz schlagen, es füllt allen Platz in meiner Brust und in diesem Zimmer aus. Ich habe total Schiss, ich glaube, er will mich umbringen.

Ich höre Geräusche. Eine Tür schlägt zu. Ich höre leise Stimmen. Die Tür des Zimmers geht auf. K. und ein anderer Typ kommen herein. Ich kenne ihn nicht. Er ist klein, hat dichtes Haar und ist weitaus weniger kräftig als K. Er sagt kein Wort, nur K. redet. »Du machst, was er will. Und stell dich bloß nicht an, ja! Du musst nur nett sein, das ist alles.« Und so fängt es wieder von vorn an. K. zwingt mich, es seinem Kumpel zu besorgen.

Diese ganzen Schweinereien widern mich an. Mein Herz verkrampft sich, mir dreht es den Magen um, ich könnte kotzen. Ich schließe ganz fest die Augen. Ich mache, was man mir sagt. Wie eine Maschine. Ich leiste keinen Widerstand, ich bin eine Art Sklavin, ich bin ein Stück Scheiße, ich bin ein Nichts in ihren Händen.

»Bei dir krieg ich keinen hoch, du blöde Schlampe!«, sagt er und zwingt mich nachzuhelfen. Er stinkt, er ekelt mich an, mir ist ganz schlecht. Ich würde sie am liebsten vollkotzen, mich selber vollkotzen, aber ich habe Angst vor den Schlägen, die es von einer Sekunde auf die andere wieder hageln könnte, und getrieben von Angst und Hass mache ich, was sie wollen. Ich bete zu Gott, ich flehe ihn in meiner ganzen Verzweiflung inständig an, mir zu Hilfe zu kommen. Mein Gebet steigt aus meinem Bauch, aus meiner Seele hinauf in meinen Kopf und explodiert dort.

Doch plötzlich kommt ein dritter Kerl ins Zimmer. Auch ihn habe ich noch nie gesehen. Er verlangt von dem anderen, dass er sich beeilt, nimmt die Augen nicht von uns und wichst. Dann wollen sie, dass ich es mit ihnen beiden zugleich »mache«. Ich bekomme Panik, ich verliere fast den Verstand, ich heule. Ich schreie, ich flehe sie an, mich in Ruhe zu lassen.

K., der hinausgegangen war, kommt zurück und will wissen, was los ist. Die beiden sagen es ihm, er schnauzt den zweiten Typen an: »Hau ab, du hast genug gehabt!« Und ich bin allein mit dem Dritten. Ich bin völlig am Ende … Ich komme mir gemartert vor, missbraucht, geschändet, kaputt.

Langsam schließe ich mich in ein schwarzes Loch ein, in die große Leere. Mir ist alles egal. Als hätte meine Seele meinen Körper verlassen. Nicht mehr *ich* liege hier, auf diesem Bett, nicht mehr *ich* muss diese Hände, diese Haut, diese Gerüche, diesen Schmutz und diese Bestialitäten ertragen – es ist nur mein Körper, der zu einem reglosen, fühllosen Ding geworden ist. Der Prozess, der vorhin ausgelöst wurde, geht weiter und zieht Kreise. Ich habe alles getan, damit ich mich in meine Gedanken flüchten kann, damit mich nichts mehr berührt, damit ich nicht mehr dabei sein muss bei dem, was da mit mir geschieht. Ich bin von meinem Körper losgelöst, ich bin betäubt. Ich bin woanders. Mein Körper gehört mir nicht mehr. Vielleicht ist er tot. Jedenfalls haben mir diese Plünderer, diese Aasgeier, nicht meine Seele geraubt – dorthin, in meine Seele, habe ich mich geflüchtet, in ihr lebe ich.

Sie haben mich die ganze Nacht missbraucht und ihre niedrigsten Triebe an mir ausgelebt. K. hat mich auch körperlich gequält; darüber will ich nicht sprechen. Die Erniedrigung hat ihre Grenzen. Es ist eine Qual, diese Erinnerungen wieder heraufzubeschwören, und ich ertrage es nur, weil ich Zeugnis ablegen will.

Am frühen Morgen sind nur noch K. und ich in der Wohnung, die beiden anderen sind gegangen. Und wieder verwandelt sich K., ich erkenne ihn nicht mehr wieder. Er tut so, als sei überhaupt nichts gewesen, er macht mir Frühstück, er putzt sogar meine *Weston.* Als wollte er sagen: »Du hast ja jetzt gesehen, dass ich kein Scheißkerl bin.« Und ich nehme es hin.

Draußen in der frischen Luft habe ich das Gefühl, von einem anderen Planeten gefallen zu sein. Wie ein Roboter gehe ich zur Bushaltestelle. »Schnell, der Bus!« Da stehe ich nun, mit meinem zerrissenen Pullover, mit meinen glänzenden *Weston.* Ich bin am Ende. Ich kann mich kaum noch auf den Beinen halten. Ich weiß nicht mal, wie ich aussehe, ich versuche, in den Blicken der Leute zu lesen. Sie sehen nichts. Es ist Morgen, ein neuer Tag bricht für sie an, ein Tag wie jeder andere. Und ich – ich bin aus einem Albtraum erwacht. Ich versuche, vor den Leuten ganz normal auszusehen, wie ein ganz normales Mädchen, das ganz normal auf den Bus wartet.

Ich schlucke Sturzbäche von Tränen hinunter. Ich stopfe meine Schreie ganz tief in mich hinein. Mir ist, als hätte ich einen riesigen Kloß im Bauch, einen Kloß aus Schreien, Schlägen, Flüchen, Tränen. Und um diesen Kloß herum steckt die Gewalt und wartet nur darauf zu platzen, zu zerspringen. Aber nichts geschieht. Da stehe ich, aufrecht, und warte auf diesen Scheißbus. Der Fahrer macht mich wegen der Fahrkarte an, ich schreie ihn an, er soll mir bloß nicht auf die Nerven fallen!

Wohin soll ich gehen? Nach Hause? Am liebsten würde ich weit fort gehen, ganz weit fort, damit mich niemand mehr findet, irgendwohin, wo mir niemand Fragen stellt, an einen Ort, wo ich frei bin, wo es mir gut geht.

2 Allein

Ich gehe zu Sofia, sie ist meine Freundin. Am Rathaus steige ich aus. Ich sehe auf die Uhr an der Fassade, es ist sechs Uhr morgens. Zu früh, um bei ihr zu klingeln. Ich gehe ins Haus und warte unten im Eingang, dass die Zeit vergeht. Ich setze mich auf die Treppe, mein Körper ist betäubt, mein Kopf jedoch nicht. Mein Kopf dreht sich rasend, er wird heiß, er kocht vor lauter Fragen, lauter Gedanken. Alles ist ohne Zusammenhang, ich bin wohl in einem Schockzustand. Ich muss mit jemandem reden.

Scheiße! Sofia, steh endlich auf!

Ich höre, wie die Leute aufwachen, wie sie aufs Klo gehen, wie sie ihre Hunde beruhigen, eben das ganze Programm am Morgen. Jedes Mal, wenn einer die Treppe herunterkommt, verstecke ich mich. Ich will nicht, dass man mich in diesem erbärmlichen Zustand sieht. Warum bin ich überhaupt hier? Ich weiß es nicht mehr. Ich muss mit jemandem reden, ganz dringend, sonst platzt mir der Kopf. Ich gehe die Treppe hinauf, ich mache einen Versuch. Ich habe Glück – Sofia macht auf, sie ist allein.

»Was ist denn passiert?«

»Ich muss mit dir reden.«

Wir gehen in ihr Zimmer, ich setze mich aufs Bett, mache die Augen zu und hätte sie am liebsten erst nach langer Zeit wieder aufgemacht. Sofia ist eine

Klatschtante, nie kann sie den Mund halten, also lallt sie mich wegen meiner Schuhe voll. »Mann, die sind echt stark, deine *Golfs!*«

Ich breche fast zusammen, aber *es* ist stärker als ich, ich versuche immer noch, den Schein zu wahren. Ich stehe auf und sehe aus dem Fenster, ich will ihr antworten, ohne dass sie mein Gesicht sieht. »Ja. In Garges haben sie nur so geglotzt. Wahnsinn!«

Und dann platzt es auf einmal aus mir heraus: »Ich habe K. getroffen.«

»Ist nicht wahr!«

Sofia begreift sofort, was das bedeutet. Sie kennt K.s Ruf und den Ruf der Clique.

»Sag, dass es nicht wahr ist! Er hat dich vergewaltigt? Vergewaltigt. Vergewaltigt!«

Ich zeige ihr mein blutiges Ohr, meine wunde Mundschleimhaut, die blauen Flecke.

Sofia ist still. Doch nicht lange. »Dieser Scheißkerl! Scheißkerl! Hurensohn! Er wird in der Hölle schmoren!« Vor Schreck hält sie eine Weile inne. Dann: »Was willst du jetzt machen?«

»Weiß nicht.«

»Geh nach Hause.«

»Das wäre mein Ende, Sofia! Mein Vater bringt mich um!«

»Bleib und schlaf ein bisschen, aber irgendwann musst du gehen.«

Ich erzähle ihr alles, das Grauen steht ihr ins Gesicht geschrieben. Sie ist schockiert. Sie hätte sich nie vorstellen können, dass einer ihrer Freundinnen so etwas passiert. Am Abend zuvor haben wir uns noch an der Gare du Nord verabschiedet, und ich war überglücklich mit meinen Schuhen – nun sitze ich in so einem Zustand vor ihr, missbraucht, misshandelt, völlig am Ende.

Sofia kennt K.s Ruf, sie weiß, dass er Frauen vergewaltigt. Er hat einmal zu ihr gesagt: »Du stehst auf meiner Liste. Eines schönes Tages kommst du dran!«

»Du musst nach Hause gehen!«, beharrt sie.

»Ich bleibe noch ein bisschen, dann gehe ich.«

Schließlich gehe ich nach Hause. Niemand da. Glück gehabt! Keine Fragen, keine Antworten. Im Haus ist es ganz still, aber ich fühle mich irgendwie schutzlos. Außer den vier Wänden gibt es keinen Schutz. Ich habe Angst vor neuem Terror. Ich stelle mir die blutunterlaufenen Augen meines Vaters vor, seinen wütend zusammengebissenen Kiefer, die Fäuste, die er ballt, um mich zusammenzuschlagen. Und wenn ich mir das vorstelle, komme ich mir vor wie ein streunender Hund, auf den man mit Steinen wirft, damit er sich verzieht.

Ich habe schon viele Schläge bekommen, aber solche Schläge wie von K. will ich nie mehr bekommen. Niemand darf es erfahren. »Wenn du den Mund aufmachst, rotte ich deine ganze Familie aus!«, hat K. gesagt, bevor er ging. Ich weiß, dass er dazu fähig ist. Ich stelle mir das Haus in Flammen vor, meine Eltern, meine kleinen Schwestern verrückt vor Angst. Und alles nur meinetwegen. Ich werde schweigen.

Ich ziehe die Schuhe aus und lasse mir ein Bad einlaufen. Ein ganz heißes Bad. Wie ich jetzt Wärme brauche! Und dann lasse ich mich ins heiße Wasser gleiten, ich fühle nichts mehr, ich löse mich auf … Ich schließe die Augen. Mein Kopf dreht sich … dreht sich … ich tauche unter. Wenn das Wasser doch nur auch meine Erinnerungen abwaschen könnte, wenn es doch nur diesen Dreck von mir nehmen könnte!

Das Wasser wird kalt, ich lasse es ablaufen und dusche mich ab. Ich schrubbe mich wie wild, ich reibe meine Haut wund, trotz der Schmerzen, die ich noch von den Schlägen habe. Ich will alles loswerden, was von gestern immer noch an mir kleben könnte. Ich seife mich drei Mal, zehn Mal ein, vor allem unten, dort, wo ich das Gefühl habe, dass dieser Geruch noch immer an mir haftet. Ich wasche mich über eine Stunde lang. Das tut gut. Bevor meine Eltern kommen, habe ich noch genügend Zeit, mich anzuziehen, etwas zu essen, auszuruhen und wieder zu verschwinden. Ich habe nicht die Kraft, mich ihren Blicken auszusetzen, nach allem, was gestern Nacht geschehen ist.

Immer noch unter Schock verlasse ich das Haus. Ich kann nicht mehr denken, ich will mich nur noch betäuben. Das ist meine einzige Zuflucht. Ich habe keine Wahl. Ich kann mich an niemanden wenden, niemand kann mich gegen diese Scheißkerle verteidigen. Ich werde mich betäuben von allem und von nichts.

Auf dem Weg zum Bahnhof ist mir gar nicht wohl. In der S-Bahn sehe ich mich überall um, ich habe Angst, K. oder die Clique zu treffen. Ich stehe so unter Schock, dass ich mir nicht mal klar mache, wie gefährlich es ist, diese Scheißbahn zu nehmen.

Ich fahre nach Garges und gehe zu Rachida. Sie ist meine Freundin, meine Schwester, meine Leidensgenossin, sie ist die Erste, der ich voll vertraut habe. Sie ist schön wie die Sonne, sie hat kleine schelmische Augen und eine ganz schwarze Mähne. Ich rufe von unten, damit sie das Fenster aufmacht und herunterkommt. Wir gehen ins Treppenhaus von Nummer zehn. Ich erzähle ihr alles. Wir weinen zusammen, sie tröstet mich, gibt mir wieder ein wenig Kraft.

»Was willst du jetzt machen?«

»Weiß nicht.«

»Du kannst zu mir kommen, meine Eltern sind in Marokko. Ich bin allein mit meinen Geschwistern.«

Lieber bleibe ich bei Rachida, als nach Hause zu gehen. Bei ihr fühle ich mich sicher, obwohl ich es nicht bin. Drei Tage lang gehe ich nicht aus dem Haus, ich gehe immer nur kurz zum Rauchen auf die Treppe.

Ich bewundere Rachida sehr. Sie hat mir gezeigt, wie man Klamotten klaut und wie man Auto-Scooter fährt. Mit ihr bin ich zum ersten Mal in eine Disco gegangen. Mit ihr habe ich die ersten richtigen »Dinger gedreht«, mit ihr bin ich »aufgestiegen«. Wir beide sehen uns ziemlich ähnlich. Oft hält man uns für Schwestern, was uns sehr gefällt.

Während ich bei Rachida wohne, lebe ich so wie immer, ich spiele das Spiel mit. Ich fahre mit ihr nach Paris, ich gehe mit ihr aus. Tagsüber will ich nicht in Garges sein. Wenn wir abends heimkommen, sitzt mir wieder die Angst im Bauch. Mir graust es davor, K. oder der Clique zu begegnen. Ich habe meine Augen überall; wenn ich mich vergewissere, ob die Luft rein ist, bewegen sie sich hin und her wie Radarschirme.

Doch Rachidas Bruder passt es nicht, dass ich da bin, und ich kann nicht mehr bleiben, ich muss wieder nach Hause. Also gehe ich eines Nachmittags heim. Ich weiß, dass niemand da ist, ich habe meine Ruhe. Ich fühle mich im Haus nur wohl, wenn meine Eltern nicht da sind. Nur dann habe ich meinen Frieden. Wenn sie da sind, spitze ich die ganze Zeit die Ohren und horche, was sie über mich reden. An Tonfall und Lautstärke kann ich erraten, ob sie von mir reden oder nicht. Manchmal gehe ich auf den Flur und lausche heimlich. Wenn sie laut werden, weiß ich, dass es um mich geht.

An jenem Nachmittag ziehe ich ins Zimmer meiner kleinen Schwester. Dort bin ich geschützt. So komisch es auch klingt, aber in ihrem Beisein traut sich mein Vater nicht, die Hand gegen mich zu erheben. Das hat er ein einziges Mal gemacht, und sie hat so einen hysterischen Anfall bekommen, dass er es nie wieder gewagt hat. Ich liege da und warte, dass die Stunden vergehen und jemand heimkommt. Schließlich kommt mein Vater zusammen mit meinen beiden Schwestern. Ich spüre, dass er gute Lust hätte, mich zu verprügeln, weil ich so lange nicht zu Hause gewesen bin, aber wegen meiner Schwestern geht das nicht. Sie freuen sich beide, mich zu sehen. Sie weichen mir den ganzen Abend nicht von der Seite, denn sie spüren die steigende Spannung und wissen, welche Gefahr das für mich bedeutet.

Da sitze ich nun, bei meinen Schwestern, bei meinem Vater und mit meinem schmerzlichen Geheimnis, das ich keine Sekunde lang vergessen kann. Da sitze ich, und mein Mund ist von Angst, Scham und Schuld versiegelt. Ich werde nichts sagen.

Von Rachida erfahre ich, dass alle »es« wissen und auch alle wissen, dass ich keine Anzeige erstatten werde. Ich treffe solche Arschlöcher, die mir lächelnd ins Gesicht sagen: »Na, K. hat dich vergewaltigt?«, als würden sie sagen: »Haste mal 'ne Kippe?«, oder: »Was, dieses Monstrum?« Es ist jedes Mal wie ein Elektroschock. Jedes Mal kommen die Bilder und die Erinnerungen wieder hoch, die ich mit aller Gewalt vergessen will. Doch meine Geschichte ist aufgebrandet wie eine Woge, ich habe meinen Ruf weg. Für alle bin ich nun eine, die die Beine breit macht. Und ich habe nichts dagegen gesagt – denn ich musste ihnen Recht geben.

Keiner hat sich zurückgehalten. Alle haben mich kritisiert. Sie haben es ausgenutzt und laut gesagt, was man im Stillen denkt: Ein Mädchen, das sich herumtreibt, ist eine Schlampe, also braucht sie sich auch nicht beklagen, wenn sie irgendwo hineingerät.

Ich sitze in der Falle, denn ich werde bestimmt nicht reden. Also zwinge ich mich, nicht daran zu denken, und ziehe mit Rachida rum. Ich meide gewisse Orte und gewisse Cliquen, die mich ausnützen wollen. Wenn ein Mädchen vergewaltigt wurde, wollen alle Typen ihren Nutzen daraus ziehen. Das ist das Gesetz des Ghettos. Das gefährliche Spiel hat begonnen. Ich spiele überall Katz und Maus, in der

S-Bahn, im Bus, auf der Straße. Meine Nerven sind immer angespannt, ich brauche Luft, ich muss einen Ausweg finden. So viel Hass, so viel Verständnislosigkeit. Und so viel quälende Angst.

Eine Woche später kann ich meine Mutter überreden, mich nach Belgien fahren zu lassen. Dort lebt die Pflegefamilie, bei der ich die ersten fünf Jahre meines Lebens verbracht habe, weil meine Mutter sich nicht um mich kümmern konnte. Dort schweige ich weiter. Sie merken nichts. Es ist so eine große Kluft zwischen der Person, die ich für sie bin, und der Person, die ich in Paris bin – es wäre zu schmerzlich, ihnen dieses Leben zu erklären. Ich will nicht, dass sie sich Sorgen machen, und ich will sie auch nicht enttäuschen. Also mache ich immer noch gute Miene zum bösen Spiel. Was sonst?

Den ganzen August über bleibe ich in Belgien, freue mich an der Zeit mit ihnen und genieße diese Augenblicke. Und das ist richtig so, denn es werden für lange Zeit die letzten Momente mit ihnen sein. Ich sollte diese Familie zehn Jahre lang nicht mehr wieder sehen.

Bei meiner Rückkehr hat sich zu Hause nichts verändert. Schläge, Schreie, Gewalt, Verachtung, die wutentbrannten Blicke meines Vaters. Ich treffe mich weiterhin mit Rachida, sage ihr aber nicht, was ich durchmache, sage auch nichts von der Angst, die mich gefangen hält. Und die anderen – sie sollen glauben, dass nichts von dem wahr ist, was man sich erzählt. Ich sitze nicht heulend in einer Ecke – ich scherze und lache; das ist schon anstrengend genug.

Warum konnte ich damals meinem Leid nicht nachgeben? Dabei hätte ich es so gebraucht! Doch ich hatte niemandem, dem ich mich anvertrauen konnte, niemanden, der mich beschützt hätte. Mein Herz war schwer, und in meinem Kopf drehte sich alles.

3 K.

An einem Abend nach meiner Rückkehr aus Belgien fahre ich mit Rachida und zwei anderen Freundinnen, Nora und Soria, nach Garges. Wir hängen rum und quatschen, schließlich beschließen wir, in Pontoise in eine Disco zu gehen. Mädchen kommen umsonst rein, und so können wir Kohle für die Getränke sparen. Rachida hat keine Lust. Also gehen wir zu dritt. Die Disco ist scheiße, aber für mich ist es ein Abend weniger, den ich zu Hause verbringen muss und einer mehr, an dem ich mich betäuben kann. Danach sind wir total am Ende. Am Bahnhof warten wir auf den Zug. Vor lauter Müdigkeit sind wir völlig überdreht und lachen wegen jedem Mist. Die Bahn kommt. Wir lachen, wir rempeln uns an, wir suchen Sitzplätze. Der Zug ist voll. Die Leute gehen arbeiten, und wir gehen schlafen.

Als wir uns gerade hinsetzen wollen, schreit ein Mädchen: »Da ist K.!«

Mein Lächeln erstarrt, das Herz rutscht mir in die Hose. Ich muss so schnell wie möglich hier raus! Aber K. hat uns gehört, er sitzt direkt hinter mir. Ich will wegrennen, falle aber in meiner Hektik hin.

Er zieht mich hoch und lacht laut. »Du willst wohl verschwinden, was? Komm, setz dich zu mir, dann machen wir was Schönes zusammen!«

»Lass mich, bitte! Ich habe zu niemandem etwas gesagt.«

Mit einer Ohrfeige bringt er mich glatt zum Schweigen. Dieser Schlag schleudert mich wieder einen Monat zurück zu jener schrecklichen Nacht, die ich vergessen will.

Er verdreht mir den Arm und schiebt mich vorwärts. »Deine Freundinnen sind abgehauen, was?«

Es ist wahr. Sie sind einfach verschwunden, sie haben nicht mal die Notbremse gezogen.

Er zwingt mich, mich auf den Platz ihm gegenüber zu setzen, und lässt seinen Blick über meinen ganzen Körper wandern. »Warst du in der Disco?«

»Ja.«

»Wo?«

»Pontoise.«

»Mit wem?«

»Nora und Soria.«

»Und Rachida war nicht dabei?"

»Bitte, lass mich gehen!«

Ich wende mich an die Fahrgäste: »Bitte, helfen Sie mir!«

»Halt's Maul!« Er schlägt mich.

Die Leute schauen schockiert herüber.

»Was glotzt ihr? Das ist meine Freundin. Wir haben nur Streit«, schreit er die Leute an, die ihn kritisch ansehen.

Niemand greift ein, niemand macht auch nur einen Mucks. Ich werde gerade in der S-Bahn grün und blau geschlagen, und niemand rührt einen Finger! Ich flehe die Leute an, die Notbremse zu ziehen. Keiner tut's.

»Rachida ist also nicht da. Macht nichts. Du bist ja da. Du steigst mit mir in Sarcelles aus.«

»Lass mich gehen, ich muss hier aussteigen!«

»So – du muckst auch noch auf!«

Und poff!, bekomme ich einen Tritt ans Schienbein.

Die Leute starren absichtlich aus dem Fenster. Ein Stückchen weiter vorn steht ein Junge, den ich kenne; wir nennen ihn »Schlange«. Ich starre ihn an, damit er begreift, dass ich Hilfe brauche. Er wendet den Blick ab, er beachtet mich gar nicht.

An meiner Haltestelle fährt die Bahn weiter, und ich weiß, dass ich verloren bin. Ich sage nichts mehr, ich flehe K. auch nicht mehr an. Als wir in Sarcelles aussteigen, mache ich einen letzten Versuch. Ich nehme allen Mut zusammen, reiße mich los und renne, so schnell ich kann. K. ist sportlich, er holt mich gleich wieder ein und verpasst mir voll eine auf die Schläfe. »Das brauchst du wohl, was? Ich spiele hier keine Spielchen! Los, weiter!«

Er bringt mich zu einem Haus. Er zieht einen Schlüssel aus der Tasche und schließt den Keller auf. Überall Gänge. Er zieht mich in einen Gang und stößt mich vorwärts. Zur Abstellkammer für die Mülleimer. Dort stehen grüne Mülltonnen und Säcke voller Abfall, Wasser tropft aus einem Hahn. Es stinkt. Wenn ich atme, muss ich kotzen. Die Bilder vom letzten Mal stehen mir vor Augen. Ich bin am Ende vor lauter Angst, Hass und Ohnmacht. Ich erinnere mich an die Wucht seiner Schläge und denke an das, wozu er fähig ist.

Er stößt mich zu Boden und sagt: »Auf die Knie! Da! Mach's mir mit dem Mund!«

Ich tue, was er sagt.

»Zieh deine Unterhose aus. Bist du gewaschen? Los, los, hinlegen!«

Ich lege mich hin. Wie ein Roboter. Es kommt mir bekannt vor. Ich wehre mich nicht mehr. Der Boden ist ekelhaft, es ist kalt, es ist feucht, es stinkt. Ich spüre, wie mein Rücken eiskalt wird, aber ihn, ihn spüre ich nicht. Reglos liege ich da, ich bin nicht mehr in meinem Körper. Wie beim letzten Mal flüchte ich mich weg von hier, weg von ihm und in meinen Kopf. Dieses Mal dauert es nicht lange – zehn Minuten, eine Viertelstunde, eine halbe Stunde, eine Dreiviertelstunde – ich weiß es nicht, aber jedenfalls nicht die ganze Nacht.

»War's gut?«

» …«

»Sag schon!«

»Ja! Ja!«

Du Arschloch fragst mich, ob es gut war! Ich könnte kotzen! Am liebsten würde ich dir in die Fresse spucken, dir die Augen auskratzen! Das ist die Antwort, die ich dir geben will, du Scheißkerl! Ich ziehe meinen Slip wieder an. Es läuft mir an den Schenkeln hinunter. Ich komme mir schmutzig vor. Komme mir besudelt vor. Ich denke nur an eins: Ich will raus aus diesem Keller, will einfach nur noch weg.

Wir verlassen das Haus und gehen durch eine Straße voller Läden.

»Hast du Hunger?«

»Nein, danke!«

Und da redet er wieder, als sei nichts gewesen! Wir gehen zum Bahnhof. Zehn, fünfzehn Minuten. Er gibt mir ein Zehn-Francs-Stück. »Geh schon, hau ab!«

Die Münze verbrennt mir die Finger, ich werfe sie in den Gully und laufe weinend zum Bahnhof. Dort treffe ich meine Freundinnen. Sie hatten Angst, sie hatten sich in der Toilette eingeschlossen. Sie haben die Notbremse nicht gezogen, sie konnten es nicht … Ja … Ja … Ich höre gar nicht hin. Ich überlege, was ich jetzt machen soll, wohin ich gehen könnte. Die Mädchen lassen mich stehen, sie müssen nach Hause … Ha! Um irgendwelchen blöden Mist zu machen, sind sie immer da, meine Freundinnen! Aber jetzt, wo ich in der Scheiße sitze, ist keiner da!

Bleibt nur Rachida. Ich gehe zu ihr und erzähle, was mir gerade passiert ist. Sie ist kühl und distanziert. Sie meint, ihr Bruder würde Stress machen, er will mich hier nicht mehr sehen. Ich lasse die Schultern hängen, ich bin am Boden zerstört. Auch Rachida lässt mich hängen. Für sie habe ich den Kopf hingehalten. Für sie habe ich bezahlt. Ich habe an ihrer Stelle bezahlt, denn heute Morgen in der Bahn wollte K. *sie* haben.

Ich verstehe überhaupt nichts mehr. Was ist aus unserer Freundschaft geworden? Aus unserer verschworenen Gemeinschaft? Wir waren wie Schwestern. Was ist nur passiert? Ich begreife nur eins: Niemand mag mich. Die Leute, die ich für meine

Freunde gehalten habe, sehen gleichgültig zu, wie mein Unglück seinen Gang geht.

Zu Hause werfe ich meine Kleider in den Mülleimer. Ich dusche. Ich will gar nicht mehr unter der Dusche hervorkommen, ich bleibe, bis es kein warmes Wasser mehr gibt. Ich ziehe einen frischen Schlafanzug an und warte, bis wieder Leben ins Haus kommt. Bis meine Eltern von der Arbeit und meine Schwestern von der Schule kommen. Ich wäre so gerne ein kleines Mädchen, das in seinem schönen, frischen Schlafanzug auf seine Eltern wartet. Die Wärme, von der ich an diesem Abend träume, habe ich nie gehabt. Ich bin nur angeschrien und geschlagen worden.

4 »Schlampe«

Rap, Tags, Breakdance haben ihren Einzug gehalten und uns den Schädel krachen lassen! Überall in den Vierteln wimmelt es nur so von coolen *B. Boys* und *Fly Girls* mit *Levi's 501,* Größe XXL, und geilen Turnschuhen, die man nirgendwo auftreiben kann – du aber hast welche aufgetrieben und kannst damit angeben!

Zu der Zeit, als ich dreizehn war, war es angesagt, zu einer Clique zu gehören, sich einen amerikanischen Namen zu geben und sich wie ein Ami aufzuführen. Das »Spiel« bestand darin, möglichst großen Mist zu bauen und sich einen irren Ruf zu verschaffen. Das Ansehen stieg, je brutaler die Clique war. Einige setzten sich aus über fünfzig Jungs zusammen, die bekanntesten waren die *Black Panthers*, die *Black Dragons*, die *B. Boys*, die *Warriors*, die *BSP* (»Barbaren ohne Gnade«). Die berühmtesten und gefürchtetsten Cliquen waren die *Requins vicieux* (»Geile Haie«) und ihr kleiner Bruder, die *Requins juniors*. Sie hingen am Châtelet herum, in La Défense, an der Gare du Nord. All diese Orte waren völlig in Verruf geraten. Alles war recht und billig, um für Unruhe zu sorgen – Schlägereien, Erpressungen, Überfälle.

Auch wir Mädchen bewegten uns in Cliquen, am häufigsten in Paris. Wir zogen rum und suchten irgendeinen Dummen, der uns Geld gab für McDonald's oder die Disco am Abend – für die, die abends raus durften. Oder wir klauten gelegentlich. So schlugen wir uns durch und hatten Kohle für Klamotten, Kippen, Kneipen. Schluss mit *Granola*-Keksen – her mit den Kreditkarten! Mit den Jungs der Cliquen war es immer ein Versteckspiel, eine Jagd. Man durfte sich nicht schnappen lassen. Doch ich dachte, ich sei geschützt, weil ich mit Jaïd ging.

Diese Cliquen säten Angst und Schrecken und zerstörten Leben, das Leben der Mädchen genauso wie das Leben der Jungs. Für die Jungs war es hart und gnadenlos, es endete entweder im Knast oder mit dem Tod. Das Los der Mädchen war auch nicht besser, man sprach damals jedoch weniger darüber. Sie waren die Beute der Cliquen und mussten deren Brutalität in Scham und in Heimlichkeit ertragen. Es war üblich, Frauen zu vergewaltigen oder sie »herumzureichen«.

Für die Jungs war es einfach – ein Schlag, ein Stoß, ein bisschen Druck, und die Sache war erledigt. Sie liehen sich ein Mädchen aus, wie man eine CD oder einen Pulli ausleiht. Sie reichten die Mädchen herum wie einen Joint. Sie benutzten auch Tiere und setzten alle möglichen Gegenstände ein, um die Sache aufzugeilen. Sie machten Fotos oder sie hatten ihren Spaß dabei, zuzuschauen und ihre Kommentare abzugeben. Die Mädchen waren Objekte und sind es noch. Das erstaunt niemanden, das ist so üblich. Die Brutalität in Kellern, Müllkammern und anderswo hat in den letzten Jahren noch zugenommen. Gemeinschaftliche Vergewaltigungen sind mittlerweile an der

Tagesordnung, und die Vergewaltiger werden immer jünger.

Die Opfer sind naive Mädchen, so romantische Gänse, wie ich eine war, Mädchen, die sich unsterblich in so einen kleinen Bandenanführer wie Jaïd verknallen und die deswegen den Ruf weghaben, ein »leichtes Mädchen«, eine »Schlampe« zu sein.

In den Ghettos und den einschlägigen Vierteln hat sich der traditionelle Machismo vom Haus heraus auf die Straße verlagert. Er ist mittlerweile das Gesetz des Ghettos. Mädchen und Jungs mischen sich nicht mehr. Freundschaften oder Flirts sind schwierig geworden. Die Jungs haben keine Arbeit und verbringen ihre Tage damit, herumzuhängen und nichts zu tun. Und es wird getratscht, gequatscht, gespottet und gelacht im Ghetto!

Bei den Mädchen gibt es zwei Sorten: die »Guten« und die »Schlampen«. Die Guten sind zu Hause, sie machen den Haushalt, kümmern sich um ihre Geschwister und gehen nur aus dem Haus, um in die Schule zu gehen. Sie werden geachtet, weil sie einen »großen Bruder« haben oder weil sie nicht ausgehen. Sie können sich nur durch Wissen, Flucht oder Lügen emanzipieren. Und dann gibt es noch die anderen, die Gören, die sich draußen rumtreiben wie die Jungs. Sie setzen sich über Verbote hinweg, sie schminken sich, sie rauchen, sie gehen in die Disco. Daran ist nichts Verwerfliches, aber es reicht schon aus, dass sie den Ruf von »kleinen Nutten« und »Schlampen« bekommen, die »leicht zu haben« sind. Mit diesen Mädchen kann man machen, was man will, denn sie haben

»keinen großen Bruder«, sie »gehen raus«, sie »treiben sich rum«. Man nennt sie Nutten, Wachteln, Schlampen, Säue. Der Ruf ist wichtig, er eilt einem überallhin voraus, er klebt an einem. Das mag wie ein Klischee klingen, aber es ist oft genauso unerbittlich wie ein Klischee.

Das alles habe ich erlebt; so eine Behandlung habe ich erfahren. Es war Psychoterror für mich, so behandelt zu werden: wie ein Nichts, weniger als nichts, wie eine Hure, wie Dreck, wie ein Stück Scheiße. Ich hatte das Gefühl, überhaupt nicht mehr zu leben, ich war wie tot.

Aber in den Ghettos wundern sich die Leute über nichts mehr. Selbst die Mädchen, die Zielscheiben schlechthin, reagieren nicht mehr auf die Brutalität, einschließlich der verbalen Gewalt, die man ihnen antut. Beleidigungen, Spott über ihr Aussehen oder ihre Kleidung, ein Schwall Spucke, kleine Tritte hierhin, dorthin – all das ist Teil ihres Alltags. Die Beziehung Mädchen-Junge ist zu einer Beziehung nackter Gewalt geworden. Was man zu tun und was man zu lassen hat, ist festgelegt; die Vorschriften und Vorurteile sind zahllos. Das geht bis hin zur Kleiderordnung. Ein Mädchen aus einem einschlägigen Viertel, das sich weiblich kleidet, ist eine Schlampe, ein Mädchen in Jeans und Turnschuhen hingegen ist ein gutes Mädchen. Allein durch diese Einteilung wird schon Gewalt ausgeübt, doch daran stört sich niemand.

Und die »Schlampen«, diese kleinen verliebten Dinger, die wie Scheiße behandelt werden, die gedemütigt, geschändet, kaputtgemacht und von den

Jungs des ganzen Viertels erbarmungslos durch den Dreck gezogen werden, müssen sich dann noch mit den Drohungen der Cliquen auseinander setzen, gegen die sie Anzeige erstattet haben: die Drohung, ihre Wohnungen in Brand zu stecken, die Drohung, fürchterlichste Rache zu nehmen bis hin zu Mord.

Doch am schlimmsten ist, dass die Vergewaltiger sich als Opfer fühlen – sie sind die beklagenswerten »Helden«, sie sind hinter Gittern, weil sie sich »hergegeben« haben. Doch wenn man sie fragt, was sie tun würden, wenn ein Typ ihre kleine Schwester vergewaltigt, antworten sie, ohne zu zögern: »Ihn erschießen!« Diese Logik ist doch zum Davonlaufen!

Viele Mädchen, die ich damals kennen gelernt habe, deren Jugend wie die meine durch eine Vergewaltigung und das, was darauf folgt, zerstört wurde, sind völlig abgerutscht. Einige sind im Knast, andere auf der Straße, in der Psychiatrie oder total auf Drogen. Ich frage mich oft, wie sie ihr Leben fristen, was aus ihnen geworden ist, wie sie alleine zurechtkommen, ohne dass jemand ihre Not auffängt, ohne dass ihnen jemand beisteht, ohne dass ihnen jemand ein verständnisvollen Lächeln schenkt. Wie kommen sie ohne psychologische Hilfe zurecht?

5 Zwei Familien

Meine Eltern sind Einwanderer, sie sind zwar sehr westlich orientiert, dennoch wirkt ihre eigene Erziehung in manchen Punkten nach. Mit Ohrfeigen, Schlägen und Arschtritten wollten sie uns einbläuen, was ihnen selbst eingebläut worden war. Ich bin die Frucht zweier Traditionen, zweier Lebensstile, die einander diametral entgegengesetzt sind. Von meinen Eltern habe ich eine traditionelle Erziehung mitbekommen, die mir niemals anders erklärt wurde als durch Schlagen, Schreien und Spucken.

Meine Pflegeeltern in Belgien haben mich noch stärker europäisch erzogen. Meine Mutter hatte mich bei ihnen untergebracht, und ich verbrachte die ersten fünf Jahre meines Lebens dort. Später fuhr ich, bis ich vierzehn war, in allen Schulferien hin. Das Leben in Belgien war schön und ruhig. Papa Jean und Maman Josette waren ausgeglichene, gütige Menschen, die mir Liebe und Geborgenheit schenkten.

Ich war ungefähr ein Jahr alt, als mich das junge flämische Paar aus der Nähe von Lüttich aufnahm. Sie konnten keine Kinder bekommen und hatten sich an den Verband *Les Semeurs de joie* gewandt, die Gastfamilien für Kinder von Immigranten in Not vermittelten. Erst sollte ich nur die drei Ferienmonate bleiben, schließlich wurden es fünf Jahre …

Wenn ich an meine Pflegeeltern denke, wird mir

ganz warm ums Herz. Ich sehe wieder den Garten, die grünen Weiden, die Maisfelder. Ich sehe die fröhlichen Feste vor mir und vor allem die Streiche, die ich mit meinem »Cousin« John gespielt habe. Ich erinnere mich an die Weihnachtsfeste, wo ich mit Papa Jean den Christbaum schmücken durfte. Maman Josette kochte uns Kakao, dann kam der Nikolaus in den Ort und verteilte Süßigkeiten.

Auf den Feldwegen oberhalb des Dorfes gingen wir auf Froschjagd und machten uns einen Spaß daraus, die Tiere zu erschrecken. Es war ein gesundes Leben, immer draußen in der Natur. Meine Pflegeeltern waren aufmerksame, liebevolle, herzliche Menschen. Papa Jean hatte Stil, seine Lebensfreude erfüllte das Haus. Er war ruhig und besonnen, nie schrie er, nie reagierte er gereizt. Wenn ich eine Dummheit machte, erklärte er mir, was ich falsch gemacht hatte, er verhalf mir zur Einsicht und hörte sich alles, was ich zu sagen hatte, mit Interesse an. Das war etwas ganz, ganz anderes als die Tritte, die ich später bekommen habe!

Maman Josette war eine richtige Mama, obwohl sie keine eigenen Kinder bekommen konnte. Sie wusste immer, was sie tun musste, wenn ich mir den Kopf angeschlagen hatte, sie wusste, wie sie mich trösten konnte, wenn ich traurig war. Von ihr bekam ich immer, was ich brauchte, sei es eine liebevolle Geste, ein Wort, ihre Aufmerksamkeit. Sie interessierte sich wirklich für mich. Nie werde ich die Schmusereien vergessen, wenn ich sonntagmorgens beide weckte!

Sie wünschte sich so sehr ein Kind! Sie nahm mich, wie ich war, und glaubte, dass ich immer bei ihr bleiben würde. Wenn ich an jene Jahre zurückdenke, strahlt in mir ein helles, heiteres Licht, das mich von innen wärmt. Bei diesen Menschen habe ich erfahren, dass es so etwas wie Glück gibt. Wäre ich bei ihnen geblieben, was wäre ich dann heute für ein Mensch? Jedenfalls wäre aus mir niemals die Vorstadtschlampe aus dem Maghreb geworden, die immer nur Pech und Ärger hatte.

Meine leiblichen Eltern gehören der zweiten Einwanderergeneration an, die hin- und hergerissen ist zwischen der Sehnsucht nach Freiheit, die Frankreich zu stillen verspricht, und dem Wunsch, die eigenen Wurzeln nicht zu vergessen.

Meine Mutter hat ihren Vater sehr früh verloren, ihre Mutter hat sie, wie ich, erst mit sechs Jahren kennen gelernt. Ihre Kindheit verbrachte sie bei meiner Urgroßmutter in der Kasbah von Algier. Als ihre Mutter sie wieder zu sich holte, hatte sie kein rosiges Leben. Sie hatte sechs Geschwister, und ihre Mutter war ausgesprochen streng, vor allem mit ihr. Sie musste sich um den ganzen Haushalt kümmern, musste einkaufen, für ihre Geschwister sorgen und den ganzen Papierkram erledigen. Sie wurde unglaublich brutal behandelt – mit einer Gewalttätigkeit, die ihre Mutter befahl und die ihr älterer Bruder ausführte. Dieser Onkel hat auch bei mir einmal durchgegriffen, nachdem er mich auf der Straße im Gespräch mit anderen Jugendlichen gesehen hatte. Ich musste mich auf einen Stuhl setzen, er hat mir die

Hände auf dem Rücken zusammengebunden und blind auf mich eingeschlagen. Zum Schluss hat er mich noch in die volle Badewanne getaucht. Doch das ist alles nichts im Vergleich zu dem, was meine Mutter mit ihm durchmachen musste.

Sie wuchs mit der Gewalt auf, ohne den leisesten Hauch von Liebe. Sie hat viel leiden müssen, dennoch hat sie ein Herz aus Gold. Mit sechzehn ist sie von zu Hause abgehauen und nach Bandol in Südfrankreich gegangen, um ihr eigenes Leben zu leben. Sie war zwar nicht oft in der Schule, hat aber eine gute und schnelle Auffassungsgabe. Sie hat auch noch andere Qualitäten: Sie ist eine Draufgängerin und Kämpfernatur. Nach kurzer Zeit hat sie meinen Vater kennen gelernt, er war ein total hübscher Junge – Paul Newman als Araber. Dann hat mein Onkel, immer noch ganz der Alte, von ihrer Liaison erfahren und sie überall gesucht. Schließlich hat er sie wieder in sein algerisches Kaff zurückverfrachtet, wo sie erst ein paar Monate später wieder weglaufen konnte.

Sie war vierundzwanzig, als ich im Mustapha-Spital in Algier geboren wurde. Das Leben meiner Eltern war bewegt und kompliziert. Sie spielten Verstecken zwischen Paris, Bandol und Algier. Darum bin ich in Algier geboren.

Von meinem Vater weiß ich nicht viel, er ist nicht sehr gesprächig. Auch er kommt aus Algerien, aus Bab-el-Oued, einem Viertel von Algier. Er ist das jüngste Kind, seine Mutter starb, als er noch klein war. Sein Vater hat wieder geheiratet, einen richtigen Drachen, der ihn von morgens bis abends gequält hat.

Diese Stiefmutter hat ihn verprügelt, ihn hungern lassen, sie hat ihm die Schuhe weggenommen und ihm nicht erlaubt, in die Schule zu gehen. Auch sein großer Bruder, der genauso schlecht behandelt wurde, hat ihn geschlagen. Die Kindheit meines Vaters war das pure Grauen, und das Leid, das er ertragen musste, hat ihn unfähig gemacht, Zuneigung zu zeigen. Als Jugendlicher ist er von zu Hause weggelaufen. Es war Krieg, er hat sich als Waffenschmuggler betätigt und ist gefoltert worden, bevor er mit falschen Papieren nach Frankreich kam. Er lebte einige Jahre illegal in Paris. Dann traf er meine Mutter. Mein Vater war ein kleiner Kamikaze, ein Krimineller. Er hat Dinger gedreht und fünf Jahre kassiert. Nach dem Algerienkrieg hat die Justiz bei straffälligen Algeriern hart durchgegriffen.

Mit vierundzwanzig Jahren musste mich meine Mutter allein großziehen, ihr Mann war im Knast. Damit er nicht abgeschoben wurde, musste sie eine Arbeit, eine Wohnung, ein geregeltes Leben haben. Sie musste die hinterletzten Scheißjobs machen, manchmal auch mehrere gleichzeitig. Sie arbeitete bei der Bahn auf Fernstrecken und übernachtete am Zielort. Sie musste schwer schuften. Mich gab sie an den verschiedensten Orten in Frankreich in Pflege; manchmal, so hat sie mir erzählt, war ich ganz schmutzig, halb verhungert oder voller blauer Flecke.

An ein ganz frühes Erlebnis kann ich mich noch erinnern: Meine Mutter hat mich gebadet, ich rieche gut. Ich habe mein Lieblingskleid an und bin ganz glücklich. Dann sehe ich einen Ort, überall Türen und Gänge, ich sehe eine kleine fensterlose Kammer, die gebrochen weiß gestrichen ist. Ich sitze auf dem Schoß meiner Mutter, vor mir eine Fensterscheibe, in der Mitte der Scheibe ist ein Kreis voller kleiner Löcher, die Sprechmuschel. Mein Vater war im Gefängnis, und ich war im Besucherraum. Ich begriff nicht, wieso ich nicht auf seinem Schoß sitzen und ihm einen Kuss geben konnte.

Dann hörte meine Mutter von den *Semeurs de joie*, und so fuhren wir zu Papa Jean und Maman Josette. Meine Mutter lernte die beiden kennen und wusste, dass sie mich vertrauensvoll bei ihnen lassen konnte. Es schmerzte sie sehr, aber was sollte sie tun? In den fünf Jahren, die ich in Belgien lebte, hat sie sich in Scheißjobs abgeplagt, um mich wieder zurückzuholen und mit meinem Vater ein Heim zu gründen, wenn man ihn entlassen würde.

Als ich fünf war, kam sie mich holen, sie wollte mich in Frankreich einschulen, denn ich sprach nur Flämisch. An diesen Tag kann ich mich genau erinnern: Ich weine, ich heule. Ich bin im Eingang eines grauen, tristen Hauses. Die Briefkästen hängen aus den Scharnieren, es stinkt nach Müll und modrigen Kellern. Vier Personen stehen um mich herum, eine Frau hält mich im Arm, zwei andere Arme entreißen mich ihr. Ich weine, ich will nicht mit dieser Frau gehen. Diese Frau war meine Mutter.

Damit war mein glückliches Leben vorbei, vorbei die Streifzüge durch die Felder mit John, vorbei die Spiele mit den Tieren. Es war das Ende einer Welt voller Zärtlichkeit, in der ich ein glückliches Kind gewesen war.

Zum Glück konnte ich in den Ferien immer nach Belgien fahren. Damals fuhren ganze Züge voller Immigrantenkinder nach Belgien, Holland und Deutschland. Wir trugen ein kleines rosa- oder orangefarbenes Pappschild um den Hals, das unseren Zielort angab. Man hatte uns voll ausstaffiert! Ich erinnere mich an die Kniestrümpfe und Lackschuhe, an die bunten Kleider, Spitzenkleider und raschelnde Seidenkleider, von unserem »Wohltäter« *Tati**, wo unsere Mütter am liebsten einkauften.

Für die veränderte Situation bekam ich nie eine Erklärung. Ich hatte fünf Jahre in Belgien gelebt, dann wurde ich abgeholt wie ein Postpaket. Nie wurde über die Haft meines Vaters gesprochen, obwohl sie mein Leben für immer geprägt hat. Ich hörte fünfzigtausend verschiedene Versionen, höchstwahrscheinlich stimmt keine davon. Um mich herum herrschte eine Atmosphäre der Heimlichkeit, die mich verunsicherte und tausend Fragen in mir aufkommen ließ. Bei mir vollzog sich alles in Schweigen. Man hatte mich vor vollendete Tatsachen gestellt, als hätte ich kein Recht darauf zu erfahren, wodurch mein Schicksal entschieden worden war. Meine Eltern dachten wohl, je weniger ich weiß, desto besser. Doch ich spürte, dass dieses schwerwiegende Geheimnis um mich herum lebte.

So kam ich also wieder zu meinen »richtigen« Eltern. In den Pariser Vorort Saint-Denis. In eine bedrücken-

* Französisches Modekaufhaus

de Wohnung, zu bedrückten Eltern. Geldprobleme. Lautstarker Streit als die einzige Kommunikation. Es war eine andere Welt, ein grausames Erwachen nach einer Kindheit im Paradies. Durch die Geburt meiner ersten Schwester veränderte sich meine Stellung. Ich war neun Jahre älter und musste alle Pflichten übernehmen, die diese Position mit sich brachte: meiner Mutter im Haushalt helfen und auf meine kleine Schwester aufpassen. Es fiel mir schwer. Ich bemühte mich, meine Eltern zufrieden zu stellen, aber immer war es zu wenig, vor allem für meine Mutter, die mir von morgens bis abends ständig vorhielt: »In deinem Alter habe ich tausend Mal mehr gearbeitet!«

Als ich elf war, kam meine zweite Schwester zur Welt. Ich war in dem Alter, wo ich schon eine »junge Frau« war, wie man bei uns verschämt sagt, und wo ich anfing, mich mehr und mehr gegen diese autoritäre Erziehung aufzulehnen. Es hatte sich vieles verändert, vor allem die Strenge empfand ich als bedrückend. Und so flüchtete ich immer öfter vor meinen Eltern. Ich kam nicht mehr pünktlich heim, ich schwänzte, ich vergaß, meine Schwestern von der Kinderkrippe oder von der Schule abzuholen. Ich machte einfach, was ich wollte, wie meine Eltern immer sagten.

Schläge, Geschrei, Beschimpfungen wegen nichts und wieder nichts – das wirkte bei mir nicht mehr. Also wurde mir alles verboten. Ich durfte nicht anziehen, was ich wollte, ich durfte keine Poster aufhängen, durfte meine Platten nicht hören, durfte diese oder jene Freundin nicht treffen, durfte nicht dahin und nicht dorthin, durfte nicht mehr in die Musikschule und nicht mehr ins Ballett. Mir blieb also nur noch die Straße. Vielleicht wäre ich brav gewesen, wenn man mit mir gesprochen hätte, statt mich zu schlagen. Aber sie haben nie mit mir gesprochen. Und eines Tages ertrug ich die Prügel nicht mehr. Die Straße hat mich mit offenen Armen empfangen. Also schwänzte ich, ich trieb mich rum, ich klaute, ich riss immer öfter aus.

Doch auch auf der Straße hatte ich keinen Platz. Für die anderen war ich eine kleine Spießerin, weil ich auf eine Privatschule ging und im Mittelschichtmilieu lebte. Meine Eltern arbeiteten beide, und ich hatte keinen großen Bruder, der auf mich aufpasst hätte. Tatsächlich entsprach ich nicht dem klassischen nordafrikanischen Mädchen mit tätowierten Eltern voller Falten und einer ganzen Meute Brüder, die mich beschützten.

Ich bin nicht von heute auf morgen ein so schwieriges Mädchen geworden, ich bin nicht eines Tages aufgewacht und habe mir gesagt: »So, jetzt! Ab heute bin ich Golgot 13* und mache alle fertig!« Nein, nein. Ich bin erst mal ganz schön auf die Schnauze gefallen. Ich musste »büßen« für einen Blick, für eine Geschichte, so nach dem Motto: »Du hast gesagt, ich hätte gesagt …« Ein falsches Wort konnte schon eine Schlägerei auslösen, und dann war gleich die Clique da und hat die Sache noch angefacht: »Ha! Das hat sie tatsächlich gesagt?«

* Riesenroboter der Zeichentrickserie *Goldorak*

So viele Scheißkerle und Scheißtussen haben meine Naivität ausgenützt! Diese Arschlöcher haben mir eine reingeschlagen und ihren Spaß daran gehabt! Man musste sich wehren, und ich habe mich gewehrt, ich habe so viel ausgeteilt, wie ich eingesteckt habe. Ich hatte keinen großen Bruder, der mich verteidigt hätte. Ich fühlte mich nirgendwo wohl. Überall gab es Druck. Diese Erziehung mit Ohrfeigen und Verboten, diese Ungleichheit zwischen Jungen und Mädchen, diese Flut von strengen Tabus – wie sollte ich nach dem Leben bei Papa Jean und Maman Josette begreifen, warum ich nun so etwas durchmachen musste?

6 Die Anzeige

Nach dem Vorfall in der S-Bahn gehe ich nirgends mehr hin. Zum einen bin ich schrecklich verletzt durch den Verrat meiner Freundinnen, zum anderen sterbe ich vor Angst, K. nochmal in die Arme zu laufen und wieder und wieder die gleichen Qualen auszustehen. Ich mauere mich in meinem Schweigen ein. Ich habe Angst, ich schäme mich. Ich sage nichts, aber ich denke unablässig nur daran. Wenn ich reden würde, weiß ich schon, was man mir sagen würde: »Du wolltest es ja nicht anders, wenn du dich auf der Straße rumtreibst!« Zu Hause halten sie mich sowieso für eine Schlampe. Wenn ich ihnen sagen würde, was mir passiert ist, würde ich ihnen damit nur Recht geben. Und das kommt überhaupt nicht in Frage!

Innerhalb von zwei Monaten ist für mich alles zusammengebrochen, mein Leben ist in tausend Stücke zersprungen. Doch ich weiß nicht, dass das, was mir angetan wurde, ein Verbrechen ist, das vom Gesetz bestraft wird. Für mich sind diese Typen einfach nur Saukerle, die mich übel missbraucht haben. Ich bin schon so an Brutalität, an die schlechte Behandlung zu Hause und auf der Straße gewöhnt, dass ich Gewalt für unausweichlich halte. Ich habe nicht mal Rachegelüste. Ich empfinde nur Scham und Schuld. Aber warum? Was habe ich Böses getan? Warum weiß ich es denn nicht besser, als mir selbst die Schuld zuzuschieben?

Ich denke, im Grunde habe ich es nicht besser verdient, denn ich bin keine Jungfrau mehr. Bei den Muslimen ist es ein Sakrileg, wenn ein junges Mädchen keine Jungfrau mehr ist, und ich weiß, dass mein Vater mich dafür töten könnte. Ich habe mit Jaïd geschlafen. Außerdem bin ich eine Ausreißerin und Diebin. Ich höre weder auf meine Eltern noch auf meine Lehrer ... Also muss ich mich gar nicht beklagen, dass man mich vergewaltigt hat. Ich wollte es ja nicht anders! Das sagt man sicherlich von mir, aber das denke ich auch selbst von mir.

Zu Hause halte ich es nicht mehr aus. Aber ich sitze fest. Seit einigen Tagen hat die Schule wieder begonnen, doch nicht für mich. Nach dem letzten Rauswurf nimmt mich keine Schule mehr. Ich will so gerne zeichnen und malen lernen, also suche ich etwas in dieser Richtung. Schließlich bekomme ich trotz meiner miesen Zeugnisse auf einer Berufsfachschule für Kunst und Dekoration noch eine Chance. Ich schnappe fast über vor Freude! Alle Kraft, die ich noch habe, verwende ich auf die Schule. Diese Schule ist meine Chance! Sie ist meine Hoffnung, aus allem herauszukommen. Ich setze alles daran, auf diesem Weg meine Ehre wiederherzustellen und zu werden wie alle anderen.

Dennoch vergesse ich nichts. Tief in meinem Inneren versucht eine Stimme, sich Gehör zu verschaffen. Im abgeschlossenen Raum meines Bauches tobt es. Es schreit, es brennt, es krümmt und windet sich. Ich spüre, wie die geballten Gefühle aufeinander prallen und bersten, doch ich bringe sie mit aller Kraft zum

Schweigen. Nichts dringt nach außen. Und in meinem Kopf brodelt es, es herrscht ständige Verwirrung. Ich fülle meinen Kopf mit alltäglichen Gedanken, damit er immer etwas zu tun hat und ich nicht an die verzweifelten Schreie meiner inneren Stimme denken und mich bei meinen Erinnerungen aufhalten muss.

Wahrscheinlich weiß ich tief in meinem Inneren, dass ich nicht die Kraft habe, all das alleine durchzustehen, dass ich daran kaputtgehen würde. Also verschleiere ich die Tatsachen und tue so, als wäre nichts, als würden mich nicht Leib und Seele schmerzen. Mein unsichtbarer Panzer schützt mich und ermöglicht es mir, bei allen gute Miene zu machen, bei den Lehrern, den Mitschülern und vor allem bei den Eltern. Das ist am härtesten.

Ich bin mit meiner Mutter in der Küche, hin- und hergerissen zwischen lähmender Angst und dem Drang, ihr alles zu sagen und mich zu erleichtern. Doch nie kommt mir etwas über die Lippen. Ich bin wie gelähmt. Jeden Abend blicke ich meine Eltern forschend an, um in ihren Gesichtern zu lesen, ob sie es wissen oder nicht. Ein Teil von mir will, dass sie es wissen, denn ich brauche dringend Hilfe. Der andere Teil von mir hat viel zu viel Angst vor den Konsequenzen. Wenn sie erfahren, dass ich keine Jungfrau mehr bin und dass ich vergewaltigt wurde, würden sie mir dafür mit Schlägen und Beschimpfungen die Quittung geben. Und dann – wie würden die Cliquen reagieren? Jaïd? Und vor allem K.?

In der Schule läuft es gut. Der Unterricht gefällt

mir. Die Lehrer sind cool. Es ist ein ganz anderes Leben. Auf einmal sehe ich die Schule mit ganz anderen Augen und verhalte mich ganz anders. Ich schwänze nicht mehr, ich bin pünktlich, ich baue keinen Mist mehr. Ich will nicht, dass jemand etwas von der Sache erfährt, ich will mir auf keinen Fall meine Chancen verderben. Und auch meine Mitschüler sind ganz anders als früher. Es ist nicht Beverly Hills, aber die Leute sind höflich und respektvoll. Was für eine Veränderung! Mädchen und Jungs mischen sich wie auf einer richtigen Schule. In meiner Klasse sind Leute, aus denen einmal richtige Künstler werden können, sie sind cool und ein bisschen hippiemäßig drauf. Ich freue mich, dass ich neue Sachen lerne – Kunstgeschichte, Zeichnen. Ich bin mit einem kümmerlichen Zeugnis und mit Verwarnungen auf diese Schule gekommen, und man hat mich zu Disziplin angehalten. Mein Klassenlehrer hat mich gewarnt: »Kommst du auch nur einmal zu spät oder machst du auch nur einmal Quatsch, schmeiße ich dich raus!«

Doch ich war überglücklich. Ich habe es geschafft, trotz meines Zeugnisses aufgenommen zu werden – und auch noch in einen musischen Zug. Mein Traum! Ich bin selber überrascht, dass ich so richtig büffle!

Ein Mittwochnachmittag, Mitte November. Meine Schwestern sind im Jugendzentrum. Ich bin in meinem Zimmer, mein Vater ist im Wohnzimmer. Er hat heute frei. Es klingelt, ich mache auf. Es ist Rose, Sofias große Schwester, in Begleitung von zwei Mädchen, die ich nicht kenne. Ich bekomme Panik – mein

Vater will nicht, dass meine Freundinnen zu mir kommen; ich darf ja nicht mal mit ihnen telefonieren!

»Wir haben erfahren, was dir mit K. passiert ist, und wollten dich fragen, ob du mit uns zusammen Anzeige erstattest. Er hat uns nämlich auch angegriffen.«

Sie heißen Pauline und Clarisse. K. hat sie an zwei aufeinander folgenden Tagen am Bahnhof von Sarcelles angegriffen. Pauline hat sicherlich über Sofia von meiner Sache erfahren. Sie ist zwanzig, sie arbeitet, sie ist eine richtige Frau, kein Mädchen wie ich. Und sie hat Kraft. Sie will mich davon überzeugen, dass ich Anzeige erstatten soll.

»Dieser Scheißkerl darf nicht ungeschoren davonkommen. Bei mir hat er ja nur versucht zu tatschen, und ich zeige ihn schon allein deswegen an! Mit dem, was er dir angetan hat, kommt er ins Gefängnis.«

Ich habe schreckliche Panik, in meinem Kopf dreht sich alles, ich weiß nicht, was tun. Ich habe solche Angst vor meinem Vater, dass mir die Knie schlottern.

Und da reißt er auch schon die Tür auf. »Was habt ihr hier zu suchen? Und du, du kommst rein!«

Pauline ergreift das Wort: »Wir hätten gerne mit Ihnen gesprochen, Monsieur. Es geht um Ihre Tochter.«

Mein Vater sieht mich zornig an. »Verschwinde auf dein Zimmer!«

Er lässt die Mädchen rein und bittet sie ins Wohnzimmer. In meinem Zimmer spitze ich die Ohren bis zum Gehtnichtmehr, aber ich höre nichts. Ich mache lautlos die Tür auf und schlüpfe auf den Gang, doch vergebens; sie reden zu leise. Ich gehe wieder in mein Zimmer und warte. Dann höre ich, wie er aufsteht und in seinen Pantoffeln, die er den lieben langen Tag anhat, zu meinem Zimmer kommt. Ich tue so, als würde ich lernen.

Er reißt brutal die Tür auf, sein Gesicht ist eine Maske des Hasses. Er kommt auf mich zu. »Steh auf!«

Wenn mein Vater spricht, ist es wie ein Erdbeben, er wird mitgerissen und mitgeschüttelt. All seine Verachtung und all seine Brutalität schleudert er einem ins Gesicht – das trifft! Er schreit nicht laut, er gibt sich eher kühl, es ist schrecklich, man erstarrt auf der Stelle. Ich stehe ihm angsterfüllt gegenüber und warte auf die schicksalhafte Frage.

»Stimmt das, was deine Freundinnen sagen?«

»Ja.«

Uff! Dieses Ja hat mich erleichtert. Nun wird mich mein Vater in den Arm nehmen, er wird mich beschützen, er wird zu mir sagen: »Wer sind diese Scheißkerle, die meinem kleinen Mädchen das angetan haben? Keine Sorge – ich bringe sie um! Dein Vater ist da, du brauchst keine Angst mehr zu haben. Alles ist vorbei, ich bin da, du brauchst dich um nichts zu kümmern. Geht es dir gut, meine Kleine?«

Doch stattdessen brüllt er: »Du bleibst auf deinem Zimmer!«

Bin ich tatsächlich erleichtert? Ich weiß es nicht, ich habe immer noch diese Angst im Bauch. Ich warte die weiteren Ereignisse ab. Was wird mein Vater tun?

Komischerweise kriege ich keine Schläge. Er ruft meine Mutter in der Arbeit an, er spricht arabisch, ich verstehe nichts. Später erfahre ich, dass Pauline meinen Vater davon überzeugen konnte, Anzeige zu erstatten.

Wir sind im Kommissariat von Pontoise. Pauline, ihre Mutter, Clarisse und ich. Weder mein Vater noch meine Mutter haben es für nötig erachtet, mich zu begleiten. Also muss ich diese neue Prüfung alleine bestehen. Verschiedene Kommissare empfangen uns und nehmen unsere Aussagen getrennt auf.

Die Polizisten wollen uns die Anzeige ausreden. »Mädchen, seid ihr sicher, dass es nicht ganz zufällig ein Racheakt ist, weil er euch sitzen ließ?«

»Nein!!«

Ich muss meine Aussage mehrfach wiederholen, muss wieder und wieder das Martyrium durchleben, während ständig Bullen im Zimmer ein und aus gehen. Einer isst ein Sandwich, ein anderer fragt vor mir: »Worum geht's?« Und dann kommen solche Fragen: »Wie lange hat die Fellatio gedauert? Was haben sie zu dir gesagt? Und du, was hast du gemacht. Bist du sicher, dass das auch alles stimmt, was du da sagst?«

Ich habe keine Bescheinigung, ich habe auch keine blauen Flecke mehr, die beweisen könnten, dass es stimmt. Also steht meine Aussage gegen seine Aussage. Nur zwei Personen haben mich nach der Vergewaltigung gesehen: Sofia und Rachida. Sofia hat kein Telefon, Rachida schon. Ich gebe einer Polizistin Rachidas Nummer. Sie telefoniert, dann kommt sie zurück und versichert mir, dass Rachida aussagen wird. Doch Rachida wird nie kommen, sie wird sogar noch der Clique von meiner Anzeige erzählen … Indem sie mich fallen lässt, schützt sie sich selbst. Sie hat ihr Lager gewählt. Sie hat entschieden, sich mit dem abzufinden, was den Mädchen angetan wird. Sie hat sich dafür entschieden, nicht nachzudenken und mich zu verraten.

Ich habe Jahre gebraucht, um diesen Verrat zu verkraften. Ich hätte dieser Hündin am liebsten die Fresse poliert und damals schwor ich mir, dass ich das eines Tages auch tun werde. Als ich sie Jahre später auf der Straße getroffen habe, hat sie mich nicht erkannt. – Scheiße, was sollte ich tun? Sie fertig machen? Sie war voll auf Drogen. Es schmerzte, sie so zu sehen. Ich kannte sie so schön, so frisch, immer hat sie gestrahlt. Nun war sie ein Nichts, vollkommen erloschen, halb tot. Das Leben hat mich gerächt. Und so bin ich einfach weitergegangen.

Ich sehe sehr wohl, dass mein Fall die Polizisten verwundert. »Wie? – Dieses Mädchen ist zweimal vergewaltigt worden und hat nichts gesagt?« Ich versuche, ihnen begreiflich zu machen, dass die Drohungen der Clique mich in Angst und Schrecken versetzt haben, dass ich meine Familie schützen wollte und mich deshalb so ruhig verhalten habe, wie es nur ging. Ich fühle mich unwohl vor diesem Kommissar und seinen Kollegen. Ich fühle mich schmutzig und ein drittes Mal erniedrigt. Ihre Fragen und ihre Zweifel werfen mich wieder auf meine Schuldgefühle zurück. Diese Gesten, diese Blicke, diese Befragungen vermitteln mir das Gefühl, die Schuldige zu sein. Schuldig, weil ich meinen Eltern nicht gehorcht habe. Und diese Bullen schämen sich nicht, mir das auch noch ins Gesicht zu sagen! Große Psychologen sind sie, die Bullen! Schuldig, von zu Hause abgehauen zu sein. Schuldig, vergewaltigt worden zu sein. Und zum guten Schluss auch noch schuldig, nichts gesagt zu haben.

Ich bereue diese Anzeige schon. Die Bullen begreifen überhaupt nichts. Sie können sich nicht vorstellen, wozu die Jungs in den Cliquen fähig sind. Allmählich spricht man zwar über sie, aber die Bullen kennen nur diese kleinen Diebesbanden. Was in den Kellern der Wohnblocks passiert, davon haben sie keine Ahnung.

Ich bin nun schon eine ganze Weile auf dem Kommissariat. Draußen ist es Nacht geworden. Es muss acht oder neun Uhr sein. Immer noch sitze ich im Büro des Kommissars und warte. Ich glaube, sie gleichen unsere Aussagen ab, um zu sehen, ob alles übereinstimmt.

Ein Polizist, der von der Streife zurückkehrt, kommt rein. »Warum bist du hier?«

Ich gerate völlig aus der Fassung. Soll ich denn immer wieder von vorn anfangen? Ich bringe kein Wort heraus. Er geht aus dem Raum und ruft seinen Kollegen. Nach einiger Zeit kommt er zurück und zeigt mir ein Foto. »Ist das K.?«

Ich sehe das Foto an. Selbst vor dem Foto habe ich Angst. Mir werden die Knie weich. Ich zittere und sacke auf dem Stuhl zusammen. Sich nichts anmerken lassen. Keine Tränen.

»Ja, das ist er. Ich erkenne ihn an seinen Glotzaugen.«

»Aha. Hinter dem bin ich schon eine ganze Weile her!«

Dann zeigt er mir ein Foto von Jaïd.

»Und den? Kennst du den?«

»Ja, er war mein Freund.«

»Er hat dir nichts getan?«

»Nein.«

Erst jetzt, da ich dieses Buch schreibe, wird mir klar, dass Jaïd an meiner Situation keineswegs unschuldig war. Er hat mich richtiggehend in die Falle gelockt. Jahrelang habe ich geglaubt, dass er nichts damit zu tun hatte, weil er bei der Vergewaltigung nicht dabei gewesen war. Und da ich mich schuldig fühlte, weil ich mit ihm geschlafen hatte, gestand ich mir nicht das Recht zu, gegen ihn zu klagen. Dabei hätte ich ihn anzeigen können wegen unterlassener Hilfeleistung und Mittäterschaft bei einer Vergewaltigung. Auch die anderen von der Clique, die an jenem Abend beteiligt waren, habe ich nicht angezeigt, weil die Schläge, die ich von ihnen bekommen habe, nichts waren im Vergleich zu dem, was mir K. und seine beiden Komplizen zugefügt haben. Ich habe auch die beiden Mädchen vergessen, die mit mir in der Bahn waren und mich hängen ließen, ohne Hilfe zu holen. Und vor allem habe ich Rachida vergessen. Ich hätte sie am liebsten des Verrates angeklagt, sie der Justiz übergeben wegen ihres Verbrechens gegen unsere Freundschaft! War ich zu gutmütig oder nur schlecht informiert? Ich weiß es nicht genau. Ich weiß nur, dass das Leben diese Leute nicht geschont hat, auch wenn sie sich nicht um mich geschert haben. Und damit ist mir Gerechtigkeit widerfahren.

»Bist du sicher, dass er dir nichts getan hat?«, fragt der Bulle eindringlich.

»Ich bin schon lange nicht mehr mit ihm zusammen.«

»Aber er ist der beste Kumpel von K.«

»Keine Ahnung.«

Ich darf wieder hinaus auf den Korridor und zu den Mädchen. Der Polizist zeigt ihnen das Foto. Clarisse bricht in Tränen aus, Pauline hat bessere Nerven, aber sie erkennt ihn auch gleich wieder.

»Den wollen wir schon lange einbuchten. Er ist schon wegen Zuhälterei angeklagt.«

Da merke ich, dass ich ihm gerade noch rechtzeitig entwischt bin.

Clarisse war damals neunzehn, sie hatte ein Engelsgesicht und hellblonde Haare. Sie war Studentin und Paulines Nachbarin. An jenem besagten Abend wollte sie ihren Freund in Sarcelles besuchen. Am Bahnhof machte K. sie an. Sie ignorierte ihn, er schlug ihr eine rein und wollte ihr das T-Shirt vom Leib reißen. Sie konnte ihm entkommen und in einen Laden flüchten. K. verzog sich. Am nächsten Tag wollte Pauline eine Freundin in Sarcelles besuchen. Am Bahnhof machte K. das Gleiche mit ihr wie mit Clarisse. Aber Pauline ist eine richtige Frau, sie hat keine Angst. Sie kann sich wehren, sie hat Selbstverteidigung gelernt.

»Beide konnten ihm entkommen. Du nicht!«,

muss ich mir anhören. »Konntest du ihm nicht entwischen? Warum hast du dich nicht heftiger gewehrt? Hast du es vielleicht so gewollt?«

Ich lasse zu, dass diese kleinen Scheißsätze sich in meinem Kopf einnisten. Sie zerstören noch den letzten Rest Selbstachtung und machen das Päckchen an Schuldgefühlen, das ich ohnehin schon mit mir herumschleppe, noch größer. Für die Ermittlungen kann Pauline meine Aussage bestätigen. An jenem Abend in der Bahn saß sie zufällig auf der unteren Ebene und hörte mich schreien. Sie dachte, es sei ein Paar, das sich stritt ... Die Ermittlungen haben begonnen.

Ein Kommissar bringt mich nach Hause, es liegt auf seinem Weg. Während der Fahrt versucht er, Informationen über die Machenschaften von K. und Jaïd zu bekommen.

»Ich bin nicht mehr auf dem Laufenden, ich weiß nur, was sie mir angetan haben. Das reicht!«

Um elf komme ich nach Hause, meine Eltern sehen fern. Ich bin am Ende, die Fragen der Polizisten haben mich erschöpft. Zu Hause herrscht immer noch die gleiche Spannung. Kein Wort an mich. Keine Frage, wie ich die Tortur auf dem Kommissariat überstanden habe. Kein Wort des Trostes, kein Blick, keine Aufmerksamkeit. Ich bin allein in dieser Gleichgültigkeit und mit meiner schweren Last auf dem Herzen.

Später ruft meine Mutter auf dem Kommissariat an, sie will wissen, wie es weitergeht. Zu keiner Zeit stellt sie mir eine direkte Frage – wie es mir geht, wie ich mich fühle nach diesen schrecklichen Ereignissen für ein Mädchen von vierzehn Jahren! Mein Vater zeigt sowieso nie irgendein Gefühl. Und ich versuche erst gar nicht zu verstehen, warum sich meine Eltern in dieser Hinsicht nicht die geringste Mühe für mich geben.

In der Küche steht ein Teller Essen für mich. Wie ein Hundenapf. Ich fühle mich so schrecklich verlassen, wie ich vor meinem Teller sitze. Zurückgewiesen. Unnütz. Schmutzig. Schuldig. Ich mache mich ganz klein, ich mache so wenig Lärm wie möglich. Als wäre ich gar nicht da. Aber hier habe ich mich sowieso nie zu Hause gefühlt. Ich bin unsichtbar, klein und stumm und ich spüre, wie die Feindseligkeit meines Vaters, seine Verachtung, seine Wut im Haus schweben. Das Schweigen ist drückend, es verursacht mir Schmerzen. Obwohl ich einen dicken Kloß im Hals habe, esse ich meinen Napf leer. Ich spüre, wie dieser Kloß sich in mir festsetzt und heimlich größer wird. Er wird nie wieder verschwinden.

Ich weiß nicht, dass ich das Recht habe zu klagen, das Recht zu weinen, zu schreien. Nein. Stattdessen schrumpfe ich und mache mich so klein wie möglich. Ich möchte nicht stören, ich wage nicht, ihren Blicken zu begegnen und das Thema anzusprechen. Die meiste Zeit bin ich in meinem Zimmer, ich habe Angst, ihnen zu begegnen. Ich gehe nur raus, wenn ich auf die Toilette muss, wenn ich Hunger oder Durst habe. Der Graben zwischen uns wird größer. Meine Eltern, von denen ich doch zu Recht Verständnis, Schutz und Liebe erwarten darf, verschließen die Augen vor meiner Not. Ich habe keinerlei Rechte.

Ich sehe mich der Leere, dem Schweigen und eisiger Verachtung gegenüber. Sie tun so, als gebe es mich nicht, als sei überhaupt nichts passiert. Ganz unauffällig sterbe ich an dem Blick, den sie mir versagen.

Am nächsten Morgen weckt mich meine Mutter für die Schule, als sei nichts gewesen. Also tue auch ich so, als sei nichts ... Auf dem Schulweg male ich mir alles aus. Ich werde kämpfen, ich werde K. nicht gewinnen lassen, ich wäre die Stärkere. Trotz all dem Hickhack und all dem Grauen, das ich erleben musste, würde ich ein Abschlusszeugnis haben, eine gute Stelle, ein schönes Leben. An diese unsinnige Hoffnung klammere ich mich. Ich lasse keine Sekunde zu, dass der Mut mich verlässt.

7 Mathieu

Nach der Anzeige stellt sich die Frage: Soll ich einen Anwalt nehmen? Wie immer sprechen meine Eltern ohne mich darüber, dann kommt meine Mutter in mein Zimmer und sagt mir, was sie ausgemacht haben. Das ist so üblich bei uns. Nur ein Mal wollten sie die Psychologen spielen, und das ging dann so: Ich saß ihnen gegenüber und sah zu, wie sie diskutierten. Das Ganze endete mit einem Schwall Spucke in der Fresse – das ist bei uns Tradition. Kaum hatte ich den Mund aufgemacht, um etwas zu sagen, haben sie mich beschimpft oder mir eine geknallt.

Meine Mutter ist also in meinem Zimmer, ich höre sie sagen: »Weißt du … wir sind nicht sicher, ob wir gewinnen … ob wir unsere Interessen durchsetzen können, Schadenersatz bekommen … ein Anwalt kostet Geld.«

Ich höre schon nicht mehr hin. Was schert es mich, ob ich gewinne? Das ist doch kein Fußballspiel, verdammt! Oh, wach doch auf! Hier geht es darum, dass ich von ein paar Jungs vergewaltigt wurde, zutiefst erniedrigt wurde, dass sie mein Leben zerstört haben, und du, du erzählst mir was von Interessen und Schadenersatz!

Das heißt also, dass ich keine richtige Verteidigung bekomme, dass dieser Typ ungestraft oder fast ungestraft davonkommt, dass ich für nichts und wieder nichts Anzeige erstattet habe, für nichts und wieder nichts den Mund aufgemacht und vielleicht mein Leben riskiert habe! Wenn sie denkt, es ist nicht sicher, »dass wir gewinnen«, dann hat sie kein Vertrauen zu mir. Vielleicht denkt sie, dass ich gelogen habe. Ich merke, dass auch ich absolut kein Vertrauen mehr in diese Leute habe, die sich meine Eltern nennen, diese Leute, die mich verurteilen, mich verachten, mir das Maul stopfen, mir ihre Tür und ihr Herz verschließen …

Trotz der Brutalität meines Lebens klammere ich mich an die Hoffnung, die ich mit der Schule verbinde. Zumindest habe ich dort ein stabiles Umfeld. Dort spiele ich meine Komödie weiter, ich bin locker, lustig, freundlich. Doch tief in meinem Inneren klafft die Wunde. Zu Hause wirft man mir vor, dass ich nicht zusammengebrochen bin. Meine Mutter findet es abnormal, dass mich die Ereignisse nicht viel mehr mitgenommen haben. Das ist der Gipfel! Sie schafft es, dass ich mich auch noch deswegen schuldig fühle. Ich frage mich: Bin ich denn ein gefühlloses Monster? Ich weiß noch nicht, dass ich mich selbst nur schützen kann, indem ich meinen Schmerz unterdrücke.

Kurze Zeit später erzählt mir meine Mutter von einer Vereinigung, die die Rechte von Kindern vertritt. Wer hat diesen Kontakt hergestellt? Ich habe keine Ahnung. Jedenfalls kostet es nichts. Ich lasse mich von einer Anwältin in Colombes beraten, Madame B. Sie hat kurze hellbraune Haare, ein strenges Gesicht und eine raue Stimme. Ich erhoffe mir sehr viel von diesem Treffen. Endlich mal jemand, der sich für Kinder einsetzt! Endlich jemand, der mich versteht!

Doch es fängt schon schlecht an, beim ersten Satz erstarre ich.

»Was darf's sein?«, fragt diese Anwältin mit gleichgültiger Miene.

Ich komme mir vor wie in einem Lebensmittelladen. »Zwei Kilo Tomaten!«, hätte ich am liebsten gesagt.

Meine Mutter weiß nicht, wie sie anfangen soll, also erkläre ich der Anwältin den Fall selbst.

»Aha. Wie alt bist du?« Sie sieht mich nicht mal an, während sie spricht. Die kann einem vielleicht Vertrauen einflößen! Und ich hatte gedacht, ich würde mit einer Expertin sprechen! Ich bin geliefert. Beim Gedanken, dass ich mein Schicksal in die Hände dieser Frau lege, hätte ich am liebsten geschrien, so eine Anwältin, so eine Oberschlampe, will ich nicht!

»Vierzehn.«

Sie hebt den Kopf, sieht mich an und sagt ohne Umschweife: »Aber mit vierzehn hat man doch um diese Uhrzeit draußen nichts zu suchen!«

Bla bla bla … Bla bla bla … Dieses Lied kenne ich! Sie glaubt wohl, ich fühle mich noch nicht schuldig genug! Blöde Fotze!

Ich schweige. Ich höre schon gar nicht mehr hin und ich werde auch nicht weiter hinhören. Ich ziehe mich in mich zurück, aber ich bin völlig am Ende. Auf einmal ist mir alles egal. Ich spüre, wie ich ein kleines bisschen mehr sterbe. Wieder eine Hoffnung, die sich zerschlagen hat. Ich bin völlig fertig, wenn ich daran denke, dass sie jahrelang studiert hat, dass sie Kinder und Jugendliche verteidigt, die sexuell missbraucht wurden, und dass ihre Kommentare nicht besser sind als die meiner Eltern.

Die Vereinigung, die sie vertritt, ist sehr bekannt. Sogar eine berühmte französische Schauspielerin wirbt für diesen Verband, der als Nebenkläger auftritt, die Jugendlichen aber nicht verteidigt. Nach diesem Vorfall kann ich mir diese Werbung nicht mehr ansehen, ohne kotzen zu müssen: »Ja, ja, helft missbrauchten Kindern … Ja, ja, man muss Anzeige erstatten … Ja, ja, wir haben Anwälte, die sich für die Rechte der Kinder einsetzen!« Hört doch auf, die Leute für dumm zu verkaufen! Glaubt ihr, es reicht, um Geldspenden zu bitten und eine Telefonnummer anzugeben, um euer Gewissen zu beruhigen? Und ich, ich habe wirklich geglaubt, dass diese Leute mir helfen würden, ich habe mein Vertrauen in sie gesetzt. Und mit welchem Ergebnis? Das wird die Fortsetzung meiner Geschichte zeigen.

Mittlerweile gibt es neue Ermittlungsergebnisse. Ich erfahre, dass K. immer noch nicht gefasst wurde – nach anderthalb Monaten. Ich schwebe also in großer Gefahr. Ich könnte ihm jeden Moment in die Arme laufen.

Ich bekomme zu Hause anonyme Anrufe. Manchmal werde ich beschimpft, manchmal herrscht Schweigen am anderen Ende der Leitung. Das verursacht ständigen Stress – auch den muss ich zusammen mit allem anderen wegstecken. Auf dem Schulweg lauern viele Gefahren. Ich habe Angst, ich habe zu niemandem mehr Vertrauen. Außerdem scheint niemand etwas für mich tun zu können. Die Anrufe machen mich noch ganz verrückt. Jedes Mal entsteht eine Spannung, für die ich mich verantwortlich fühle. »Da siehst du, was wir durchmachen müssen bei dem ganzen Unfug, den du treibst!«, höre ich immer.

In meinem Viertel treiben sich Typen herum, die nicht von hier sind. Ich weiß, dass sie mich suchen. Wenn ich an ihnen vorbeigehen muss, wende ich das Gesicht ab, ich verstecke mich, ich habe Angst. Ich bin in der Falle: auf der einen Seite herumstreifende wilde Tiere, auf der anderen Seite die Leute, die mich eigentlich beschützen sollten – meine Eltern, die Anwältin – und die mich jeden Tag tiefer ins Wasser tauchen. Mit ihren tödlichen Bemerkungen voller Anspielungen, mit ihren Vorwürfen und mit ihren vielsagenden Blicken rösten mich meine Eltern auf kleiner Flamme. Am liebsten würde ich weit weg gehen und ein anderes Leben beginnen. Ich träume, ein Zauberstab würde meinem Scheißleben endlich ein Ende setzen. Und während ich darauf warte, flüchte ich in meine Träume. Dort gibt es nur Zärtlichkeit, Gerechtigkeit und Verständnis.

Zum Glück habe ich die Schule. Wenigstens dort finde ich tröstende Freundlichkeit. Der Gärtner, die Concièrge, die Angestellten, der Koch und die Krankenschwester sind meine Freunde. Der Koch verwöhnt mich in der Küche, die Krankenschwester im Krankenzimmer, wo ich oft wegen starker Kopfschmerzen bin. Bei jedem Besuch bekomme ich Kakao, und wir unterhalten uns ganz lange. Ich bin wie ein streunender Hund, der Liebe sucht. Ich brauche diese kleine Nische der Zuneigung und diese Streicheleinheiten so sehr! Ich bin eine Bettlerin, ich bettle um Liebe. So sehr fehlt sie mir! Ich bin zu allem bereit, nur damit ich Aufmerksamkeit, Anerkennung und Zuwendung bekomme. Ich würde alles tun, ich würde dafür sogar das Mädelchen, das Dummchen, den Clown machen. Ich möchte gefallen, möchte, dass man mich mag, nur um diese innere Stimme Lügen zu strafen, die ohne Ende das wiederholt, was die anderen sagen: »Du bist eine Schlampe, eine kleine Nutte, ein dreckiges Balg.«

Dann wird Mathieu auf mich aufmerksam. Er ist halb Vietnamese, halb Nordalgerier; eine schöne Mischung. Er hat schwarze Mandelaugen und weiche, hellbraune Haut. Ein Freak, der auf Renaud steht. Immer wenn er mich sieht, trällert er: *»Ma gonzesse, celle que je suis son mec, ma princesse, celle que j'suis avec.«* Er findet mich schön, interessant, wunderbar. Endlich! Endlich liebt mich jemand! Er zeigt mir, wie schön Bücher sind, er zeigt mir eine andere Welt, eine Welt ohne Gewalt und ohne Hass.

Am Anfang begegnen sich unsere Blicke auf den Gängen, auf dem Schulhof, im Speisesaal. Langsam schließt er sich meinem Freundeskreis an. Und schließlich wartet er eines Nachmittags nach der Schule auf mich. Er will eigentlich nur ein Stück mit mir gehen, doch dann verbringen wir den ganzen Nachmittag zusammen in einem Park, wir reden über Literatur, Musik, Filme. Wir reden über unsere Zukunft und erschaffen die Welt neu. Ich erinnere mich so gut daran, weil ich wusste, dass ich zu Hause gleich wieder Prügel kriegen würde. Die Zeit verging … Schon nach jenem Nachmittag habe ich keine Lust mehr, ihm von der Seite zu weichen, ich will bei ihm bleiben. Die fehlende Zuneigung treibt mich in die Arme des Erstbesten, der Interesse für mich zeigt. Ich glaube ihm. In mir ist so vieles kaputtgegangen, nicht aber mein Glaube an die Liebe.

Mathieu ist aufmerksam und zärtlich. Er bringt mich zum Lachen, er macht mich alles vergessen. Er streicht mir übers Haar und nennt mich seine Prinzessin; er sieht mich an wie ein Naturwunder. Ich fühle mich wohl in seinen Armen, bei ihm vergesse ich alles. Mein Leben ist zweigeteilt: Tagsüber bin ich im Glück mit Mathieu, abends bin ich in meinem Elend. Dann taucht das geschundene Tier, das ich geworden bin, zusammen mit meinen Eltern, meinen quälenden Gedanken, der Angst vor den Drohungen und vor K. wieder auf.

In der Schule hat Mathieu ein paar Freunde. Am sympathischsten ist mir Pat, ein total abgefahrener Typ mit platinblondem Haar, Quadratlatschen und lauter Ketten. Pat malt sich Geschichten über mich aus. Er zeichnet einen lustigen Comic, in dem ich die Heldin bin! Dann ist da noch Fil Back. Auch er sieht nicht schlecht aus. Er hat zerzauste Haare und trägt immer schwarze Kleider wie der Sänger von *The Cure*. Auch er ist sehr nett. Pat und Fil werde ich niemals vergessen. Sie haben wieder die Sonne in meinem erbärmlichen Leben scheinen lassen und haben mir ihre Tür weit geöffnet. Hin und wieder treffen wir uns bei Fil, wir futtern, hören Musik und albern rum.

Eines Abends sind Mathieu, Pat und ich bei Fil. Wir quatschen rum, essen und hören Musik. Plötzlich platze ich. Ich sage, dass ich nicht mehr nach Hause will. Dass ich Angst habe. Dass ich in ständiger Bedrängnis bin und das nicht mehr durchmachen will. Ich erzähle ihnen alles. Mathieu hat Tränen in den Augen. Pat schweigt. Fil bietet mir an, bei ihm zu bleiben, sein Vater ist nie da und außerdem ist er cool drauf. Es ist schon spät. Pat und Mathieu müssen heimgehen. Mathieu verspricht mir, mich am Morgen abzuholen. Ich bleibe bei Fil.

Ich gehe noch ein paar Mal in die Schule, dann bleibe ich zu Hause bei Fil, ich will nicht mehr raus, ich muss innerlich zur Ruhe kommen. Bei Fil geht es mir gut, er ist nett zu mir. Mathieu besucht mich jeden Tag. Schließlich will auch er nicht mehr nach Hause gehen, er will bei mir bleiben und mir helfen. Er will mich nicht mehr alleine lassen. Auch er geht nicht mehr in die Schule, und so sind wir den ganzen Tag im Haus, hören Musik, essen, schlafen und knutschen. Uns geht es gut zusammen, wir sind glücklich. Pat kommt jeden Tag vorbei und erzählt uns, was es Neues in der Schule gibt. Die Leute fangen an zu reden. »Wo sind Mathieu und Sam?« Wir bekommen Schiss und beschließen umzuziehen.

Mathieu wohnt in Gagny; dort hat er ein paar Kumpels, wo wir unterkommen können. Wir gehen zu Adeline. Sie ist achtzehn und ein kleiner lustiger Pummel, sie sieht aus wie die Schauspielerin Valérie

Mairesse, nur stämmiger. Sie ist total verwöhnt. Sie wohnt in einem tollen Haus, ihr Vater hat ihr den Keller zu einer schönen Wohnung ausgebaut, die über den ganzen Grundriss des Hauses geht. Wahnsinn! Sie findet Mathieu und mich »total süß« und nimmt uns auf. Ich muss dazusagen, dass meine Geschichte sie schwer mitgenommen hat. Sie will mir helfen. Auch ein anderer Junge wohnt bei ihr – Pascal, der von seinem Militärdienst desertiert ist. Sie bietet ihm ein Dach über dem Kopf, zum Ausgleich bumst er sie. Adeline ist total verknallt in Pascal und wartet jeden Abend nur auf ihn. Oft muss ich sie tagelang trösten, wenn sie die Krise kriegt. Pascal kommt von Zeit zu Zeit und tröstet sie auf dem Laken.

Irgendwann geht uns das Geld aus. Pascal hat eine »geniale« Idee: Einfamilienhäuser hochnehmen. Jede Nacht geht das Duo Mathieu–Pascal auf Beutezug, und die beiden bringen heim, was sie finden: Fernsehgeräte, Videorekorder, Kleider, Lebensmittel. Keiner von uns ist glücklich darüber, denn die Sache droht, sich zuzuspitzen. Wir sind »Bonnie and Clyde für Arme«. Wir verkaufen das Zeug, Adeline und ich zählen die Scheine. All das Geld schlägt Mathieu und mich in seinen Bann. Wir träumen davon, in den Süden zu ziehen und Kinder zu haben, die in der Sonne aufwachsen. Wir träumen davon, all dem, was uns umgibt, einen Tritt zu verpassen. Wir träumen davon, woanders neu anzufangen. Mathieu will unbedingt, dass ich glücklich werde. Bis es so weit ist, lege ich Geld für unsere Pläne auf die Seite, Geld, das ich bald schon auf den Kopf hauen werde …

8 Flucht

Eines Abends sitzen wir alle gut gelaunt zusammen. Mathieu hat seinen Arm um mich gelegt, ich unterhalte mich mit Samir, einem neuen Kumpel. Wir scherzen und lachen, denn wir hören, wie Pascal Adeline lautstark im Bett tröstet. Da klingelt es. Ich rufe Adeline, aber sie ist nicht von Pascal wegzukriegen. Ich soll gehen. Ich zögere, schließlich bin ich von zu Hause ausgerissen. Trotzdem mache ich auf, vor mir steht Mathieus Vater. Ich erkenne ihn an den asiatischen Zügen, die auch Mathieu hat. Der Vater ist nervös, er will Adeline sprechen.

»Das bin ich«, sage ich unverfroren.

»Ich suche meinen Sohn Mathieu, ich habe gehört, er soll hier sein, zusammen mit einer gewissen Samira.«

»Ich kenne keinen Mathieu und auch keine Samira. Hier wohnt niemand außer mir. Wer behauptet denn so was?«

»Das muss ich dir nicht sagen. Ist mein Sohn nun hier oder nicht? Mit dieser Schlampe? Er ist wegen ihres Hinterns da. Diese kleine Schlampe hat ihm nämlich mit ihrem Hintern den Kopf verdreht! Lass mich rein! Ich will sehen, was hier los ist!«

Arschloch! Wie er mich beschimpft! Ich beiße die Zähne zusammen. Und wenn er nun Recht hat? Wenn ich im Grunde doch nur eine kleine Schlampe bin? Ich beherrsche mich, um nicht alles noch schlimmer zu machen. Er darf auf keinen Fall reinkommen. Mathieu ist da, Adeline streckt die Beine in die Luft, und ich, ich bin nicht Adeline … Er will unbedingt rein, aber ich lasse es nicht zu.

»Wenn das so ist, komme ich mit der Polizei wieder!«

In diesem Moment taucht Adeline auf, die ihre Turnerei beendet hat.

»Und wer sind Sie?«, fragt Mathieus Vater.

»Ich bin Adeline.«

Ich bin echt in der Scheiße! Ich sehe Adeline mit weit aufgerissenen Augen an und sage ausweichend: »Ich bin eigentlich Nora. Adeline war beschäftigt, und da habe ich mich eben für sie ausgegeben.«

»Wollt ihr mir hier irgendwelche Märchen erzählen?«, schreit er. Er glaubt kein Wort.

»Aber Monsieur, Samira sagt die Wahrheit!«, platzt Adeline heraus und vergisst, dass ich gerade Nora bin.

»Ihr kleinen dreckigen Lügnerinnen! Ihr verarscht mich doch schon von Anfang an! Ich weiß, dass Mathieu hier ist. Aber wartet nur – ich komme gleich mit der Polizei wieder. Dann werden wir ja sehen, ob ihr das auch noch lustig findet! Du Schlampe – du bist an allem schuld. Nur wegen deinem Hintern ist er hier, du kleine Nutte!«

Jetzt hat er mich so weit, ich beschimpfe ihn: »Scheißkerl! Arschloch!« Ich biete ihm das Beste aus meinem Repertoire.

Er wird fuchsteufelswild. Wir sitzen voll in der

Scheiße. Mathieu und ich müssen verschwinden. Aber wohin? Keine Ahnung. Trotzdem, nichts wie weg! In Windeseile packen wir unsere Sachen und verabschieden uns von Adeline. Da klingelt es. Adeline geht in den Garten und sieht nach: die Bullen. Vorn können wir nicht mehr raus, also flüchten wir durch den Garten und über die Dächer der benachbarten Häuser. Mathieu hilft mir hinauf. Wenn ich oben bin, wirft er mir die Taschen zu und klettert selbst rauf. Von Dach zu Dach schleichen wir uns durch die Nacht und drücken unsere große Taschen an uns. Man konnte meinen, wir wären schon unser ganzes Leben lang auf der Flucht!

»Hier kommen wir auf eine Seitenstraße, wir gehen bis zum Bahnhof von Chelles. Okay?«

Ich nicke und folge ihm wie ein kleiner Soldat. Ich vertraue ihm voll. Ihm würde ich bis ans Ende der Welt folgen. Die kleinen Herzen von Bonnie und Clyde rasen. Wir nehmen den Zug, an der Gare de l'Est steigen wir aus, wir sind völlig am Ende, wir wissen nicht, wohin, wissen nicht, was tun. Wir klammern uns an unsere Träume. Wir würden uns nie trennen, sollen die Leute doch sagen, was sie wollen! Wir würden zusammen weggehen … Und schon sind wir im Süden, in der Sonne, zusammen, wir schauen aufs Meer …

Dabei zählen wir unsere Kohle. Wir würden nicht mal bis Juvisy kommen. All unsere Ersparnisse sind für Essen, Kippen und Dope für die anderen draufgegangen. Wir können uns gerade mal einen Giant Burger bei *Quick* am Bahnhof leisten. Das kann so nicht weitergehen, aber beide wollen wir den Tatsachen nicht ins Auge sehen. Dazu sind wir noch nicht bereit. Wir glauben an uns. Wir wollen mit aller Macht daran glauben.

Völlig fertig kommen wir wieder bei Adeline an, wir wollen nur noch schlafen. Adeline erzählt uns dennoch, was passiert ist: Mathieus Vater und die Bullen sind wieder weg. Sie haben uns nicht angetroffen, und Adeline haben sie für morgen aufs Revier vorgeladen. Wir sitzen alle in der Scheiße. Wir sind zu fertig, um nachzudenken, die Flucht über die Dächer hat uns erschöpft. Eng zusammengekuschelt schlafen wir ein wie kleine Vögel.

Gegen halb sieben morgens höre ich Geräusche. Ich schlage die Augen auf. Der Fensterladen geht auf, eine Faust will die Scheibe einschlagen. Ich schreie auf. Mathieu wird wach. Ich verstecke mich schnell im Bad und höre jemanden schreien: »Wo ist meine Tochter?«

Meine Mutter! Sie hat mich gefunden. Sie schreit, sie stellt das ganze Haus auf den Kopf und findet mich unter der Dusche. Ich habe unbändige Lust zu lachen – und als sie den Vorhang zurückzieht, breche ich tatsächlich in schallendes Gelächter aus. Ich schüttle mich vor Lachen, ich kann gar nicht mehr aufhören zu lachen – und weine gleichzeitig. Das sind bestimmt die Nerven. Mathieu und Adeline wissen nicht, ob sie weinen oder lachen sollen. Die ganze Situation ist einerseits ziemlich erschütternd, aber sie hat auch etwas Groteskes. Meine Mutter ist wirklich die Härte! Schlägt einfach eine Scheibe ein, dringt in das Haus von fremden Leuten ein und stellt die ganze Bude mit ihrer herrischen Art auf den Kopf. Das muss man sich erst mal trauen! Meine Mutter hätte Polizistin werden sollen!

Doch sie weiß, dass sie sich auf dünnem Eis bewegt. Sie weiß, dass sie mich nicht verprellen darf, wenn ich mit ihr nach Hause kommen soll. Aber ich glaube kaum, dass ich eine andere Wahl habe. Ich muss heim und Mathieu auch. Nach stundenlangen Debatten gehe ich widerwillig mit. Ich bin traurig. Ich hatte an meine Flucht ins Glück geglaubt. Mit Angst im Bauch gehe ich mit.

Meine Mutter sülzt mich voll und lockt mich auf den Leim: »Alles wird anders … Wir werden großzügiger mit dir sein … Aber du weißt, dass du dazu auch deinen Teil beitragen musst, denn du bist nicht gerade ein problemloses Kind … Ehrlich, je länger ich darüber nachdenke, desto weniger verstehe ich dich. Nach allem, was passiert ist, habe ich geglaubt, dass du Ruhe gibst. Aber du läufst weg und gehst schon wieder mit einem Jungen! Hast du denn nach allem, was passiert ist, die Nase nicht voll von Jungs?«

Sie hat nichts begriffen. Sie hat nicht begriffen, dass ich Angst hatte, K. und seine Clique würden ihre Drohungen wahr machen und sich an meinen Eltern und meinen kleinen Schwestern vergehen. Die einzige Möglichkeit, meine Familie und mich selbst zu schützen, hatte ich darin gesehen, weg zu sein, weit weg.

Meinem Vater fällt dazu nur eins ein: »Ich habe dir

ja schon immer gesagt, dass sie eine Schlampe ist.« So hat er auf seine Weise meine schöne Liebesgeschichte zusammengefasst.

Die Rückkehr in die Schule ist hart. Alle wissen Bescheid, und ich muss dafür geradestehen. Meine Mitschüler finden unsere Geschichte total romantisch, sie sind herzlich, sie bewundern uns sogar ein bisschen. Doch dafür halten die Lehrer uns eine Standpauke, immerhin haben wir über einen Monat gefehlt. Mir geben sie eine zweite Chance, weil mittlerweile alles bekannt ist: die Vergewaltigung, die Ermittlungen und so weiter. Doch Mathieu wird zunehmend kühler; darunter leide ich sehr. Er verhöhnt mich, schlägt mich sogar. Ich verstehe überhaupt nichts mehr, aber ich lasse mir nichts anmerken. Mit tödlicher Sicherheit hat ihm sein Vater ganz schön den Kopf gewaschen.

Es ist so weit. Die Polizei hat K. und seine beiden Komplizen verhaftet. Das lindert meine Angst nicht, denn die Clique versucht weiterhin, mich einzuschüchtern, damit ich meine Anzeige zurückziehe. Zufällig treffe ich immer wieder Mädchen und Jungs, die sagen, ich hätte K. und die anderen lieber nicht anzeigen sollen und dass ich gut daran täte, auf mich aufzupassen. Dann wieder schneiden mich Jungs, die ich kenne, und spucken mir ins Gesicht. Es ist so unerträglich, dass ich kaum noch aus dem Haus gehen will. Ich komme mir vor wie ein Boxer, der einen Haken nach dem anderen kassiert, ohne aufstehen, durchatmen und ausruhen zu können. Ich ziehe mich zurück. Den Bullen habe ich zwar von den Drohungen, den anonymen Anrufen und dem Verhalten der anderen erzählt, aber sie haben mich nicht ernst genommen. Sie haben gedacht, dass ich aus lauter Angst übertreibe, und beteuert, dass ich in Sicherheit sei.

Nach K.s Verhaftung werde ich aufs Kommissariat von Pontoise geladen. Meine Mutter hat die tolle Idee, mich mit meinem Vater dort hinzuschicken – damit unsere Beziehung besser wird, wie sie sagt. Irre, was? Im Zug nach Pontoise sitze ich ihm gegenüber. Für mich ist diese Fahrt eine Tortur. Auf der Hinfahrt und auch auf der Rückfahrt sagt er keinen Ton, er beachtet mich nicht mal, er schaut nur immer wütend. Ich komme mir vor, als würde man mich zur Schlachtbank führen. Ich platze fast vor Empfindungen und Gefühlen, die sich vermischen. »Schuldig.« »Schmutzig.« Diese Worte durchdringen mich, sie lassen mich nicht mehr los. Hinzu kommt die Angst vor dem, was mich dort erwartet.

Auf dem Kommissariat sagt man mir, man habe die drei Männer verhaftet, ich müsse zur Gegenüberstellung. Ich weigere mich. Um nichts in der Welt kann ich ihnen gegenübertreten! Man erklärt mir, dass ich hinter einem Einwegspiegel stehe.

Mein Vater begleitet mich, aber er hat keine Ahnung von allem, was passiert ist. Er weiß weder, dass es drei Zwanzigjährige waren, noch, dass es Farbige sind, noch, wo sich alles abgespielt hat. Bei mir zu Hause stellt man keine Fragen! Ich beobachte ihn. Er beißt die Zähne zusammen, doch er sagt kein Wort. Ich habe das Gefühl, dass ich ihn anwidere, dass ich ihn zutiefst und endgültig enttäusche. Ich schäme mich für das, was er sich anhören muss, und das verstärkt meine Schuldgefühle noch. O danke, Mama, für deine tolle Idee! Durch diese Prüfung soll unsere Beziehung besser werden? So ein Quatsch!

Ich bin in einem dunklen Raum, in der Mitte der Wand ist ein kleines Rechteck: der Einwegspiegel. Zwei Polizisten begleiten mich. Ich solle mir ruhig Zeit lassen, solle genau hinsehen und es gleich sagen, wenn ich unsicher bin. Ich erkenne K. sofort, als er von der anderen Seite den Raum betritt. Ich erkenne ihn trotz der äußerlichen Veränderungen – er hat seine Haare und seinen Bart wachsen lassen. Aber sein Blick hat sich nicht verändert, er macht mir noch genauso viel Angst wie früher. Mir schlottern die Knie. Auch die beiden anderen Typen erkenne ich, obwohl sie zwischen Polizisten in Zivil stehen. Trotz Handschellen und trotz Polizeibegleitung versetzt mich K. in Angst und Schrecken. Trotz des Spiegels habe ich das Gefühl, dass er mich anstarrt, und ich kann in seinen Augen all das lesen, was er mir antun kann.

Ich mache meine Aussage und darf wieder gehen. Was ich in Pontoise durchmachen musste, war noch schlimmer, weil mein Vater dabei war. In meinem Inneren wurde eine weitere Wunde geschlagen.

Am Abend höre ich, wie mein Vater mit meiner Mutter arabisch spricht. Sein Ton ist scharf und hart. Ich kann diese ewigen Feindseligkeiten nicht mehr ertragen. Also mache ich mich noch ein bisschen kleiner und verkrieche mich in meinem Zimmer. Ich will nicht wahrhaben, dass meine Eltern mir so wehtun können. Das kann doch nicht sein! Sie beachten mich nicht, sie helfen mir nicht, sie gehen mir aus dem Weg.

Heute weiß ich, dass ich ihr Verhalten mir gegenüber übernommen habe. Ich habe niemals auf mich Rücksicht genommen. Ich hatte für mich selbst keine Zärtlichkeit, ich hatte keine Achtung vor mir. Immer habe ich mich nur verurteilt und abgelehnt. Immer bin ich vor mir selbst davongelaufen. Konnte ich denn anders? Niemand hatte mir je gezeigt, dass ich etwas Besseres verdient habe. Wie hätte ich für mich selbst etwas Positives empfinden können, nachdem meine Eltern mir immer nur ein düsteres, schmutziges Bild von mir zurückgeworfen haben? Und dieses Bild, das sie von mir hatten, habe ich verinnerlicht.

9 Auf der Straße

Seit der Gegenüberstellung spricht mein Vater nicht mehr mit mir, er schlägt mich nicht mal mehr, er will mich überhaupt nicht mehr anfassen. Ich bin zu schmutzig für ihn. Ich weiß wirklich nicht, warum er mich damals begleitet hat.

Es ist der Morgen des 7. Januar, ich sitze in meinem Zimmer und zeichne. Meine Mutter ist bei der Arbeit, meine Schwestern sind in der Schule. Ich bin mit meinem Vater allein im Haus. Plötzlich wird die Tür aufgerissen, mein Vater steht vor mir, hart und unbeugsam wie ein Richter, seine Hand liegt auf dem Türknauf. Er atmet schwer; das ist ein schlechtes Zeichen.

Er wirft mir einen kurzen, hasserfüllten Blick zu und schreit: »Hau ab! Pack deinen Koffer! Du ekelst mich an, du widerst mich an. Verschwinde, so schnell du kannst, und setze nie wieder einen Fuß in dieses Haus!«

» …«

Ich brauche einen Moment, um zu begreifen, was da gerade passiert ist. Er schmeißt mich raus. Ich komme mir vor wie jemand, der gerade eine fliegende Untertasse gesehen hat und sich fragt, ob er geträumt hat. Habe ich richtig gehört? Anekeln, anwidern – das hat er gesagt? Ich kann es nicht glauben! Mit diesen beiden Worten hat er mich gebrochen, hat mich in tausend Stücke zerschlagen. Er hat also nur darauf gewartet, dass er mit mir allein ist und mir sagen kann, was er von mir hält. Ein mutiger Mann, mein Vater! Auch wenn es bei uns als blasphemisch gilt, seine Eltern zu kritisieren, schäme ich mich wirklich nicht zu sagen, dass mein Vater ein Schwein ist. Ja. Das muss einfach gesagt sein.

Das »Hau ab« bin ich gewöhnt. Ich habe zu Hause nie etwas anderes gehört. Erst galt es meiner Mutter. Wenn er besoffen war, hat er sie halb nackt und mit mir im Arm hinausgeworfen, und wir haben die Nacht auf dem Revier oder im Frauenhaus verbracht. Dann hat er mich rausgeschmissen, egal, zu welcher Tages- oder Nachtzeit, halb nackt, nur im Nachthemd. Ihm war es egal, er lag ja in seinem warmen Bett. Nachts hat er mich geweckt, hat mich in den Bauch getreten und mich angeschrien, ich solle abhauen, nur weil er mich wegen irgendeiner Dummheit, meist wegen nichts und wieder nichts, auf dem Kieker hatte. Das geschah gewöhnlich freitags, wenn er ausging und becherte. So hat er den für Moslems heiligen Tag begangen! Am absurdesten war es, wenn er mich rauswarf, weil ich abgehauen war. Dann sagte er immer: »Hau ab – geh dahin zurück, wo du hergekommen bist!«

Wäre es nicht mit so schlechten Erinnerungen verbunden, könnte ich es fast komisch finden. Freitags rechnete ich immer damit, die Nacht draußen zu verbringen, es war mir fast zur Gewohnheit geworden. Ich kann gar nicht mehr zählen, wie oft ich in Kellern und in Treppenhäusern geschlafen habe. Wenn es kalt war, lief ich die ganze Nacht herum, um mich warm zu halten. Normalerweise nahm ich den direkten Weg zur Porte de la Chapelle; das waren gut zehn Kilometer. Ein Weg hin, ein Weg zurück, ganz allein in der Kälte, die Hände in den Taschen vergraben. Manchmal ging ich im Morgengrauen wieder nach Hause, manchmal schlief ich in der Métro. Auf der längsten Strecke, Balard–Créteil, konnte ich in Ruhe schlafen. Danach ging ich zu meiner Mutter auf die Arbeit, bat sie um zehn Francs und ging wieder. Das war ganz normal. Ich stellte mir keine Fragen. Außerdem bin ich ja auch oft gegangen, ohne dass man es mir befohlen hatte.

Angefangen hat es, als ich elf war, als meine Eltern mir alles verboten haben. Ich durfte nicht mehr draußen spielen, ich durfte keine Freundinnen und schon gar keine Freunde mehr treffen, ich durfte das Telefon nicht mehr abnehmen. Ich hatte keine Rechte mehr, nur noch Pflichten. Es ging nur noch um die Schule, um meine Aufgaben im Haushalt, um meine Schwestern, auf die ich aufpassen musste. Meine Mutter setzte mir ständig zu, immer war sie hinter mir her und ließ mich fünf, sechs Mal das Gleiche machen, nur weil ich es nicht genauso gemacht hatte wie sie. »Samira! Komm her! Willst du mich auf den Arm nehmen? Das ist nicht so, wie ich es dir beigebracht habe! Du machst das jetzt noch mal, und ich sehe dabei zu!« Sie konnte einen ganzen Schrank leeren, nur weil ich die Kleider nicht so eingeräumt hatte, wie sie es immer tat. Sie schwallte und lallte mich voll und zeigte mir zum x-ten Mal, wie ich es machen musste. Sie hörte nicht auf. Sie warf mir alles vor, mein Verhalten, meine Worte, auch wenn alles schon drei Wochen zurücklag. Sie ließ nichts aus. Sie konnte alles wunderbar vermischen und sie hatte eine irre Energie.

»In deinem Alter hatte ich nicht so viele Freiheiten wie du. Und nicht so viele Kleider. Du hast Glück! Für mich war meine Mutter mein ein und alles – nicht so wie ich für dich! Immer habe ich allen Papierkram erledigt, immer habe ich ihr bei allem geholfen. Nie hätte ich mich getraut, mich so aufzuführen wie du! Nimm dir ein Beispiel an deiner Cousine Yasmina – sie gehorcht ihrer Mutter!« Und so weiter und so fort. Es ging stundenlang. Sie brachte mich zur Weißglut. Wenn mein Vater nicht da war, gab ich zurück: »Ich bin nicht dein Dienstmädchen! Es ist mir egal, was meine Cousine Soundso macht. Ich bin ich! Hör endlich auf, mich immer mit anderen zu vergleichen. Außerdem will ich nicht so leben wie du!« Damit sie mich endlich in Ruhe ließ, musste ich noch schwerere Geschütze auffahren und ihr das Maul stopfen. Es war ein gefährliches Spiel, und wir überboten uns gegenseitig an Brutalität.

Im Grunde wollte meine Mutter mich nur so erziehen, wie sie selbst in Algerien erzogen worden war. Auf die harte Tour. Bei uns müssen sich Mädchen alles gefallen lassen, ohne zu murren. Ich weiß, dass meine Mutter kein leichtes Leben hatte und dass sie das Opfer einer Kultur ist, wo man Frauen wie Hunde behandelt. Ich weiß, dass sie nie Liebe, Beachtung oder Zuneigung erfahren hat. Dennoch trage ich ihr dieses Schweigen nach. Ich trage ihr nach, dass sie es zugelassen hat, dass mein Vater gewalttätig zu uns war. Ich trage ihr nach, dass sie nie etwas gesagt hat, wenn er mich schlug oder nachts hinauswarf. Heute erinnert sie sich nicht mehr an derartige Vorfälle. Wie praktisch! Ich trage ihr nach, dass sie sich nicht für mich eingesetzt hat, dass sie nichts gegen meinen psychischen Verfall unternommen hat, dass sie sich nie bemüht hat, mich zu verstehen. Ich trage ihr nach, dass ich nie ihr Augenstern war.

Mein Vater war komplett entschuldigt. Ich nicht. In keinem Punkt. Sie bat mich, ihn zu verstehen: Er hätte es doch nicht gelernt, anders zu handeln. Doch nicht die Kinder müssen die Erwachsenen verstehen – und ich steckte schon zu tief in meinem Leid. Ich musste mich einfach gegen diese Erziehung auflehnen, die auf leichtfertigen Ohrfeigen, auf Schlägen anstelle von Worten, auf Ungesagtem, auf schreiender Ungerechtigkeit gegenüber den Mädchen basiert. Um meiner Rebellion Ausdruck zu verleihen, konnte ich nur Unsinn machen und ausreißen. Ich bin groß geworden ohne ein Netz, das meinen Sturz schmerzlos aufgefangen hätte, ohne einen Fürsprecher, der mir geholfen hätte, meinen Weg zu finden. Ich bin ein Waisenkind. Ich habe keine Stütze, keine Bindungen, kein soziales Gefüge. Ich habe gelernt, mich hart zu machen und mich durchzuschlagen. Mit den vorhandenen Mitteln bin ich die geworden, die ich bin, die ich werden konnte.

Mit elf bin ich zum ersten Mal ausgerissen und zu einer Freundin gegangen. Nach einer Woche hat mich meine Mutter gefunden und gedroht, die Mutter meiner Freundin wegen Entführung Minderjähriger anzuzeigen. Ich wollte dieser Frau, die mich verstanden und aufgenommen hatte, keine Schwierigkeiten machen und bin mit meiner Mutter mitgegangen. Auf dem ganzen Rückweg hat sie mich vollgesülzt mit ihren üblichen Klagen über mein Verhalten.

Da ist mir der Kragen geplatzt. »Ich will nicht mehr nach Hause! Ich kann nicht mehr unter einem Dach leben mit diesem Kerl, der nur schreien und schlagen kann. Ich will nicht, dass er mich noch mal anrührt!«

»Gut. Er rührt dich nicht mehr an. Aber auch du musst dich bessern.«

»Nein, ich muss mich nicht bessern! Er soll sich einfach verpissen. Er macht mich verrückt!«

»Aha, das willst du also! Du willst meine Ehe zerstören. Du bist eine kleine, egoistische Hexe! Für wen hältst du dich eigentlich? Du hast hier gar nichts zu sagen! Los, jetzt gehen wir heim!«

»Dann geh doch! Ich soll doch nur mit nach Hause kommen, um dir den Haushalt zu machen. Und wenn ich weiterhin nichts tun und lassen darf, gehe ich sowieso nicht mit!«

Plötzlich zog sie eine Patrone Tränengas aus der Tasche und sprühte mich voll. Damit hatte ich nicht gerechnet. Ich schrie vor Schmerz, doch ich konnte ihr noch einen guten Tritt ans Schienbein geben. Sie hat mich einfach stehen lassen und ist davongerannt.

Ich sah nichts mehr, mein Gesicht brannte wie Feuer, meine Augen tränten, und je mehr ich rieb, desto schlimmer wurde es. Nach einer Viertelstunde hatte ich mich wieder einigermaßen erholt und bin zu meiner Freundin zurückgegangen. Ihre Mutter war entsetzt und hat sich ganz lieb um mich gekümmert. Und ich habe mich geschämt, ich habe mich so unsäglich geschämt.

Am nächsten Tag hörte ich von einer Person, die Jugendlichen half. Ich ging zu ihr. Sie hieß Édith. Sie war jung, groß, hatte braune Augen und eine Frisur wie Kim Wilde. Das war damals Mode. Sie bot mir etwas zu trinken an, und ich erzählte ihr meine Sorgen. Sie schlug mir vor, die Nacht bei ihr zu verbringen, dann würden wir eine andere Lösung finden. Sie ließ mir ein Bad ein und machte mir etwas zu essen. Ich fühlte mich wohl bei ihr, am liebsten wäre ich für immer bei ihr geblieben. Die ganze Wohnung war voll mit Bildern und Musikinstrumenten. Édith war Malerin, ihr Freund war Musiker.

Am nächsten Morgen gingen beide zur Polizei, sie machten die Sache aktenkundig und bezeugten, dass ich bei ihnen gewesen war. Sie trafen sich mit einem Richter und einem Erzieher. Bis alles geregelt war, blieb ich bei ihnen. Dort fühlte ich mich sehr wohl.

Dann musste ich zum Richter, er entschied, mich dringend ins Heim einzuweisen. Ich kam nach Raincy. Zu den »Franzosen«, wie es hieß. Dort gefiel es mir. Ich war lieber im Heim als bei meinen Eltern. Zumindest sprach man dort mit mir, man beachtete mich. Ich fühlte mich sicher und geborgen. Endlich hatte ich meine Ruhe.

Ich ging weiterhin zur Schule, aber ich lernte

nicht. Dafür hatte ich keinen Kopf. Wichtig war nur, dass ich weit fort war von zu Hause, alles andere zählte nicht.

Meine Mutter wollte mich aber wieder zurückholen, sie behauptete, ich sei ein launisches Kind, das sich jeder Autorität widersetzte, und sie konnte den Richter mit ihren Argumenten einlullen. Sie fügte hinzu, dass wir nicht in der Stadt wohnten, dass sie arbeiten ging, dass wir eine ehrbare Familie seien. Sie hat alle meine Anstrengungen untergraben. Meine Mutter kann richtig bösartig sein, wenn sie will …

Wenn ich an den Wochenenden bei meinen Eltern war, gab es keine Probleme, und nach sechs Monaten entschied der Richter, dass ich nach Hause gehen könnte.

Bei meiner Rückkehr waren meine Eltern wütend, weil ich sie als Tyrannen hingestellt hätte. Mein Vater sprach ziemlich lange nichts mehr mit mir. Meine Mutter machte mir schreckliche Vorwürfe und verdrehte alles, bis am Schluss ich an allem schuld war. Ich fühlte mich unverstanden von meinen Eltern und von dem Richter.

Genau damals, mit dreizehn, begann die »*Granola-Zeit*«, ich baute nur noch Mist. Ich schwänzte, ich hatte schlechten Umgang, ich war unverschämt und vorlaut. Und ich riss wieder und wieder aus. Es machte mir Spaß, die Leute im Bus zu nerven, sie grundlos zu beschimpfen. Ich maulte und redete vor mich hin, ich reklamierte die Politik der Gewalt und das Recht des Stärkeren für mich. Wenn ich schon zu Hause nicht existierte, sorgte ich dafür, dass ich wenigstens draußen auffiel. Man hörte mich, man sah mich. Im Grunde gab ich die Gewalt nur zurück, die man mir antat. Alles, was ich einstecken musste, teilte ich wieder aus. Und so wurde alles immer schlimmer, ich ging immer weiter, wurde immer brutaler. Ich senkte den Kopf und stürmte durch die Welt wie ein wütender Stier, bereit, alles kaputtzuschlagen, was mir im Weg stand. So stürmte ich einige Jahre weiter, ohne nachzudenken, und drehte mich in einer ausweglosen Mühle.

10 Im Heim

Der Morgen des 7. Januar. Mein Vater hat mich also vor die Tür gesetzt, weil ich ihn »anwidere«.

Weinend packe ich meine Sachen. Ich weiß, dass ich dieses Mal nicht zurückkehren werde. Das schwöre ich mir. Ich verspreche mir, dass ich nicht zurückkommen werde, bevor ich achtzehn bin – egal, was passiert. Normalerweise halte ich meine Versprechen nicht, aber dieses Wort gilt.

Ich bin draußen. Es regnet, der Himmel ist so bleiern wie mein Herz. Ich bin beladen wie ein Maulesel. Ich habe alles mitgenommen, habe meine Kleider, meine Schuhe, meine Zeichensachen in die große grüne Tasche gepackt. In der Métro bleibe ich mit ihr überall hängen, es ist zum Wahnsinnigwerden. Meine Bücher habe ich dabei, meine Hefte, alles. Eine Nomadin der Stadt. Wohin?

Eine Woche muss ich überbrücken.

Nach der Geschichte mit Mathieu hat meine Mutter einen Richter angerufen und ihm gesagt, in welcher Gefahr ich mich befinde: K.s Kumpels, die mich bedrohen, und mein feindseliger Vater. Man hat mir einen Platz im Heim von Nogent angeboten. Das hat meine Mutter dieses Mal geschafft. So ist sie: Sie kann die blödesten Sachen drehen und dann aber auch ganz tolle Sachen machen. Natürlich wäre es mir lieber gewesen, wenn sie gegen meinen Vater für mich

Partei ergriffen und ihm gesagt hätte, dass er abhauen soll und nicht ich – nachdem er es ja nicht mehr mit mir aushält. Aber ihm die Stirn zu bieten, das traut sie sich nicht.

Das Problem aber ist, dass ich erst in einer Woche in dieses Heim kann. Mein Vater hatte nicht warten können, bis ich ein Dach über dem Kopf habe. Ich rufe meine Mutter auf der Arbeit an, sie sagt, ich soll in den Laden kommen. Sie arbeitet jetzt in einer Boutique in Saint-Germain-des-Prés. Sie spürt, dass ich auf keinen Fall zurückgehe, wir müssen eine andere Lösung finden. Sie ruft im Heim an – es geht in Ordnung, ich kann eine Woche früher kommen. »Im Notfall …«, wie sie sagen.

Ich weine auf der ganzen Fahrt ins Heim. Ich weiß nicht genau, warum ich weine, aber ich weiß, dass sich etwas für immer verändert hat. Nichts ist mehr wie vorher. Die Worte meines Vaters kommen mir immer wieder in den Sinn. Ich habe seine Beschimpfungen und seine Schläge ertragen, aber diese Worte, die er ausgesprochen hat, kann ich nicht vergessen. Sein »Ekel« macht mich fertig, kränkt mich, besudelt mich noch mehr. Niemals würde ich in dieses Haus zurückkehren!

Im Heim empfängt mich Jean-Pierre, Erzieher und stellvertretender Heimleiter; er zeigt mir alles. Ich habe ein eigenes Zimmer, das ich abschließen kann. Aus dem Fenster sieht man auf einen ruhigen Garten. Ruhig wie ganz Nogent-sur-Marne, mit seinen Bäumen, den Spaziergängen am Ufer im Sommer, den verwaschenen Farben im Winter. Das Zimmer ist ein bisschen trist. Bevor ich meine Sachen einräume, setze ich mich erst mal aufs Bett und flenne wie ein Schlosshund. Ich finde keine Worte für das, was in mir vorgeht. Ich muss da einfach durch – so ist das. Dann gehe ich zum Mittagessen und setze für die erste Mahlzeit mit den anderen das Lächeln auf, das ich der Situation angemessen finde. Es gibt Steak mit Pommes. Das mag ich. Jean-Pierre stellt mich den anderen vor. Martin, Li, Salima, Clarisse, Gérald, Patrick. Ich gebe mich selbstsicher und fröhlich. Ich bin harte Situationen gewöhnt und kann meine Gefühle gut verbergen. Ich lächle die ganze Zeit, ich zeige nicht die geringste Niedergeschlagenheit. So haben die anderen keinen Anlass, mich zu fragen, warum ich hier bin. Seit der Kunstschule hat sich mein Äußeres verändert, ich hatte für einige Zeit meinen Jogginganzug-und-Turnschuh-Look gegen extravagantere Klamotten eingetauscht, die viel cooler sind.

Ich habe nicht die Absicht, mich in diesem Heim unterkriegen zu lassen. Martin merkt es als Erster. Wegen einer Kippe oder eines Wortes zu viel über mich raste ich aus. Seine neunzig Kilo beeindrucken mich nicht, ich prügle mich gnadenlos mit ihm. Damit hat keiner gerechnet, und ich genieße wohlverdiente Achtung. Ich füge mich in das Heimsystem ein – Netzkarte, hundertfünfzig Eier und vier Kinokarten im Monat. Cool.

Nach unserem Kräftemessen ist Martin mein bester Kumpel. Er respektiert mich, weil ich ihn von seiner Wolke runtergeholt habe. Jeden Abend kommt er in mein Zimmer und erzählt mir, was er den Tag über erlebt hat. Er ist sehr nett, aber er leidet wie ich darunter, von seinen Eltern nicht geliebt zu werden. Im Heim hat er eine große Klappe, aber ich nehme ihn immer in Schutz, weil er nicht so viel in der Birne hat.

Und da ist noch Gérald aus La Courneuve; ich kenne einen Kumpel von ihm. Am Anfang wollte er mich testen, wollte wissen, ob ich leicht zu haben bin. Es ist überall dasselbe, sie wollen wissen, ob »etwas drin« ist. Erst wenn sie sehen, dass sie nicht landen können, respektieren sie einen. Mittlerweile habe ich Übung, ich lasse mich nicht unterkriegen. Ich muss nicht einmal Gewalt anwenden. Ich konnte auch Salima und Clarisse dazu anstiften, für mich zu klauen, was ich brauche. So läuft das im Heim – man muss mit allen Wassern gewaschen sein. Gérald respektiert mich auch deshalb.

Ich weiß inzwischen, wie man sich verhalten muss, um respektiert zu werden. Das entspricht nicht meiner Art, aber ich mache es bestens. Ich bin hart, gnadenlos und habe eine große Klappe. Ich mache den Erstbesten an, damit man mir meine Ruhe lässt. Man muss mit dem anderen das machen, was man selbst nicht mitmachen will. Gleichzeitig pflege ich meine angenehme, lächelnde Seite. Ich spiele den anderen etwas vor, ich jongliere mit meinen Gefühlen und Empfindungen, verstecke aber, was ganz tief in mir ist.

Eines Abends werde ich nach draußen gerufen. Ich gehe raus, alle sind hinten im Garten.

»Rauchst du?«

»Klar doch!« Bescheuert, wie ich bin, denke ich, dass sie von Kippen sprechen.

»Hier! Nimm einen Zug!«

Ich will nicht als ahnungslos gelten, also ziehe ich ein paar Mal an dem Joint.

»Woher kommst du?«

»Sarcelles.«

»Ah! Ganz schön heißes Pflaster.«

»Kann sein.«

Durch den Joint wollen sie eigentlich nur herausfinden, woher ich komme, wer ich bin und so weiter. Ich habe keine Lust rumzuquatschen, ich lasse das Dope wirken. Ich fühle mich komisch, aber das kann ich auf keinen Fall zeigen. Ich beherrsche mich total. Der Joint kreist und landet wieder bei mir. Ich ziehe noch ein paar Mal.

»He, geht's noch? Schlaf nur nicht drüber ein!«

»Ja, es geht noch! Keine Angst, ich lass dir noch was übrig!«

Ich gehe wieder auf mein Zimmer. Ich lege mich aufs Bett. Sobald ich die Augen schließe, fahre ich Karussell. Ich würde am liebsten kotzen, doch gleichzeitig gefällt mir dieser Zustand. Er gefällt mir, weil ich schwebe, weil ich aus mir heraustrete. Ich löse mich von der Wirklichkeit, und das lässt mich mein ganzes verpfuschtes Leben vergessen. Ich fliege, ich drehe mich und mache Purzelbäume auf meinem Bett wie in einer Kammer ohne Schwerkraft. Ist das so beim Kiffen? Es ist auf jeden Fall völlig abgefahren.

Danach bin ich immer dabei, wenn ein Joint kreist. Ich kaufe oder klaue auch selbst Dope. Meine ersten

Tüten gelingen nicht gleich, sie sehen aus wie eingepackte Bonbons, aber nicht wie richtige Joints. Ich teile nur ungern. Ich schnorre immer die anderen an und tue so, als hätte ich nichts. Ab und zu rücke ich mal eine Tüte raus, damit sich die Gemüter wieder beruhigen.

Im Heim achte ich vor allem darauf, dass man mich respektiert, dass ich cool bin und meine Gefühle nicht zeige – weder den Jugendlichen, mit denen ich zusammenlebe, noch den Betreuern. Immer sage ich, dass es mir gut geht. Das Heim bietet mir wirklich einen stabilen Rahmen, es gibt Regeln und eine feste Struktur. Dort bekomme ich die Beachtung, die mir zu Hause niemand geschenkt hat. Das Ganze ist zwar nicht ideal, aber ich kann dort mein Leben wieder recht und schlecht auf die Reihe kriegen.

Hauptsache, ich bin nicht bei meinen Eltern. Die Haltung meiner Mutter finde ich ekelhaft. Ich glaube wirklich, sie hat ihre Wahl getroffen, sie hat sich gegen mich und für meinen Vater entschieden. Sie hat mich seinen Regeln überlassen, ohne mein Leid zu berücksichtigen, sie hat die Augen vor dem verschlossen, was nicht zu ändern ist. Mit meinen Eltern bin ich fertig.

Ab und zu ruft mich meine Mutter an, um zu hören, wie es bei mir läuft. So nach dem Motto: »Hau ab, du stinkst! – Komm wieder!« Sie verhält sich total widersprüchlich; aber mit diesen ständigen Widersprüchen bin ich aufgewachsen. Sie will mich wieder mit Beschlag belegen und meine Rückkehr erkaufen. Sie gibt mir Geld, überschüttet mich mit Geschenken, drückt wegen des Kiffens beide Augen zu. Worauf will sie hinaus? Will sie sich mit Geld ein gutes Gewissen verschaffen? Oder will sie den Erziehern beweisen, dass sie eine gute Mutter ist und ich ungerecht zu ihr bin? Ganz schön gerissen! Jedes Mal, wenn ich mich bei den andern über sie beklage, spielt sie wieder die gute Mutter, ist großzügig und alles. Später wird sie das Gleiche bei meiner Psychologin versuchen, aber dort wird sie auf Granit beißen, dort wird sie schnell in ihre Schranken gewiesen.

Doch wenn sie mich finden will, ist sie zu allem fähig. Einmal bin ich ein paar Tage nicht nach Hause gekommen, und sie hat tatsächlich herausgefunden, wo ich mich herumtrieb. Ich war damals zwölf oder dreizehn, ich hing vor einer Schule rum. Plötzlich sprang sie aus einem Auto, zückte ihre Netzkarte, als sei es eine Polizeimarke, zeigte sie schnell den Jugendlichen, die natürlich rot sahen und schrien: »Polizei!« Sie packte mich, drückte mich auf den Boden, legte mir Handschellen an und zog mich ins Auto. Und das Auto brauste davon – am Steuer war meine Tante! Peinlicher geht's nicht mehr! Vor allen meinen Kumpels. Kaum war ich im Auto, bekam ich die Schläge meines Lebens! Ich frage mich immer noch, woher sie die Handschellen hatte. Meine Mutter ist *Starsky und Hutch* in Personalunion. Wenn sie doch nur diese Energie dafür einsetzen würde, sich meinem Vater zu widersetzen!

Ich frage mich, warum sie mich zurückholen will, wo sie doch niemals etwas in Frage stellt. Sie ignoriert weiterhin die höllischen Spannungen zu Hause und scheint auch völlig das Grauen vertuschen zu wollen, das ich durchmachen musste. Ist es zu hart für sie? Wie kommt es, dass sie nicht versteht, wie sehr mich diese Ereignisse aus der Bahn geworfen haben? Wie kommt es, dass sie nicht spürt, wie einsam ich bin, wie unverstanden und ungeliebt ich mich fühle? Wie kommt es, dass sie an meinem Leid keinerlei Anteil nimmt? Meint sie, dass ich zusätzlich zu allem anderen auch noch die Konsequenzen tragen müsse – die Drohungen, die Verurteilungen, die Polizei, die Befragungen, den Ekel und die Gewalt meines Vaters, die Blicke, die ablehnenden Bemerkungen der anderen?

Im Heim verstehen sie mich sicherlich auch nicht. Ich verhalte mich nicht wie ein Mädchen, das vergewaltigt wurde. Ich spiele nicht das arme, traumatisierte Opfer, das sich völlig in sich zurückzieht. Im Gegenteil. Ich bin lässig und extrovertiert, ich beanspruche viel Platz und habe großen Einfluss auf die anderen. In ihren Augen habe ich keine Probleme. Ich halte mich an die Zeitpläne und komme immer pünktlich zurück. Ich finde, im Heim habe ich ausreichend Freiheiten, also muss ich sie nicht auch noch missbrauchen.

Doch ich schweige. Ich lasse niemanden an meiner Geschichte teilhaben, ich schäme mich so und ich fühle mich so schrecklich schuldig! Vielleicht ist auch noch nicht die oder der Richtige gekommen, jemand, der mich wirklich versteht und die richtigen Worte findet, bei denen ich aufgewacht und zugänglich geworden wäre und mich geöffnet hätte. Doch so einen Menschen hatte ich noch nicht getroffen, und so verschließe ich mich und unterdrücke meine Gefühle. Ich mache mein Herz hart, weil ich keinerlei Vertrauen zu den Leuten um mich herum habe und nicht noch mehr leiden will. Ich habe Angst, verraten zu werden, habe Angst, nicht verstanden zu werden, wie es bei der Anwältin, bei meinen Eltern und bei meinen Freundinnen der Fall war. Sie haben so getan, als sei ich ein Luder, eine Gaunerin, eine Schlampe – wo ich doch nur ein verzweifeltes Kind war.

Meine Erzieher beurteilen mich nach meiner Reizbarkeit, sie hören nicht den Schrei, der hinter meiner Reaktion steckt. Ich verbiete dem kleinen Mädchen, das in mir heult, den Mund, ich bringe es zum Schweigen, weil man ihr nicht das Recht und den Raum einräumt zu schreien. Ich verschanze mich. Ich bin wie ein Panzerschrank aus Stahlbeton.

Wenn man mich angreift, werde ich zum Tier. Immer liege ich auf der Lauer und stürze mich auf jeden, der mir Böses will. Ich will nicht mehr die Dumme sein. Meine Freundlichkeit und meine Naivität sind mir schließlich teuer zu stehen gekommen. Die Vergewaltigungen haben mich von Grund auf verändert, sie haben meine Sicht der Welt schwarz gefärbt. Obwohl ich früher auch schon schreckliche Sachen zu Hause durchmachen musste, fand ich das Leben schön und ich liebte die Menschen.

Doch niemand kann auf ewig in einem Panzerschrank aus Stahlbeton leben. Die Gewalt und die Verzweiflung, die in mir wohnen, müssen aus mir heraus. Mein Körper findet eine Lösung – so ein Körper ist echt gewitzt: Er bekommt epileptische Anfälle. Und zwar nicht nur ein bisschen! Manchmal müssen mich sieben, acht Leute festhalten. Meine Kraft verdoppelt sich. Ich brülle wie ein verwundetes Tier, mein Körper zuckt und bäumt sich auf. In dieser riesigen Spannungsentladung verpuffen all mein Leid und all mein Hass. Nach dem Anfall ist mein Körper fertig, leer, aber mir geht es gut. Ich erinnere mich nicht mehr, was meinen ersten Anfall ausgelöst hat, ich erinnere mich nur an die große Aufmerksamkeit, die mir damals zuteil wurde.

Diese Anfälle bieten mir eine neue Möglichkeit, mir Ausdruck zu verschaffen. Alles, was ich in mich hineinfresse, schreie ich in diesem Augenblick hinaus. Der Druck fällt ab, der durch meine unterdrückten Gefühle entsteht, und alle Welt kümmert sich um mich. Man betrachtet mich zwar als krank, doch man beachtet mich! Nur das zählt für mich. Diese kleine Welle der Aufmerksamkeit füllt mein Herz. Mein Gott, das ist verdammt pathetisch!

Einmal habe ich in der Schule einen Anfall. Man schleppt mich auf einer Trage über den Hof und bringt mich ins Krankenhaus. Ein bescheuerter Arzt gibt mir *Lexomil.* Ich nehme diese Tabletten einige Zeit, aber ich bin völlig daneben. Im Unterricht bekomme ich überhaupt nichts mehr mit, ich bin wie betäubt, ich schlafe. Ich komme mir vor wie ein Junkie. Ich will diese Medikamente »für die Nerven« nicht, schließlich sind nicht meine Nerven krank, sondern mein Herz leidet. Ein Onkel von mir hat diese Hämmer lange nehmen müssen, er ist völlig daneben. Ich habe keine Lust, eines Tages so zu sein wie er. Ich spüre, dass diese Scheiße mir nicht gut tut.

Ich halte nichts von Ärzten, die verzweifelten Menschen gleich *Gardénal*, *Temesta* oder *Lexomil* verschreiben. Diese Medikamente machen einen nur stumpf, sie schläfern einen ein und lenken vom Kern des Übels ab. Doch das Leiden wird damit nicht geheilt. Es ist ein Teufelskreis – das Unwohlsein verschwindet nicht, also nimmt man immer mehr Tabletten ein. Ich habe diesen Mist zügig abgesetzt, ich wollte nicht so enden wie mein Onkel.

Ich mache alles, was sie wollen, ich tue ihnen den Gefallen und gehe durch die ganze Mühle von EKGs, EEGs und allen möglichen Untersuchungen, durch die mein »Leiden« möglicherweise diagnostiziert werden kann. Angeblich habe ich etwas am Gehirn, das die Anfälle auslöst. Die Ärzte haben manchmal echt die abwegigsten Ideen! Doch um den psychologischen Grund für meine Anfälle hat sich nie jemand gekümmert.

Ein Arzt hat sogar die Dreistigkeit, mir zu sagen: »Also, um solche heftigen und häufigen Anfälle zu bekommen, musst du wirklich eine große Schauspielerin sein!«

»Jawohl, Herr Doktor, Sie haben den Nagel auf den Kopf getroffen! Nach all diesen Jahren gebe ich es jetzt zu: Ich war die größte Schauspielerin, die man sich nur vorstellen kann!«

Im Heim habe ich nur hin und wieder Anfälle. Doch sobald ich woanders bin, wird mein Leben schwerer, und die Anfälle häufen sich. Ich halte die psychische Spannung einfach nicht mehr aus, mein Körper muss sich immer öfter entladen. Schließlich wird der Anfall zu einem Mittel, mit dem ich mich schwierigen Situationen entziehen kann.

In der Schule engagiere ich mich nicht mehr. Ich kann dem Unterricht nicht mehr folgen, meine Gedanken schweifen mehr und mehr ab. Ich brauche jemanden, der mir den lieben langen Tag alles wiederholt, alleine kann ich nicht mehr lernen. Ich gehe zwar noch zum Unterricht, aber ich hänge nur herum. Immer habe ich eine Entschuldigung, immer habe ich eine große Klappe. Alle müssen unter meinen Launen und meinen Ausbrüchen leiden, aber meine Mitschüler mögen mich immer noch, und die Lehrer sind nachsichtig. Sie mögen mich, obwohl ich ihre Freundlichkeit und ihre Geduld ständig strapaziere. Sie wollen mir helfen, aber ich bin schon zu weit abgedriftet. Ich kann mich auf nichts mehr konzentrieren, kann keinen klaren Gedanken mehr fassen. Nur noch im Zeichenunterricht klappt es, da kann ich meinem Pinsel freien Lauf lassen.

Im Heim und auch in der Schule habe ich mehrere Persönlichkeiten. Ich kann mich jeder Situation und jedem Menschen anpassen. Ich komme mit den Raufbolden genauso zurecht wie mit den braven Schülern. Mit denen, die ein bisschen aus der Reihe fallen, mache ich hier und da ein paar Geschäfte, um mein Taschengeld aufzubessern, und wir kiffen zusammen hinten auf dem Schulhof. Bei ihnen fühle ich mich wohl, wir haben Spaß; das gefällt mir. Wir machen nur Unsinn, es gibt keine Gefühle, keiner stellt Fragen, man muss keine Rechenschaft ablegen. Mit den guten Schülern ist es komplizierter. Ich würde gerne sein wie sie, würde mich gerne unter sie mischen. Aber wenn ich mit ihnen zusammen bin, merke ich, dass ich nicht dazugehöre, dass ich mich nicht einfügen kann, und ich sehe mich wieder als Opfer. Das entmutigt mich und ich verliere die Hoffnung, dass ich irgendwann einmal mit meinem Leben zurechtkomme.

In meiner Klasse ist ein Junge, den ich mag. Nicolas. Ein großer braunhaariger Junge mit dunklen Augen, ein richtiges Mamasöhnchen. Wir sind Freunde geworden, weil ich verhindert habe, dass man ihn fertig macht. Im Unterricht hat er mir dafür viel geholfen. Er gibt sich nicht mit dem Bild zufrieden, das ich von mir zeige, er gräbt nach meinem wahren Wesen. Er versucht, mir beim Lernen zu helfen, er ist sehr aufmerksam, aber es ist vergebliche Liebesmüh. Es ist, als fahre ich mit einem Auto mit kaputten Bremsen, das nicht mehr aufzuhalten ist. Ich will nicht, dass er mich vollsülzt mit seinen Moralpredigten; das tut mir weh. Also reagiere ich abweisend, damit er sich von mir löst. Ich muss in vollem Bewusstsein mit ansehen, wie sich unsere Wege trennen. Einige Jahre später treffe ich ihn in einem Café an der Place de la Nation. Er sieht gut aus, ist gut drauf, ist zufrieden mit seinem Leben. Er macht alle möglichen interessanten Sachen in der Modebranche. Und ich sitze ihm gegenüber, elend, geschlagen vom Leben. Ich schäme mich, die zu sein, die ich bin, es tut mir weh, wie er mich ansieht. Ich komme mir vor wie von einem anderen Stern. Er gibt mir seine Telefonnummer, aber ich schaffe es natürlich, sie zu verlieren …

Wenn ich sage, ich hätte mehrere Persönlichkeiten, mehrere Leben, meine ich damit einerseits die Gesichter, die ich nach außen hin zeige, und mein unterschwelliges Leben andererseits. In meinem Inneren habe ich die Flut meiner Gefühle recht und schlecht eingedämmt. Und um meine Sexualität wollte ich mich nie kümmern. Auch heute noch habe ich Probleme, darüber zu sprechen.

Mein sexuelles Leben begann in der Scham, im Ungesagten und in der Erniedrigung. Die körperliche Liebe begann bei mir im Dreck, in der Scheiße und in der Gewalt. Romantisches Zusammensein bei leiser Musik, Kerzen und Händchenhalten habe ich nie kennen gelernt. Ich kannte nur Schläge, Machtkämpfe, Lügen und Verrat. Das sexuelle Elend. Einmal hat genügt, ein einziges beschissenes Mal. Es hat genügt, dass ich einmal mit Jaïd schlief, um Freiwild zu werden. Einmal habe ich mich aufs Kreuz legen lassen, danach war ich in diesem beschissenen Viertel am Arsch.

Nach einer Vergewaltigung können manche Mädchen keine sexuellen Beziehungen mehr eingehen. Bei anderen ist genau das Gegenteil der Fall. Sie haben keine Selbstachtung mehr und schlafen mit jedem. Das ist wohl auch bei mir so. Was ist schon dabei, die Beine breit zu machen, nach allem, was ich durchgemacht habe? Es ist doch sowieso egal – einmal schmutzig, immer schmutzig. Also, warum sollte es nicht so weitergehen? Außerdem gehörte mein Körper nach der Vergewaltigung nicht mehr mir. Das habe ich nach der gescheiterten Beziehung zu Mathieu gemerkt. Mir kam es komisch vor, dass ich mit ihm schlafen konnte. Ich hatte das Gefühl, ich hätte es nicht tun sollen, ich hatte das Gefühl, dass man das nach einer Vergewaltigung nicht tut. Aber ich war verliebt, und mit einem zärtlichen, netten Jungen zu schlafen war bestimmt der beste Balsam für meine Wunden. Dennoch schäme ich mich auch dafür. Sie haben es geschafft, mir ihre Scheißprinzipien ganz tief einzutrichtern. Ich bin voller Schuldgefühle, voller Scham.

Ich war so verliebt in Mathieu, dass ich ein Kind von ihm wollte. Kurz nachdem mit Mathieu Schluss war, hatte ich eine Blinddarmoperation und man hat festgestellt, dass ich schwanger war. Ich wusste es selbst nicht. Natürlich wollte ich das Kind nicht, ich wusste, dass ich es nicht behalten konnte. Die Abtreibung war nur noch eine weitere Prüfung, die ich wegstecken musste, ein weiterer Angriff auf meinen Körper und mein seelisches Gleichgewicht. Ich war damals erst fünfzehn. Ich steckte alles weg, ohne nachzudenken, ohne die Beeinträchtigungen spüren zu wollen, die bei mir ausgelöst wurden. Nicht nur die Bremsen meines Autos waren kaputt – es fuhr auch noch durch die Nacht, und ich setzte meine Fahrt in die Hölle fort. Im Heim haben sie mir die Pille gegeben. Das ist ihre Politik, und das ist gut so.

Nach der Enttäuschung mit Mathieu habe ich angefangen, mit allen möglichen Jungs gleichzeitig rumzumachen, ohne unbedingt mit ihnen zu schlafen. So kann ich mich über all die anderen Typen an Mathieu rächen und gehöre doch keinem. So blieb ich auch nicht mehr sitzen – das wäre zu hart gewesen.

Ich habe immer mehr One-Night-Stands. Gleichzeitig habe ich zwei engere Beziehungen, Driss und Mohammed; mit Mohammed bin ich anderthalb Jahre zusammen. Ich spiele mit diesen beiden Jungs Verstecken, ich spiele mit ihren Gefühlen. Ich komme mir cool vor, aber ich lande immer in ihren Betten.

Ich erniedrige mich weiter, ohne es zu merken, ich weiß nur: Was ich mache, ist »schlecht«. Heute schäme ich mich, und es schmerzt mich, weil ich keine Selbstachtung hatte und nur mich selbst damit entwürdigt habe. Ich habe die Beine breit gemacht, weil es mir leicht fiel. Für mich hatte das keinerlei Wert, das machte mir gar nichts aus. Ich machte die Beine breit wie eine Nutte. Ich war leer. Ich merkte nicht, dass ich dem Selbstmord nahe war und immer tiefer in die Selbstverleugnung abglitt.

11 In Nordalgerien

Sechs Monate bin ich in Nogent. Am Schuljahresende werde ich trotz allem in die zweite Klasse der berufsvorbereitenden Schule versetzt. Ich treffe mich regelmäßig mit meiner Mutter in der Stadt, und sie schlägt mir vor, zusammen mit ihr und meinen Schwestern in den Ferien nach Algerien zu fahren. Ich soll Ruhe finden und auf andere Gedanken kommen. Das brauche ich auch, und ich sage zu, unter der Bedingung, dass mein Vater nicht mitkommt.

Die einzigen Ferien, die ich mit ihm verbracht habe, waren ein einziger Albtraum. Es war in La Capte an der Côte d'Azur; ich war zwölf oder dreizehn. Sonst war ich immer nach Belgien zu meiner Pflegefamilie gefahren, in jenem Jahr aber sollte ich mit meinen Eltern, einer Tante und Cousinen auf einem Campingplatz Urlaub machen. Mir gefiel die Vorstellung, mit meinen älteren Cousinen die Ferien zu verbringen, ich malte mir schon alles in den schönsten Farben aus – das wird ein Wahnsinnsurlaub!

Am ersten Tag zog ich den Badeanzug an und ging mit den Mädchen an den Strand. Als wir am Abend zurückkamen, war mein Vater nicht da. Ich duschte, zog mich um und ging Eis essen. Es waren ja schließlich Ferien! Meine Mutter hatte es erlaubt, also konnte ich den Abend problemlos ein wenig in die Länge ziehen. Dann erfuhr ich, dass mein Vater mich suchte und ich sofort zurückgehen sollte – was ich auch umgehend tat. Auf dem Campingplatz fand ich ihn nicht vor, meine Mutter sagte, ich sollte gleich ins Bett gehen und mich schlafend stellen. Ich tat, was sie sagte, begriff aber nicht, was ich falsch gemacht hatte. Ich war doch nur mit meinen Cousinen ein Eis essen – was ist denn daran schlimm? Da hörte ich meinen Vater kommen. Er war fuchsteufelswild und stritt mit meiner Mutter, die mich in Schutz nahm. Er hörte nicht auf sie, sondern kam rein und beschimpfte mich.

»*Kalba!* Wo warst du? Was hast du draußen gemacht?« Er kam an mein Bett und zog mir die Decke weg. »Und dann tust du auch noch so, als würdest du schlafen!« Das brachte ihn völlig zur Raserei. Er gab mir einen Tritt voll ins Gesicht!

Schreiend stieß ich meinen Vater und meine Mutter weg und stürzte aus dem Zelt. Meine Nase blutete, das Blut lief wie ein Sturzbach. Ich flüchtete mich zu meiner Tante, völlig vor den Kopf gestoßen und wütend über das, was mir da angetan wurde. Sie verarztete mich, es war nicht so schlimm, das Nasenbein nicht gebrochen. »Dein Vater hat Recht. Du hättest nicht ausgehen sollen, ohne ihn zu fragen.« Meine Tante nahm ihn auch noch in Schutz! Ich kam gar nicht dazu zu sagen, dass ich ihm gar nichts erklären konnte. Ich war ganz aufgebracht über so viel Ungerechtigkeit. Mein Vater hat mir einen Tritt gegeben, als sei ich ein Fußball!

Ich dachte, ich könnte tolle Ferien haben und hätte die gleichen Freiheiten wie meine Cousinen – aber da lag ich falsch! Mein Vater verlangte, dass ich den ganzen Tag neben ihm am Strand sitzen und Sandburgen bauen sollte wie ein Kleinkind!

Tolle Ferien! Vormittags musste ich meiner Mutter helfen, am Nachmittag durfte ich bis vier Uhr Däumchen drehen, bis mein Vater seinen Mittagschlaf beendet hatte, dann ging's an den Strand, natürlich mit ihm. Aber ich hielt den Mund, weil ich nicht wollte, dass es wieder Stress gibt! Was für ein Kreuz, diese Ferien!

Doch es kotzte mich an. Er überwachte mich bei allem, was ich tat, und überprüfte sogar die Plätze, wo ich mich aufhielt, und die Leute, die ich auch nur ansah. Er ging echt zu weit. Je mehr er mir verbot, desto mehr Mist baute ich. Ich wollte nur eins: ihn nerven, wo ich nur konnte, um ihm zu sagen: »Da siehst du ja, was deine Schläge nützen! Ich mache alles, was du mir verbietest.« Ich hatte diese ständige Kontrolle bald satt, ich hielt es einfach nicht mehr aus. Ich wollte nur noch weg, abhauen, verduften, ihm zeigen, dass ich keine Angst hatte und dass ich jederzeit die Fliege machen konnte.

Ich verschwand für zwei Wochen. Ich schlief auf einer Baustelle, nahm eine Styropormatte als Matratze, eine andere als Decke. Das Essen klaute ich mir bei *Monoprix* in Bandol, am Abend versuchte ich mein Glück im Casino, um mich aufzuwärmen und um mich abzulenken. Als der Türsteher mein Kindergesicht sah, brach er in schallendes Gelächter aus und schickte mich weg. Ich war total sauer! Nach zwei Wochen holte mich meine Mutter zurück. Sie versuchte, die Wogen zu glätten. Bis zum nächsten Mal …

Ich gehe also nur mit nach Algerien, wenn mein Vater nicht dabei ist.

Meine Mutter hat alles geregelt. Wir sind in einem schönen Badeort. In Sidi Fredj gibt es einen kleinen Hafen, Sehenswürdigkeiten, Restaurants und nette Bars. Super! Wir haben zwei Monate Ferien, und meine Mutter hat in zwei Hotels gebucht, jeweils für einen Monat. Es wird bestimmt toll!

Doch die Mentalität in Algerien ist nicht so einfach zu ertragen. Als Auswanderer werden wir arrogant behandelt. Der Service lässt zu wünschen übrig, und ich mache kritische Bemerkungen auf Französisch, was die Algerier noch mehr nervt. Tag für Tag muss man wegen jeder Kleinigkeit feilschen. Es ist unverschämt. Die Kellner erlauben sich alles, einer bedient sich selbstverständlich an meinen Zigaretten, das Zimmermädchen klaut mir Klamotten, und ich muss auch noch mit ansehen, wie sie damit durch die Stadt flaniert! Jeden Tag gibt es aus einem anderen Grund Streit.

Es ist wirklich unglaublich, ich halte das kaum aus. Natürlich bin ich in einem besonderen Zustand, ich bin angespannt und nervös und gehe bei der kleinsten unfreundlichen Bemerkung gleich in die Luft. Dennoch will ich das Gute sehen, will meine Ferien genießen und K. und seine Kumpels vergessen. Ich will stärker sein als sie, will erfolgreich das Leid bekämpfen, das sie mir zugefügt haben. Ich will dieses schwarze Jahr und meine entwürdigenden Exzesse vergessen. Ich will die Scham vergessen, will vergessen, was in jenem Jahr aus mir geworden war. Ich will wieder leben! Ganz normal leben.

Ich gehe an den Strand und ab und zu in die Disco. Ich will mich amüsieren wie alle anderen. Eines Tages am Pool lerne ich drei Jungs aus Frankreich kennen, die in meiner Nähe wohnen. Wir verstehen uns gleich ganz gut, denn wir haben gemeinsame Bekannte. Jeden Tag treffen wir uns am Pool. Ich bin froh, dass ich Leute in meinem Alter getroffen habe und wir zusammen Spaß haben.

Eines Abends rauche ich mit einem Jungen einen Joint am Strand. Es ist warm, das Meer ist ruhig, es glitzert, und wir unterhalten uns ganz friedlich. Ich fühle mich wohl. Plötzlich tauchen drei Typen auf, die behaupten, sie seien Polizisten. Sie verlangen unsere Papiere, ohne uns ihre Ausweise zu zeigen. Ich weigere mich, sie sehen nämlich nicht wie Bullen aus. Während wir uns streiten, sehe ich, wie einer der Typen meinen Bekannten zur Seite nimmt, und die beiden verschwinden.

Und ehe ich es mich versehe, fallen die Kerle über mich her. Sie schlagen mit solch sinnloser Gewalt auf mich ein, dass ich es heute noch spüren kann. Ich glaub es nicht! Ein Albtraum! Ich brülle, ich schreie um Hilfe, ich versuche zu entkommen. Ich renne, stolpere im Sand, rapple mich wieder auf, laufe weiter wie von Sinnen. Sie schnappen mich, sie schlagen mich windelweich. Ich bin völlig neben mir, ich bin halb tot vor Angst, ich zittere am ganzen Leib. Damit ich aufhöre zu schreien, stopfen sie mir mit heftigen Fußtritten Sand in den Mund.

Die Schläge werden immer brutaler. Ich schreie und heule. Da zieht einer ein Messer aus der Jacke und zeigt mir die große, scharfe Klinge. Vom Grauen gepackt halte ich sofort den Mund. Und da geht der Albtraum wieder von vorn los. Zum dritten Mal in meinem Leben werde ich zum Objekt sexueller Gewalt, werde ein Instrument, um den Sadismus, die Trägheit und die widerwärtigste Brutalität gewisser Männer zu befriedigen. Während sie sich an mir vergehen, bete ich in meinem Kopf inständig zu Gott, ich flehe ihn an, mich am Leben zu lassen, denn ich bin sicher, dass sie mich umbringen wollen. Ich sehe mein ganzes Leben an mir vorüberziehen. Ich spüre den Tod nahen. Am Ende aller Kräfte gebe ich ihnen meinen Schmuck und bekomme dafür mein Leben.

Am nächsten Morgen findet man mich völlig verstört am Hoteleingang auf, ich habe einen Nervenzusammenbruch. Mein Kleid ist ganz zerrissen, der Slip ebenso. Ich bin halb nackt, aber ich merke es nicht. Meine Augen, meine Ohren, mein Mund, meine Haare sind voller Sand und geronnenem Blut. Ich bin stundenlang verwirrt und wie betäubt in der Stadt herumgelaufen, habe geweint und nach meiner Mutter gerufen, doch es war noch früh, die Leute schliefen noch.

Der Angestellte an der Rezeption sieht mich fassungslos an. Ich schreie ihn an, er soll meine Mutter rufen. Ich bin so fertig, dass ich in Ohnmacht falle. In den Armen meiner Mutter wache ich wieder auf, um uns herum steht ein ganzer Trupp. Alle diese Leute machen mir Angst, ich schreie, ich halte sie für meine Vergewaltiger. Ich fantasiere total, ich stehe unter

Schock. Als ich mich ein wenig erholt habe, bringt mich meine Mutter ins Krankenhaus, wo ich untersucht und verarztet werden soll. Ich bin am ganzen Leib grün und blau, an den Schläfen, an der Stirn, auf dem Rücken, den Armen, an den Beinen und im Schoß. Mein Gesicht ist blutig geschlagen, meine Knie sind ganz aufgeschürft.

Immer noch habe ich überall Sand, sogar im Hals und im Inneren meiner intimsten Stellen. Ich spucke noch tagelang Sand. Die Ärztin will mich ohne Handschuhe und bei offenem Fenster vor irgendwelchen Arbeitern untersuchen. Dafür handelt sie sich einen schmerzhaften Tritt in den Bauch ein. Ich bekomme wieder einen Nervenzusammenbruch. Ich habe Schmerzen, aber nicht mein Körper schmerzt – er ist von den ganzen Schlägen wie betäubt –, mich schmerzt es *für* meinen Körper, meinen armen Körper, der so viel Gewalt ertragen muss. Mich schmerzt mein Kopf von so viel Ungerechtigkeit, von so viel Rohheit. Mich schmerzt meine Hilflosigkeit: dass ich mich nicht wehren, nicht verständlich machen konnte und dass ich vor allem selbst nicht glauben kann, was mir da passiert ist.

Wieder die gleichen Kommentare: »Wenn mir das passieren würde, würde ich mich bis aufs Blut wehren.«

Oder: »Niemals würde ich zulassen, dass man so etwas mit mir macht!«

Und dann der Blick meiner Mutter, der eindeutig verrät, was sie in ihrem Innersten denkt: »Das kann doch nicht wahr sein! Sie sucht es ja geradezu!« In den Augen der Menschen kann ich lesen wie in einem

Buch. Darin stehen Vorwürfe geschrieben, Misstrauen, manchmal ein bisschen Mitleid, nie aber Mitgefühl. Es ist mein Fehler – platzt es von allen Seiten heraus und spritzt mich voll.

Später gehen wir zur Polizei, meine Mutter will Anzeige erstatten. Auf dem Kommissariat werden wir von einem Arschloch empfangen, dem es scheißegal ist, was mir passiert ist. Meine blauen Flecke, das Blut auf meinen Kleidern, mein zerrissenes Kleid, der Sand in meinem Mund, mein Schockzustand – es schert ihn nicht.

Er stellt mir indiskrete Fragen, angeblich um besser zu begreifen, was geschehen ist. Er fragt mich doch tatsächlich, ob ich vor der Vergewaltigung Jungfrau gewesen sei! Und ich besitze noch die Naivität zu sagen: »Nein.«

Da sieht er mich mit einem schmierigen, lüsternen Blick an und sagt: »Das war ja klar!«

In dem Moment weiß ich, dass er nichts unternehmen wird. Er fällt mir voll auf die Nerven, ich bestehe darauf, dass er etwas tut.

»Halt endlich den Mund! Du nimmst dir ein bisschen viel raus! Was hattest du auch zu dieser Uhrzeit am Strand zu suchen?« Das sind die Worte des Kommissars.

Ich kann dennoch erreichen, dass er ein paar Beamte an den Strand schickt. Ich muss mitgehen, in meinem zerrissenen Kleid, nur mit einem Pulli darüber. Welch eine Demütigung!

Man muss wissen, dass es an den Stränden Nordalgeriens ein Leben am Tag und ein Leben bei Nacht gibt. Viele Leute, auch Kinder, schlafen in den Büschen am Strand, weil sie keine Bleibe haben. In jener Nacht haben Leute dort geschlafen, sie haben mich schreien hören und sind mir nicht zu Hilfe gekommen. Ich erinnere mich, dass ich an einem Mann vorbeigelaufen bin, der dort lag. Einer mit Bart, wahrscheinlich ein moslemischer Ordensbruder. Ich erinnere mich, dass ich ihn angefleht habe, mir zu helfen. Er hat sich abgewendet und ein Stückchen weiter einen Platz gesucht. Von überall her tauchen nun Leute und Kinder auf. Da erkenne ich den Bärtigen wieder, ich bitte ihn, eine Aussage zu machen, und denke, vor der Polizei wird er reden.

»Ich, ich habe nichts gesehen, ich habe nichts gehört, ich habe da hinten in den Büschen geschlafen. Dieses Mädchen habe ich noch nie gesehen!«

Das Gefühl, ungerecht behandelt zu werden, übermannt mich. Ich platze fast. »Erinnere dich doch! Ich habe dich gestern angefleht, mir zu helfen. Du hast gleich hier nebenan geschlafen! Ich bitte dich, hilf mir doch!«

Nein, er kennt mich nicht, er hat nichts gehört. Aber er ist es, ich bin mir ganz sicher.

Ich denke an den Jungen, der mit mir gestern am Strand war. Er ist auf seinem Zimmer und schläft. Er hat ausgesagt, dass er am Strand niedergeschlagen und irgendwann wieder zu sich gekommen sei. Müsse er noch mehr sagen?

Ein Albtraum. Das gibt es doch nicht! Keiner will mir helfen. Ich schreie vor Wut, dass man mich so missbraucht.

Der Bulle stopft mir das Maul. »Gehen wir! Das reicht. Du gehst uns langsam auf den Wecker!«

Blitzartig wird mir klar, dass es vorbei ist, dass diese Sache nicht weiter verfolgt wird. Und tatsächlich wird der Fall auch gleich ad acta gelegt.

Einige Tage später findet man ein ermordetes Liebespaar. Das Mädchen und der Junge wurden vergewaltigt, man hat ihnen die Kehle durchgeschnitten und den Bauch aufgeschlitzt. Genau an der Stelle, wo ich vergewaltigt worden war. Seitdem habe ich nie wieder einen Fuß in mein Heimatland gesetzt.

Ich habe begriffen, dass es in diesem Scheißland keine Gerechtigkeit geben kann, weil die Polizei nur mit Bakschisch arbeitet. Ich hatte in den Augen des Bullen gelesen, dass es keinen Sinn hat, auf einer Verfolgung zu bestehen, und dass ich mir keine Hoffnungen zu machen brauche. Die zweitausend Kilometer, die mich von diesem Land trennen, helfen mir, nicht mehr daran zu denken und vielleicht meinen Schmerz zu vergessen. Ich tröste mich damit, dass es wenigstens in Frankreich Gerechtigkeit gibt.

Nach meiner Rückkehr gehe ich wieder ins Heim. Natürlich sage ich niemandem, was passiert ist. Mir würde auch niemand glauben. »Zum dritten Mal vergewaltigt! Also, die braucht es ja wirklich!« Das würde man mit Sicherheit sagen.

Ich kann es ja selbst kaum glauben, auch nach all den Jahren in der Scheiße nicht. Ich frage mich, ob ich das wirklich alles durchgemacht habe und wie ich das alles ertragen konnte.

12 Erinnerungen

Die Schule fängt wieder an. Nach meiner Rückkehr aus Nordalgerien bin ich noch kaputter als vor meiner Abreise. Doch ich lasse mir nichts anmerken. Ich sage nichts, ich weine nicht. Im Heim setze ich mein schönstes Lächeln auf, ich verstärke noch meinen Panzer, um meine Wunde zu kaschieren. Die Mühle geht wieder von vorn los, ich bin in einem Schockzustand, aber ich merke es nicht mal.

Dann erfahre ich, dass das Heim in Nogent geschlossen wird; das trifft mich hart. Mir geht es gut dort. Diese Nachricht beschleunigt meine Fahrt in die Hölle. Was soll nur aus mir werden?

Ich will eine Arbeit und eine Wohnung suchen und meinen Führerschein machen. Mir ist gar nicht klar, dass das nicht geht, ich bin gar nicht in der Lage, für mich selbst zu sorgen. Ein paar Jugendliche aus dem Heim gehen zu ihren Eltern zurück, andere kommen in andere Heime. Ich möchte auch einen anderen Heimplatz. Ich habe einen Sozialarbeiter, der für mich zuständig ist. Das Vormundschaftsgericht in Bobigny hat ihn beauftragt, sich um mich »zu kümmern«. Doch in Wirklichkeit beschränkt sich seine Rolle darauf, sich ab und zu mit mir zu treffen, das nächste Treffen auszumachen, und dann: »Tschüs, bis zum nächsten Mal.«

Er interessiert sich überhaupt nicht für mich, er

hält mir nur Moralpredigten. Er fragt sich nicht im Leisesten, warum ich mich so verhalte, er schlägt mir auch nicht vor, zur psychologischen Beratung zu gehen. Auf ihn kann ich bestimmt nicht zählen. Noch einer! Die Leute, zu denen ich Vertrauen haben kann, sind dünn gesät; so viel ist sicher.

Da ich die Ferien mit meiner Mutter verbracht habe, denkt er, dass zu Hause wieder alles in Ordnung sei und ich zurückgehen könnte. Er hält mich offensichtlich für eine kleine Zicke, die keinen Bock auf ihre Eltern hat. Er hat uns mal zu Hause besucht und war überrascht von unserem Lebensstandard, der so gar nicht dem gängigen Klischee entspricht: keine vierzehn großen Brüder, keine arbeitslosen Eltern, wie man sich die nordafrikanischen Einwanderer eben so vorstellt! Ich passe nicht in diese Schublade, also habe ich im Heim nichts verloren.

Er will, dass ich zu meinen Eltern zurückgehe. Ich weigere mich strikt. Ich will in ein anderes Heim, Punkt. Ich kann dem Blick meiner Eltern nicht begegnen, ich halte diese Spannungen nicht aus, die mich ständig daran erinnern, dass ich vergewaltigt worden bin. Selbst die Straße und ein Leben in der Scheiße ist mir lieber als die Atmosphäre bei uns zu Hause.

Eines Abends gehe ich zu einem Rap-Konzert, dem ersten in Frankreich, mit Gruppen, die für uns ein Mythos waren. Ich freue mich auf einen schönen Abend. Ich mag diese Musik und will trotz meiner Angst hingehen. Zwei, drei Jahre lang war ich nicht mehr an Orten, wo meine Musik gespielt wird. An jenem Abend hatte ich es satt, mich dauernd zu verstecken, und bin ausgegangen.

Die erste Gruppe sind die *Jungle Brothers.* Alles läuft gut, ich verliere mich in der Musik, ich vergesse alles um mich herum. Bei der zweiten Gruppe wird die Stimmung schlecht, es gibt Probleme mit dem Ton, die Leute werden ungehalten.

Plötzlich kommt ein Typ auf mich zu und sagt: »Wie geht es Jaïd? Gut? Ich hab auch einen großen Schwanz! Willst du mal?«

Da bin ich mitten in der Musik, tanze, bin mitten im Glück – und dieser Satz lässt mich erstarren. Ich begreife gleich, was gespielt wird. Ich sehe auch, dass der Typ nicht allein ist, er ist mit ein paar Leuten da. Ich zittre vor Angst. Dennoch kann ich aus dem Kreis flüchten, den sie um mich gebildet haben, ich verschwinde in der Menge und verlasse das Konzert. Ich bin noch mal davongekommen, aber es war knapp.

Ich will damit nicht sagen, dass mein Alltag voller solcher Fallen war, aber diese zufälligen Begegnungen, die Scham für das Etikett »leicht zu haben« und die Angst, die damit verbunden ist, vergifteten mein ganzes Leben. Ich bin wie ein gehetztes Wild. Das ging Jahre so, denn meine Geschichte hatte sich in den einschlägigen Vierteln und an den entsprechenden Orten herumgesprochen. Alle wussten, dass ich einen so genannten »Big Boss« angezeigt hatte. So ist das, das ist das Gesetz des Ghettos.

Während ich warte, wie es weitergeht, sitze ich in der Scheiße. Kein Heim, kein Plan, nur das große

Leid, das mein Leben mit seinem Gift durchdringt. Ich bin völlig ratlos. Mein Sozi findet momentan keinen Heimplatz, und zu meinen Eltern will ich nicht. Also sitze ich auf der Straße, bin mal hier, mal dort. Ich weiß nie, wo ich nachts schlafe und ob ich etwas zu essen finde. Ich weiß nicht mal, was ich eine Stunde später mache. Das ist die Scheiße! Man ist gefangen im Augenblick, man nimmt, was kommt, ob es nun gut ist oder weniger gut. Es ist hart, mit sechzehn auf sich alleine gestellt zu sein und auf der Straße zu sitzen. Aber damals wollte ich gar nicht wahrhaben, dass es hart ist, sonst hätte ich gekniffen. Das konnte ich mir aber nicht erlauben. Ich musste durchhalten. Ich machte weiter, ohne nachzudenken.

Ich erinnere mich, dass ich am Anfang bei Clara gewohnt habe, einer alten Bekannten, die ich zufällig wieder getroffen hatte. Ihre Eltern waren in Guyana und hatten ihr die Wohnung überlassen. Unnötig zu sagen, dass jeden Abend die Post abging. Disco, Alk, Shit, Feten ohne Ende. Wir haben's uns voll gegeben. Für Clara waren es Ferien, für mich war es der übliche schwarze Strudel. Ich habe nur mitgemacht, um die Realität zu vergessen. Scheiße! Wie sehr hätte ich mir gewünscht, dass alles zu Ende wäre. Aber nur die Ferien gehen zu Ende – Claras Eltern kommen zurück, ich sitze wieder auf der Straße.

Ich erinnere mich auch, dass ich mich eine Weile mit ein paar Drogis aus Villiers-le-Bel rumgetrieben habe, die in Saint-Denis gehaust haben. Nur wegen der Wohnung war ich bei ihnen, nicht wegen dem Dope. Doch ich teilte das Leben mit ihnen: Wohnungen ausräumen, das Zeug am Barbès verkaufen, in irgendwelchen üblen Vierteln Stoff auftreiben. Mir reichte ein bisschen Shit und eine schöne Hammelwurst mit Pommes und Mayo und Ketchup, die derzeit an der Gare du Nord zehn Franc gekostet hat.

Mir kommen tausend solcher Momente in den Sinn, tausend Leute, tausend Erlebnisse, tausend Erinnerungen. Gute und schlechte. Ich erinnere mich, dass ich kurz nach Nogent meine Freundin Salima besuchen wollte, die zusammen mit einer blöden, abgefeimten Kuh aus dem Heim abgehauen war.

Ich kenne Salima, sie ist naiv und hat ein großes Herz. Ich habe Salima zwar ausgenutzt, weil ich sie zum Klauen angestiftet habe, aber ich will nicht, dass ihr etwas zustößt. Ich suche sie überall und erfahre, dass sie sich in La Défense herumtreibt. Angst? Ach, woher! Ich gehe alleine hin – oder fast alleine. Begleitet nur von meinem Freund *Cutter,* dem Messer, das ich immer bei mir habe. Salima treffe ich in La Défense nicht, dafür finde ich diese Kuh und ihren Kerl. Aber ich gebe nicht auf.

»Hast du Salima gesehen?«

Sie hat ihren Kerl dabei und meint, das gibt ihr das Recht, sich aufzuspielen und mich mit hochnäsigem Blick zu mustern. Oho! So braucht sie mich gar nicht erst anzuglotzen, sonst schlag ich ihr die Fresse ein!

»Weiß nicht.«

»So? Was ist hier los? Wo ist Salima? Und glotz nicht so, nur weil dein Typ da ist!«

»Was willst du denn von ihr?«

»Bist du jetzt hier der Boss?«

»Selbst wenn ich es wüsste, würde ich es dir nicht sagen.«

Ich glaube, ich schlag ihr gleich die Zähne ein! Sie spielt sich ein bisschen zu sehr auf! Das hat sie schon im Heim gemacht, da wollte sie mich fertig machen und mir ihre Scheiß-Geschichten aufdrücken. Der hab ich vielleicht eine Abfuhr erteilt, dieser dummen Sau! Aber sie versucht es wieder! Diese Schlampe verlässt sich darauf, dass der Kerl mir eine reinschlägt. Aber so läuft das nicht. Ihr Typ fährt im Gegenteil voll auf die Sache ab: zwei Tussen, die sich zoffen – »welch ein Spaß«! Ich lese in seinen Augen, dass er keine Lust hat, sich zu bewegen, er will lieber bei dem Theater zusehen, will sehen, wie sich seine Keule schlägt. Kaum sehe ich seinen Blick, gehe ich auch schon auf sie los, ich packe sie an den Haaren und stoße sie zu Boden. Als sie liegt, trete ich ihr gegen den Kopf und in den Bauch. Ich will ihr die Augen auskratzen. Ich richte sie übel zu. Ich lasse nicht von dieser Schlampe ab. Ich halte sie mit Gewalt fest und lege ihr das Messer an die Backe, ich bin kurz davor, ihr das Gesicht zu zerschneiden.

Da kommt ein Mann vorbei und setzt dem Streit ein Ende, das heißt, er setzt meinem Schwung ein Ende, denn ich war kurz davor, eine große Dummheit zu machen. Er hat den Mut dazwischenzugehen, uns anzuschreien und zu trennen. Er ist bestürzt zu sehen, dass sich zwei Mädchen so schlagen. Und all das vor den Augen des Typen, der keinen Finger rührt, um uns zu trennen. Schaut ungerührt zu, dieser Arsch!

Komm schon – eine letzte Erinnerung, auch diese

schmerzlich und brutal: Ich bin immer noch auf der Straße. Meine Lage hat sich nicht verändert; lange habe ich mich alleine rumgetrieben und durchgeschlagen, nun bin ich wieder mit einer Mädchenclique unterwegs, es sind alte Bekannte, die ich zufällig wieder getroffen habe. Wir sind uns ähnlich – wir sind auf der Straße, wir klauen, wir kiffen, wir trinken, die Eltern haben uns die Fresse voll gehauen, wir suchen immer nur Stress, gehen mit jedem, der uns gefällt. Wir sind alle gleich!

Eines Abends beschließen wir, in der Nähe der Métro-Station Marcadet-Poissonniers zum *Voltage FM* zu gehen. Das einzige Problem: dass wir in unserem Aufzug – Jeans, Turnschuhe, Blouson – nicht gleich abgewiesen werden. Auf dem Weg kaufen wir in einem Laden an der Ecke eine kleine Flasche Whisky, den wir mit Cola mixen, um in Stimmung zu kommen. Die Veranstaltung ist in einer Halle. Es gibt gute Musik, das ist die Hauptsache. Ich setze mich gemütlich in eine Ecke und baue eine Tüte, doch davor habe ich eine kleine Runde gedreht, um bösen Überraschungen vorzubeugen. Auch wenn ich zugedröhnt bin, bin ich auf der Hut. Der Abend verläuft friedlich.

Ich weiß nicht mehr, wie und warum es dazu kam, dass ich mich mit einem Jungen anlege. Ich erinnere mich nur noch, dass ich voll eine in die Fresse kriege. Aber meine Nase ist ja zum Glück geübt. Ich schmiere ihm eine und schleudere ihm meine Cola-Dose ins Gesicht. Ich nutze seine Überraschung und verschwinde im Saal. Ich achte darauf, ihm nicht wieder zu begegnen, und suche meine Freundinnen. Ich treffe sie wieder, sie reden mit ein paar Typen aus dem Viertel, Kumpels von Jaïd und K. Und da bricht die ganze Scheiße der Welt wieder über mir zusammen. Es ist nicht zu fassen! Unsere Welt ist ein Dorf. Alle kennen sich untereinander. Ich muss so schnell wie möglich von hier verschwinden. Und zu meiner größten Überraschung fragen sie mich sogar: »Wie geht's?«

Ein richtiger Scheißabend. Echt. So viel verschiedene Gefühle in so kurzer Zeit. Eine in die Fresse, dann die Kumpels von Jaïd und nicht gerade die zartesten! Ich bekomme immer mehr Schiss, mich packt die Angst. Was geht hier ab mit diesen Idioten? So komisch es auch klingt, aber Jaïds Freunde spendieren mir sogar ein Glas Whisky, nach dem Motto: Die Vergangenheit zählt nicht.

Was habe ich hier zu suchen? Jetzt muss ich auch noch mit diesen Scheißkerlen anstoßen und gleichzeitig mit einem Auge auf dieses andere Stück Scheiße achten, das mich sucht und sich für die Kopfnuss und die Demütigung rächen will, die ich ihm reingewürgt habe. Das ist alles völlig bekloppt! Wie komme ich nur aus dieser Scheiße hier raus? Und dann sagt einer von Jaïds Kumpels zu so einem Frauenschläger, er soll anderswo spielen gehen. Erstaunlich! Ich bin wirklich verblüfft, aber dennoch auf der Hut. Mehr kann ich nicht tun. Die Ereignisse folgen so schnell aufeinander, dass ich keinen klaren Gedanken mehr fassen kann.

Und das aus gutem Grund: Der Abend kippt. In

der Halle gibt es den üblichen Ärger. Die Musik geht aus, die Lichter gehen an. Ich sehe Stühle fliegen, von allen Seiten hagelt es Schläge, Leute in Panik wollen flüchten. Die Schlägerei geht auf der Straße weiter, alles eskaliert noch durch Schüsse von beiden Seiten. Meine Freundinnen und ich liegen auf dem Boden, wir wollen nicht die Kugeln abkriegen, die über unseren Köpfen hinwegpfeifen. Wie im Film! Das ist alles völlig bescheuert. So ein Scheißabend! Ein to-ta-ler Scheißabend!

Stress, Straße, Gewalt – mein Kopf ist voll davon, zu voll davon. Ein Kapitel reicht nicht aus. Aber ich will hier bestimmt nicht meine »Heldentaten« ausbreiten, ich will nur über die Gewalt berichten, in der ich bis zum Hals lebte. Es ist immer so: Es fängt grundlos an und endet mit einem großen »Aua«. Ich bin nicht besonders stolz auf mich. All die Schlägereien, all die Machtkämpfe. Damals waren Mädchen wie ich keine Mädchen, wir waren Kerle, kleine Soldaten, Feuerkugeln, die jederzeit platzen konnten. Hatte ich eine Wahl? Ich schlug mich und spuckte meine Gewalt hinaus; so wehrte ich mich gegen den Ruf, »leicht zu haben« zu sein. Ich richtete meinen Körper zugrunde, er musste alles einstecken. Ich war ein Kamikaze, ich schlug mich mit Jungs genauso wie mit Mädchen. Ich war hart im Nehmen; an Schläge war ich ja gewöhnt. Ich hatte keine Angst, ich steckte so viel ein, wie ich auch austeilte. Zur Einschüchterung setzte ich meine Stimme ein, eine laute Stimme, die Angst machte. Und wenn das nicht reichte, schlug ich eben zu.

So ist das auf der Straße. Immer wieder neue Begegnungen, gute und schlechte, immer wieder eine Schlägerei, immer wieder ein anderer Schlafplatz, andere Viertel, andere Kerle. Auf der Straße dauert es nicht lange, bis man abrutscht, höchstens ein paar Wochen. Es geht ganz schnell, dass man keine Selbstachtung mehr hat und allen möglichen Mist macht. Es ist eine ständige Flucht nach vorn.

Dennoch treffe ich weiterhin meinen Sozialarbeiter, um festzustellen, wie weit er mit seiner Suche nach einem Heimplatz ist. Nirgendwo ein Platz, das heißt noch länger warten. Ab und zu besuche ich meine Mutter im Laden und schnorre ein bisschen Kohle. So rufe ich meinen Eltern in Erinnerung, dass es mich gibt. Ich habe nämlich irgendwie den Eindruck, dass sie mich abgehakt haben, seit ich weg bin.

Während ich auf einen Heimplatz warte, schlafe ich, wo es sich ergibt. In Autos, in Treppenhäusern, bei irgendwelchen Leuten, in irgendwelchen abgelegenen Kaffs. Eines Abends mache ich es einem Typen gegen eine Matratze und ein bisschen Kohle. Als ich wieder gehe, fühle ich mich mies, ich bin beschämt und leer. Ich komme mir vor wie ein Haufen Scheiße, Dreck, ich kotze mich selber an. Das war einmal zu viel für mich. Mir graust vor mir selbst, wie tief ich gesunken bin. Ich fresse diese beschämenden Geheimnisse in mich hinein, und sie vergrößern meinen Ekel vor mir selbst nur noch.

Wie ich mich anwidere! Wie ich mich hasse! Ich kann die Brutalität nicht ausstehen, die ich in mir habe, und ich hasse das Sexobjekt, das ich geworden bin: diese Schlampe. Ich komme mir vor wie eine Stoffpuppe, resigniert und willenlos wandere ich von einem Arm zum anderen, man kann mit mir machen, was man will. Ich gehe mit jedem, ich schlafe mit jedem. Ich falle von einem Zustand in den anderen. Kellermädchen, Brutalomädchen, Strahlemädchen, Epileptikermädchen, nettes Mädchen, einmal Straßenmädchen, immer Straßenmädchen! Ich bin in einer Spirale gefangen, die mich nach unten zieht. Und irgendwie versuche ich trotzdem, nicht zu ertrinken.

Wir schreiben den 22. Dezember 1989. Vor drei Monaten wurde das Heim in Nogent geschlossen, und ich habe immer noch keinen Platz. Ich bin gerade siebzehn geworden, fühle mich aber wie hundert! Ich bin in Saint-Denis, ich komme gerade vom Frisör. Ich bin völlig angepisst – ich habe zehn Scheine für einen Haarschnitt bezahlt, die so genannte »Pyramide«, den ich schnell unter meinem Haarband verstecke. Place du 8 Mai 1945. Ich hänge auf einer Bank rum, kiffe, klappere mit den Zähnen und beobachte die Passanten. Ich würde gern ein bekanntes Gesicht treffen, um weiterzuziehen, ein Mädchen, einen Jungen, egal. Ich habe keinen Schimmer, wo ich heute Nacht schlafen soll, ich muss dringend etwas suchen.

So hänge ich meinen Gedanken nach, da sehe ich einen Jungen, den ich schon lange nicht mehr getroffen habe. Lyes. Er fährt mit seinem Freund Hafid herum, sie stehen an der roten Ampel, wir erkennen uns gleich. Er steigt aus, begrüßt mich und sagt zu seinem

Kumpel, er würde zur Tankstelle nachkommen. Ich habe den Eindruck, er freut sich, mich zu sehen, und das beruht auf Gegenseitigkeit. Vor zwei Jahren haben wir uns zuletzt gesehen, im Kino, wo wir uns alle hineingeschmuggelt hatten, so etwas verbindet natürlich …

Er fragt, was ich hier mache. Ich schwindle, ich will ihm nicht zeigen, dass ich auf der Straße sitze. Ich sage, ich sei verabredet und warte auf einen Freund.

»Soll ich mit dir warten? Dann können wir weiterreden. Was meinst du? Wir haben uns ja ewig nicht mehr gesehen. Bist du öfter hier?«

»Manchmal … Ich bin nicht mehr in Paris.«

»Was machst du heute Abend?«

»Weiß nicht … Vielleicht gehe ich tanzen.«

In Wirklichkeit warte ich auf jemanden, den es nicht gibt. Ich sitze auf der Straße. Aber das kann ich ihm auf keinen Fall sagen! Ich erzähle ihm eine Story vom schönen Leben! Wie üblich lasse ich es einfach drauf ankommen. Wenn er sagt, ich soll mitkommen, gehe ich mit, wenn nicht, finde ich schon irgendwo in einem Hauseingang einen Platz. In einem beheizten Hauseingang – draußen ist es scheißkalt.

»Dein Kumpel scheint wohl nicht mehr zu kommen.«

»Gibst du mir einen Schluck von deinem Whisky? Mir ist kalt.«

»Ach, du trinkst?«

»Ich trinke, ich rauche, ich gehe aus. Und, was ist dabei? Stört's dich?«

»Ach was! Ich bin doch kein Moralapostel. Du machst, was du willst. Ich verurteile dich nicht. Im Gegenteil, mir gefallen Frauen, die so sind. Die haben Power. Denen kann man nicht so leicht etwas vormachen!«

Mir gefällt, was er da sagt. Er hat liberale Ansichten. Ein Mädchen wie mich, das trinkt und raucht, schockt ihn nicht. Den Rest weiß er noch nicht. Trotzdem hat er mit seinen Worten mein Herz berührt, blödsinnigerweise fahre ich voll drauf ab. Irgendwann ist klar, dass der imaginäre Kumpel nicht kommt, und Lyes schlägt mir vor, den Abend mit ihm zu verbringen. Er lädt mich ins Kino ein, seinem Kumpel sagt er ab. Wir wollen in einer Bar an der Place de Clichy noch etwas trinken, bevor die Vorstellung von *Melodie des Todes* mit Al Pacino anfängt – unser Pate! Wir unterhalten uns darüber, was wir so machen. Selbstverständlich halte ich mich ziemlich zurück, aber ich genieße unser Zusammensein. Er bringt mich zum Lachen. Ich fühle mich wohl mit ihm, bin aber auf der Hut. Für mich lauert das Böse überall.

Im Kino warte ich nur darauf, dass er wie alle anderen die Situation ausnützt und seine Hand unter mein T-Shirt schiebt. So kenne ich es. Doch nichts passiert. Ist er etwa wirklich anders als die anderen? Respektiert er mich? Auf der Rückfahrt ziehen wir uns in der Métro einen Joint rein, wir reden und reden. Er sorgt sich, dass meine Eltern Stress machen könnten, weil ich so spät nach Hause komme. Und ich erzähle ihm eine Story vom Pferd. Wie cool und liberal meine Eltern sind! Bla bla bla …

Ich erzähle ihm nichts von meinem Leben, ich danke ihm für den schönen Abend und verabschiede mich in Saint-Denis an der Métro-Station Porte de Paris von ihm. Dann gehe ich meines Wegs. Ich lasse den Film noch einmal Revue passieren, denke an Lyes' Lächeln, seinen Humor, an all das, was er gesagt hat. Mein Herz klopft wie wild. Doch andererseits mache ich mir keine Illusionen: Mit einer wie mir kann man mal seinen Spaß haben und mal eine Tüte rauchen. Mit meiner Vergangenheit bin ich aber kein Mädchen, mit dem man zusammenbleibt, eine Zukunft plant und heiratet. Ich bin nur eine zum Bumsen.

Ich bin ganz in Gedanken, da höre ich: »Bis wohin willst du denn zu Fuß gehen?«

Der Spinner! Er ist mir gefolgt.

»Hast du mich erschreckt! Ich bin schon da – es ist am Ende der Straße.«

»So? Dann begleite ich dich und muss mir keine Sorgen machen.«

»Ach, weißt du, das ist nicht nötig …«

Zum ersten Mal sorgt sich jemand meinetwegen! Das rührt mich tief. Aber kann ich ihm wirklich vertrauen? Er folgt mir auf dem Fuße. Ich bin in der Falle. Ich bin in der Scheiße. Wie soll ich ihm meine Situation erklären? Ich will ihm nicht sagen, dass ich auf der Straße sitze, ich will aber auch nicht, dass er weggeht. Ich habe das Gefühl, dass ich ihm vertrauen kann, seine Gegenwart tut mir gut.

»Also gut. Ich habe dich angelogen. Ich habe kein Zuhause. Ich bin auf der Straße. Ich weiß nicht, wo ich schlafen soll. Alles klar?«

»Klar. Ich habe dir nicht ganz geglaubt, deshalb bin ich dir gefolgt. Ich wollte sehen, was du jetzt machst. Du bist echt komisch! Bis wohin wärst du denn gegangen?«

»Jetzt weißt du ja alles. Ich bin es gewöhnt, ich komme schon zurecht. Du kannst jetzt nach Hause gehen.«

»Habe ich richtig verstanden? Ich soll dich draußen schlafen lassen und in aller Ruhe in mein warmes Bett gehen? Wer bin ich denn?«

»Hör zu – bis jetzt hat das keinen Menschen gestört, und ich weiß nicht, wieso es dich stören sollte.«

»Ich habe ein bisschen Kohle. Wir suchen ein Hotel. Okay? Ich rühre dich nicht an. Ich gehe nach Hause, und morgen sehen wir uns. Okay?«

Hä? Was ist denn das für einer? Zahlt mir ein Hotel. Gibt mir Geld für morgen. Ohne etwas dafür zu wollen. In all diesen Jahren treffe ich zum ersten Mal einen Jungen, der mir helfen will, ohne eine Gegenleistung zu fordern. Ist das jetzt die berühmte Schulter, an die ich mich anlehnen kann?

Wir gehen in ein altes Hotel, das Zimmer kostet hundert Francs. Es ist total schäbig, überall Kakerlaken, aber das ist mir egal. Total egal. Ich habe lange nicht mehr in einem sicheren Bett geschlafen. Lyes will gehen, wie verabredet, aber ich habe keine Lust, alleine zu sein. Ich bitte ihn zu bleiben. Ich möchte gerne weiter reden. Es tut mir gut, jemanden bei mir zu haben. Wir setzen uns aufs Bett. Ich gebe mich lässig, aber ich fühle mich nicht sehr wohl in meiner Haut. Lyes baut eine Tüte, ich sehe ihm zu. Ich finde, er sieht aus wie ein Teddybär mit asiatischem Einschlag. Er hat geschmeidige Wangen, damit kann man machen, was man will! Er ist kein Knaller, aber er hat viel Charme. Er ist attraktiv.

Lyes erzählt mir, dass er zu einer Sprayer-Gruppe gehört, einer der ersten, die in ganz Paris unterwegs waren und gesprüht haben. Er erzählt von den »Abenteuern«, die er dabei erlebt hat. Er erzählt von seiner Familie, seinen Eltern, seinem Bruder, seinen kleinen Schwestern. Diese Nacht soll nie zu Ende gehen! Keine Sorgen mehr. Nur noch wir beide.

Noch ein Joint – und ich bin drauf. Ich packe aus, erzähle ihm mein ganzes Scheißleben. Die Fluchten, die Vergewaltigungen, die Drohungen, die Anwältin, die Konflikte mit meinen Eltern. Ich muss es einfach mal jemandem erzählen. Es hilft mir, wenn ich reden, wenn ich erzählen kann. Und dass ich jemanden »von meiner Seite« an meiner Seite habe. Ich brauche es so sehr!

Lyes regt sich auf: »Ist das möglich! Die eigene Tochter auf der Straße schlafen zu lassen?«

Ich glaube wirklich, er ist der Erste, der meine Situation grauenhaft und die Haltung meiner Eltern verdammenswert findet. Mir wird ganz warm ums Herz, wenn ich sehe, wie er sich um mich sorgt.

Lyes' Freundlichkeit und seine Blicke bringen mich durcheinander. Ich bekomme Lust, wieder »ganz« zu sein, aufrichtig zu sein. Ich bekomme Lust, ihm alles zu sagen, ihm alles zu geben. Ich wünsche mir, dass er der Erste ist. Ich wünsche mir, nicht immer diese notgeilen Eintagsfliegen zu treffen. Bei

Lyes' Aufmerksamkeit, bei seinen Blicken bekommt der Beton um mein Herz überall kleine Sprünge. Ich sitze zwar voll in der Scheiße, doch diese Momente sind Augenblicke unbeschreiblichen Glücks. Und ich habe natürlich Angst, dass dieses Glück zu schnell wieder vergehen könnte. Wir liegen im Dunkeln auf dem Bett und reden. Wir haben beide keine Lust zu schlafen. Ich kann sein Gesicht im Dunkeln erahnen und ihn beobachten.

»Schließ bitte die Augen«, sagt er. Und ich spüre seine warmen Lippen auf meinem Mund. »Schieb mich weg, wenn du nicht willst …«

Aber ich will ihn nicht wegschieben. Ich will seine schüchternen, heißen Küsse. Ich will seine Hände, die mir übers Gesicht streicheln. Ich will auch seinen Atem spüren. Wenn es doch nie aufhören würde! Ich will mich ihm mit jeder Faser meines Seins öffnen. Ich bitte ihn, mich zu lieben. Er sagt, er will mit mir nichts überstürzen, sagt, er hätte mir nicht geholfen, um mich auszunutzen.

Da ist doch tatsächlich einer, der nicht mit dem Schwanz denkt! Das überrascht mich, verblüfft mich. Schließlich schlafe ich in seinen Armen ein. Im Schlaf spüre ich zärtliche warme Küsse auf meinem Hals. Ich träume nicht. Es ist Lyes. Am frühen Morgen wachen wir nackt aneinander geschmiegt auf. Wir lieben uns. Seit Mathieu ist es das erste Mal, dass mich jemand liebt – nicht vögelt. Das ist Lyes.

Er wird mein Gefährte auf der Straße. Tagsüber macht jeder seine Sachen, am Abend nimmt er mich heimlich mit zu sich nach Hause und gibt mir zu essen. Wenn ich keinen Schlafplatz finde, bleibt er bei mir. Dann nehmen wir unsere Decken und schlafen in dem kleinen R5 seines Bruders. Die Zeit mit Lyes nimmt meinem Leben auf der Straße die Härte. Ich fühle mich wohl bei ihm, und das verändert alles.

13 Die Gegenüberstellung

Ich gehe in mein altes Viertel, ich will meine kleinen Schwestern treffen, in deren Nähe ich nicht kommen darf; so will es mein Vater.

Dort höre ich, dass ich nicht die Einzige war, die »herumgereicht« wurde. Jaïd, K. und seine Kumpels hätten auch andere gemeinschaftliche Vergewaltigungen verübt. Es gebe ein Dutzend solcher Fälle. K. hätte seine Kumpels nicht schlecht in diese »Großtaten« mit reingezogen.

Aber auch so einen Quatsch muss ich mir anhören: »Ja, du lebst noch?«

»Klar! Warum?«

»Es gibt ein Gerücht – man hätte dich in zwei Teilen in einem Mülleimer gefunden. Das hätten sie gemacht, um dich für die Anzeige zu bestrafen!« Oder: »Weißt du, manche sagen, du hättest es gebraucht, nachdem du dich immer so rumgetrieben hast. K. macht dich kalt, wenn er aus dem Knast kommt!«

Radio Cité eben. Stille Post. Alles nur, um zu tratschen, anzugeben, aufzuschneiden und vor allem, um über die Leute herzuziehen.

Ich habe mir angewöhnt, misstrauisch zu sein bei allem, was erzählt wird. Ich weiß, dass die meisten Leute eine Macke haben. Das geht immer so: »Der hat dies gesagt, der hat das gesagt ...« Ohne Ende. Diese Gerüchte, diese Bösartigkeit machen mich wahnsinnig. Als würde ich voll eine in die Fresse kriegen. Bei jedem Wort schlägt mein Herz wie wild. Meine Geschichte folgt mir überallhin und zieht einen Streifen hinter mir her. Ich komme mir vor wie das Flugzeug, das im Sommer an der Côte d'Azur über die Strände flog und ein Spruchband hinter sich herzog.

Einige Zeit später werde ich zu einer erneuten Gegenüberstellung mit K. vor den Untersuchungsrichter am Gericht von Pontoise geladen. Dieses Mal begleitet mich meine Mutter, sie hat begriffen, dass es damals ein Fehler war, mich mit meinem Vater hinzuschicken. Was für ein Kreuz, nach Pontoise zu fahren! K. ist da, er hat zwei Anwälte für sich alleine. Ich habe nur die Anwältin des Verbandes – die ich nicht ausstehen kann. Meine Beine zittern während der ganzen Gegenüberstellung. Ich spreche zum ersten Mal bei einem Richter vor, allerdings muss ich mich nicht verteidigen, sondern nur die Fakten darlegen. Es gibt kein Urteil.

Währenddessen erfahre ich, dass K. mehrere gemeinschaftliche Vergewaltigungen verübt hat, ich höre Namen von Mädchen, die ich nicht kenne. *Radio Cité* ist also gut informiert.

K. lügt. Er gibt Jaïd und ein paar andere Kumpels an, aber nicht diejenigen, die an jenem Abend dabei waren. Warum? Er behauptet, ich sei eine Sau und würde die Typen anmachen, ich hätte mitgemacht und ihn geradezu angefleht, mich zu bumsen. Wieder fühle ich mich erniedrigt, besudelt, geschändet. Die

Sache soll wohl auf Aussage gegen Aussage hinauslaufen. Zum Glück ergreift der Richter Partei für mich – mehr als meine Anwältin, die völlig daneben ist. Während der Gegenüberstellung sagt sie nichts von Bedeutung, am Schluss redet sie nicht mal mit mir. Sie verzieht sich gleich. »Keine Zeit«, sagt sie nur. Ich habe sie nie wieder gesehen. Unglaublich, aber wahr.

Diese Gegenüberstellung ist nicht gerade angenehm. Ich tröste mich und sage mir, dass bei der Verhandlung alles anders ist. Ich stelle mir vor, dass ich den vorsitzenden Richter ums Wort bitte und ihm erzähle, wie ich seit jenem Tag lebe. Ich behalte mir das für den Tag der Verhandlung vor.

Nach der Prozedur lädt mich meine Mutter in ein Restaurant ein. Ich habe keinen großen Hunger, aber ich denke, sie will auf mich zugehen und mich trösten. Das ist nett. Doch während des ganzen Essens spricht sie nur von der Zukunft.

»Du musst das alles vergessen! Du musst nach vorne schauen! Das, das ist alles Vergangenheit. Ich glaube an dich, ich will, dass du das weißt. Ja, ich bin sicher, dass es gut läuft für dich. Glaub mir!«

Schon gut, schon gut! Nur: an diesem Punkt bin ich noch nicht. Ich müsste eher meinen Kummer loswerden, müsste über mein Leid sprechen. Doch dieses Recht gesteht sie mir nicht zu.

»Komm, iss! Es ist alles vorbei. Du darfst nicht mehr daran denken, das tut dir nicht gut. Du musst an morgen denken!«

Also schweige ich und esse. Was soll ich sonst tun?

Das ist so oder so alles nicht mehr wichtig. Nur noch eine Sache zählt: der Prozess. Die Gerechtigkeit muss wiederhergestellt werden. K. und seine Kumpels müssen bestraft werden. Ich will meine Würde wieder zurückhaben.

Bis zum Prozess ziehe ich rum, ich bin immer noch auf der Straße. Ein paar Mal versuche ich es in einem neuen Heim, doch ich bleibe nie lange. In Gambetta bleibe ich nicht, das ist ein Heim für Drogis, mit vergitterten Fenstern. Créteil ist ein tristes Heim mit Millionen Leuten. Aubervilliers, Pelleport, Montreuil, Crimée … Ich will wieder in ein Heim wie in Nogent, mit lässigen Regelungen, aber solche Heime scheint es kaum zu geben. Ich treffe alle möglichen Sozialarbeiter, erzähle wieder und wieder meine Geschichte, überspringe dabei das eine oder andere Detail. Bei all diesen Gesprächen kommen zu viele schlechte Erinnerungen hoch. Ich erzähle von den Vergewaltigungen; das reicht. Der Rest würde sie zu sehr schocken. Die meisten nehmen mich nicht, ich erfülle nicht die Kriterien des Hauses. Gefallt ihnen meine Geschichte nicht? Und wenn ich ihnen ausnahmsweise mal passe, dann gefallen mir die Erzieher und ihre blöden Regeln nicht.

Endlich findet mein Sozi in Charenton einen Platz für mich. In einem Mädchenheim. Nur Mädchen! Nun, mir bleibt nichts anderes übrig. Das Nomadenleben hat mich erschöpft. Die epileptischen Anfälle werden immer häufiger. Ich platze wegen jeder Kleinigkeit. Ein falsches Wort – und ich schlage zu. Ich diskutiere nicht mehr, ich schlage zu. Ich schlage zu, weil ich keine Worte mehr habe; das Leid erstickt sie in meiner Kehle. Ich schlage zu, weil ich nicht mehr klar sehe; das Leid hat mich blind gemacht.

Um in Charenton bleiben zu können, brauche ich ein Projekt. Was soll das sein, »ein Projekt«? Ich schaffe es nicht, ihnen zu sagen, dass ich am Ende bin, dass ich nicht mehr kann. Ich würde mich gerne ausruhen und an gar nichts denken. Aber nichts kommt mir über die Lippen. Das Gespräch in Charenton ist genauso, wie all die anderen Gespräche. Ich soll Ruhe finden, an die Zukunft denken, ein Projekt haben. Eltern, Richter, Sozialarbeiter, Anwälte – fickt euch doch! Ich kann eure Moralpredigten nicht mehr hören, immer und immer wieder der gleiche Quatsch!

Ich schinde Zeit. Ich sage, dass ich mich darum kümmern werde. In Wahrheit verbringe ich meine Tage damit, mit Lyes zu trinken und zu rauchen. Ich bin nicht in der Lage, Arbeit zu suchen. Ich habe keine Lust. Ich will mich nur noch zudröhnen. Will vergessen …

Im Heim verstehe ich mich nur mit einem Mädchen, Nina. Sie ist Chilenin, sehr hübsch, hat lange pechschwarze Haare, schwarze Mandelaugen, in denen der Schalk funkelt, und ein Muttermal am Mundwinkel, das ihren Mund betont. Sie ist wirklich schön und sie macht die Kerle verrückt. Ihr ist das Gleiche passiert wie mir: gemeinschaftliche Vergewaltigung. Für ihre Schönheit musste sie teuer bezahlen. Wie ich. Nun, ich sage nicht, dass ich eine Bombe bin, aber das bisschen Schönheit, das ich hatte, haben sie mir geraubt. Ich lasse nur Nina an mich ran. Abends rauchen wir eine zusammen. Sie erzählt mir ihre Liebesgeschichten, ich erzähle ihr von meinem Glück mit Lyes.

Im Heim merken sie schnell, dass ich weder eine Schule noch eine Arbeitsstelle suche. Dadurch hätte ich einen schlechten Einfluss auf die anderen Mädchen und ich werde entlassen. Lyes lädt mich zu sich ein, er wohnt in einem Wohnblock in Saint-Denis. Seine Mutter ist von meiner Not sehr betroffen und einverstanden, dass ich einziehe. Sie ist eine mutige, großzügige Frau, ich habe große Achtung vor ihr. Sie teilt alles mit ihren Kindern und mir.

Lyes hat einen großen Bruder, Razhee, und zwei jüngere Schwestern, Insaf und Jouda. Insaf ist fast genauso alt wie ich, Jouda ein bisschen jünger. Lyes' Eltern sind geschieden. Sein Vater lebt in Tunesien, aber er kommt von Zeit zu Zeit nach Frankreich und besucht seine Kinder. Bei ihnen lerne ich richtiges Familienleben kennen, das tut mir gut. Sie haben mich aufgenommen wie eine Tochter, sie geben mir Essen, Aufmerksamkeit und Liebe. Und sie nehmen mich an, ohne Fragen zu stellen. So viel Hilfe bringt mich ganz durcheinander; ich habe das Gefühl, dass ich diese Großzügigkeit und diese Liebe gar nicht verdiene.

Meine Zeit bei Lyes wird von mehreren epileptischen Anfällen unterbrochen. Schrecklichen Anfällen, die das ausdrücken, was kein Mensch wissen will. Ich komme aus meinem Hass heraus, aus der Ungerechtigkeit, die ich erfahren musste, aus der Erniedrigung, die ich erdulden musste. Mit meinem Gebrüll lasse ich alles los. Mein Körper ist zu Stein erstarrt, er zittert so, dass er sich vom Boden hebt. Ich habe Schaum vor dem Mund wie ein wildes Tier, ich verstümmle mich, ich schlage mich, zerkratze mir das Gesicht. Lyes und seine Familie verstehen das nicht. Sie sind vom Grauen gepackt. Nachts habe ich Albträume. Ich schreie, ich wecke das ganze Haus auf. Am Morgen kommentiert dann Jouda meine Albträume mit viel Feingefühl und Humor.

Heute glaube ich, dass ich diese gefährlichen und verheerenden Anfälle hatte, um Aufmerksamkeit und Mitgefühl zu bekommen. Ich hatte dann das Gefühl, geliebt zu werden. Ich hatte nichts anderes als dieses Ding, das allen ins Gesicht sprang. Ein Ding, das mein Leid hinausspie, mir die Luft nahm und mich bis ins Mark erschütterte.

Das einzige Problem bei Lyes' Familie ist das Ausgehen. Der Vater mag es nicht besonders, wenn seine Töchter sich draußen »rumtreiben«, das gilt auch für mich. Ich bin es nicht gewöhnt, dauernd um Erlaubnis zu fragen, ich bin immer gekommen und gegangen, wie es mir gefiel. Nun muss ich jedes Mal tricksen, wenn ich rausgehen will, wenn ich rauchen oder kiffen will. Lyes und Insaf decken mich. Eines Tages stehe ich vor einem Haus mit Lyes und seinen Kumpels, da fährt sein Vater vorbei. Er sieht, dass ich rauche und mit Jungs rede. Wir haben gar nichts Schlimmes gemacht, aber er bekommt eine Stinkwut, weil ich es an Respekt mangeln lasse. Er sagt zu Lyes, dass ich das Haus verlassen muss. Das mache ich auch gleich. Ich bin Lyes' Vater nicht böse, ich verstehe seinen Standpunkt und ich bin ihm trotzdem dankbar, weil er mehr für mich getan hat als die meisten anderen Leute.

Lyes hilft mir, eine andere Bleibe zu finden. Ich ziehe zu einer Freundin von ihm. Wenn wir Geld haben, nehmen wir uns ein Hotelzimmer.

14 »Scheißpäckchen«

Meine Mutter teilt mir mit, dass sie mit meinen Schwestern nach Algerien fährt. Mein Vater macht Urlaub in Marokko, und so habe ich das Haus für mich alleine. Ich mache mir jedoch keine Illusionen; wenn meine Mutter mir für den Sommer die Schlüssel überlässt, dann hat sie ihre Gründe. Sie will mich zurückerobern, ich soll in den Schoß der Familie zurückkehren. Sie fühlt sich gedemütigt, weil ich lieber bei Fremden wohne, lieber bei Lyes' Familie bin als zu Hause. Wie steht sie denn jetzt vor diesen Leuten da! Sie hat sich mit Lyes' Mutter gut gestellt, sie wollte sie kennen lernen und zeigen, dass sie eine gute Mutter ist. Dieses Spielchen kenne ich nur zu gut. Immer dreht sie es so hin, dass ich an allem schuld bin, nicht sie. Das alte Lied: »Du bist unzugänglich, schwer erziehbar, launisch.« Lyes' Mutter hat sich aber nicht einwickeln lassen, sie hat gespürt, dass am Verhalten meiner Mutter etwas faul war.

Ich bin müde von der Straße, vom Shit, vom Alk, von meinen epileptischen Anfällen, bin müde davon, mal hier, mal da zu schlafen. Ich muss mich ausruhen, und dazu muss ich nach Hause, eine andere Möglichkeit habe ich nicht. Ich sage mir: Vielleicht hat sich ja was verändert, vielleicht haben die Ereignisse sie zum Nachdenken gezwungen, vielleicht verstehen sie mich jetzt ja ein bisschen besser.

Also gehe ich zurück, kurz bevor alle in die Ferien fahren. Niemand schert sich um mich, außer meinen Schwestern. Ich komme und gehe, aber ich treibe mich nicht mehr rum. Ich bin den ganzen Tag zu Hause, kiffe und sehe fern. Ich gehe nur raus, wenn Lyes kommt. Ich bin die meiste Zeit allein mit meinen selbstzerstörerischen Gedanken. Meine Eltern merken nicht, wie tief ich in der Depression stecke. Ich bin kein Mensch mehr, ich lache nicht, ich weine nicht, ich bin knallhart, aber das merken sie nicht. Sie beschränken sich auf das, was sie sehen: ein wildes Tier, das in absoluten Wahnsinnsanfällen seinen Schmerz hinausschreit, das sich vor Schmerzen krümmt, das brüllt und tobt und flucht.

Meine Mutter ist der Meinung, ich sei nervenkrank wie ihr Bruder, und ganz sicher hat sie deshalb einen Vorrat an Schlafmitteln in ihrer Schublade. Mein Vater beachtet mich gar nicht. Im Haus herrscht eine Atmosphäre, »als sei nichts«. Ich schleiche herum wie mein eigener Geist, aber niemand sieht mich. Unbemerkt zersetze ich mich wie ein Haufen Scheiße.

Ich habe das Gefühl, dass ich den Verstand verliere, dass ich unmerklich in den Wahnsinn abgleite, der mich anzieht. Ich bin hin- und hergerissen zwischen der Lust, mich dort hineinfallen zu lassen, und dem Wunsch zu sterben. Ich leide zu sehr. Ich weiß nicht mehr, was mich mehr schmerzt – die Vergewaltigungen, mein Leben, meine Eltern oder der Streit, den ich nun immer öfter mit Lyes habe. Ich weiß es nicht.

Eines Nachmittags bin ich allein, ich nehme Schlaftabletten aus der Schublade meiner Mutter. Ich werfe sie mir nacheinander ein wie *Tic-Tac*. Es hat aber nicht den gewünschten Effekt, also nehme ich noch eine Hand voll, noch eine und noch eine. Dann gleite ich in ein Nichts. Ich schlafe zwei Tage. Zu Hause merkt es keiner, keiner fragt nach mir.

Schließlich weckt mich das Telefon. Es klingelt mir in den Ohren, ich habe den Eindruck, es würde seit zehn Tagen läuten. Ich will den Hörer abnehmen, aber ich kann nicht aufstehen. Meine Augen sind so verklebt, dass sie nicht aufgehen. Ich versuche, hochzukommen und mich zum Telefon zu schleppen. Nichts zu machen. Ich kann mich nicht auf den Beinen halten und falle auf die Nase. Ich muss den Hörer abnehmen … Mit übermenschlichen Anstrengungen bekomme ich den Hörer zu fassen und nehme ab.

Es ist Monique, Fabrice' Freundin; Fabrice ist ein Kumpel von Lyes.

»Hallo, was machst du denn so?«

Ich bekomme den Mund nicht auf, ich kann nicht sprechen, mir dreht sich alles. Ich bin drauf und dran, mich zu übergeben.

»Mir geht's dreckig … Monique … ich habe Tabletten genommen.«

»Wozu denn?«

»Um zu sterben, Monique.«

»Ist jemand bei dir?«

»Neee …«

Ich kann die Worte nicht mehr artikulieren, ich bin völlig benebelt.

»Bleib liegen, ich rufe einen Krankenwagen und komme.«

Kurze Zeit später bin ich im Delafontaine-Spital. In einem total hysterischen Anfall beschimpfe und schlage ich die Krankenschwester, die mich hier behalten will.

»Ich will nicht hier bleiben! Ich hasse Krankenhäuser! Rühr mich nicht an mit deinem Scheißzeug!«

Der Arzt spricht mit mir über meinen Selbstmordversuch und einen Aufenthalt in der Psychiatrie – das bringt mich gleich wieder runter. Ich habe Angst, große Angst. Ich will doch nicht in diese andere Welt eintauchen. Trotz allem habe ich tief im Inneren eine verzweifelte Lust zu leben. Irgendetwas Gutes wird kommen, ich bin mir sicher. Aber ich finde die Tür nicht, die dort hinführt.

Mit den Tabletten wollte ich meinen Eltern ein Signal geben, aber ich habe versagt. Sie haben gesehen, dass ich zwei Tage geschlafen habe, aber sie haben sich nicht die geringsten Sorgen gemacht! Sie haben meiner Einlieferung in die psychiatrische Klinik zugestimmt, aber was soll ich dort? Die Leute dort sind genauso depressiv wie ich, doch die meisten sind richtig krank, völlig kaputt. Die Situation ist traumatisch: Der Zustand einiger Patienten ist unerträglich, unerträglicher aber ist die Art und Weise, wie man sie behandelt. Ohne es zu wollen, werden alle als Zeugen und Zuschauer in die Krisen der anderen hineingezogen. Wie soll ich in so einer Atmosphäre vorwärts kommen? Ich komme mir bestraft und unverstanden vor. Wieder mal.

»Was soll ich hier? Ich kenne mein Problem!«

»Ich höre, Mademoiselle.«

Ich erzähle meine Geschichte, es nervt mich ziemlich, dass ich sie schon wieder erzählen muss und mich nicht verständlich machen kann.

Die Behandlung: Pillen am Morgen, Pillen am Abend.

Der Arzt hat nur ein Mittel: mich ruhig stellen, er will nicht, dass das Leid herausbricht. Hier kennt man so etwas wie Psychotherapie nicht. Auch dieser Arzt versteht mich nicht. Ich bin nur ein armes Opfer, das sein Päckchen voller Emotionen mit sich herumschleppt, ein Päckchen, das so voll ist, dass es platzt, und das ich unaufhörlich weiter mit meinem Schicksal voll stopfe. *Scheißpäckchen!*

Ich bitte darum, dass man mir meine Zeichensachen bringt. Damit kann ich mich über Wasser halten, denn niemand kommt mich besuchen. Niemand hat Zeit für mich, nicht einmal Lyes. Wieder einmal bin ich allein mit meinem Scheißpäckchen und darf allein mit dieser neuen Situation fertig werden. Ich wehre mich mit aller Kraft gegen die Urteile, die Blicke, die Etiketten, die man mir aufklebt: »verrückt«, »nervenkrank«. Nicht meine Nerven sind krank, ihr Schwachköpfe, es ist mein Herz! Es blutet, es leidet unter eurer fehlenden Liebe! Ich wehre mich mit meiner siebzehnjährigen Seele. Tief in mir ist ein Licht, ein kleiner schimmernder Punkt, der nicht verlöscht. Eines Tages kommt er aus der Dunkelheit und strahlt noch heller. Trotz allem, was ich abgekriegt habe, habe ich diese Hoffnung nicht verloren.

Als ich entlassen werde, gehe ich zu meinen Eltern zurück. Endlich spricht mein Vater mit mir. Er will wissen, ob ich richtig esse. Auf eine »Verrückte« kann er leichter zugehen als auf eine »Vergewaltigte«. Für meine Mutter bin ich »krank«. Es dreht sich natürlich nicht um eine Grippe oder Röteln – ich bin krank im Kopf! Dennoch drängt sie mich, »all das zu vergessen« und »nach vorn zu schauen«.

15 Strudel

Endlich fahren sie in die Ferien! Sie wollen alles vergessen. Und ich mache es wie sie: Ich kiffe und vergesse, ich grabe mich ein und bringe das Chaos zum Stillstand. Dope ist mein bester Freund, ich rauche bis zum Exzess. Dope führt mich, Dope denkt für mich. Es ist ein leidenschaftlicher Freund, auf seinem Bett aus dunstigen Schwaden zieht es mich in düstere Gedanken und zerstört mich mit seiner schwelenden Glut.

Sommer. Große Ferien. Zum ersten Mal bleibe ich hier. Ich habe die ganze Wohnung für mich allein. Genial! Ich sehe schon vor mir, wie ich mit Lyes zusammen bin, wie ich ihm kleine Gerichte zubereite, wie wir Freunde einladen, unterwegs sind, ans Meer fahren und tolle Sachen zusammen machen.

Doch in Wirklichkeit kommt alles ganz anders. Ich verbringe meine Tage mit Warten auf Lyes. Ein Tag mit ihm läuft so ab: Er steht auf, macht sich fertig. Wenn er fertig ist – und ich schon motze, weil Ferien sind und ich etwas unternehmen will –, geht er »für eine Stunde«, um irgendwas zu erledigen. Und kommt erst am Abend wieder zurück; ich habe den ganzen Tag meine Wut in mich hineingefressen und will ihn zur Schnecke machen, sobald er kommt. Wenn er dann da ist, streiten wir kurz, aber ich vergesse meine Wut schnell, denn er verspricht mir, nun alles zu machen, was ich will. Er lullt mich ein bis zum nächsten Mal. Um seinen Frieden zu haben, hat er ein Mittel gefunden: Dope. Er bringt mir regelmäßig Stoff, was zur Folge hat, dass ich mittlerweile den ganzen Tag warte und keinen Stress mache. Und immer wieder verspricht er mir, dass wir an die Côte d'Azur oder nach Spanien fahren!

Ich habe es so satt, auf Lyes zu warten und alleine zu sein. Eines Tages wage ich mich in den benachbarten Park und treffe dort Bekannte von früher, die mittlerweile auch kiffen. Manche kennen meine Geschichte und fragen nach, andere machen sich darüber lustig. Doch sie freuen sich, mich wieder zu sehen. Punkt. Ich habe mich verändert, mir kann man nichts mehr vormachen. Wer mir blöd kommt, fängt eine. Schluss. Mich kriegt man nicht mehr unter an diesem Ort, wo ich so gelitten habe.

Irgendwann streite ich mich mit einem Typen. Ich schlage ihm voll eine rein und sage, ich würde mit meinem Kerl wiederkommen. Als ich dann mit Lyes wieder hinkomme, bricht er in schallendes Gelächter aus.

»Aber Sam, es ist doch schon erledigt. Du hast ihn fertig gemacht, du hast ihm die Nase eingeschlagen, ich muss nichts mehr machen.«

Ich bin blind von dem dringenden Wunsch, meine Würde wiederherzustellen. Ich nutze die Zeit mit den anderen im Park, ich stelle die Dinge richtig und schlage meine Trommel. Ich will die falschen Gerüchte über mich zum Schweigen bringen und den Leuten die Wahrheit sagen. Sie müssen unbedingt begreifen, dass *ich* das Opfer war – nicht meine Vergewaltiger!

Doch eigentlich schert sich keiner um meinen seelischen Zustand und um meinen Schmerz, jeder will einfach nur wissen, was passiert ist, mehr nicht.

Dimitri kommt oft in den Park. Er wohnt schon lange nicht mehr in diesem Viertel und kennt daher meine Geschichte nicht. Er lebte bis jetzt bei seiner Tante in Toulouse und hat Weinbau studiert. Toulouse und das 95. oder 93. Département – das hat nichts miteinander gemein. Nun wohnt Dimitri wieder bei seiner Mutter in K.s und Jaïds Viertel. Trotz der Gerüchte bildet er sich eine eigene Meinung über mich, ohne sich von den anderen einwickeln zu lassen. Ich mag ihn, er ist ruhig und höflich, und man kann gut mit ihm reden. Wir verabreden uns im Park und reden und rauchen den ganzen Tag. Bald werden wir unzertrennliche Freunde. Eines Tages erzähle ich ihm die ganze Geschichte, denn für ihn kann es gefährlich werden, mit mir unterwegs zu sein. Die Typen in seinem Viertel, die Kumpels von K., könnten ihn dazu benutzen, sich zu rächen, und ich will nicht, dass er meinetwegen Stress bekommt.

»So, jetzt weißt du alles.«

»Ja. Weißt du, Sam, was hier passiert ist, bevor ich gekommen bin, geht mich nichts an. Manche Leute haben mich schon gefragt, warum ich dich nicht vögle. Sie denken, du willst was von mir, weil du mit mir rumziehst. Ich habe ihnen gesagt, dass mich diese ganze Geschichte nichts angeht und dass du bei mir friedlich bist.«

»Was? Die Leute haben gesagt, du sollst mich vögeln!«

»Ja. Wir sind doch schon länger zusammen unterwegs, und man redet über uns. Mich interessiert das nicht. Ich sehe nur, dass du nett und korrekt zu mir bist.«

»Warum hast du mir nichts davon gesagt?«

»Wozu denn? Das sind doch alles Geschichten! Mach dir keine Sorgen um mich, das ist zwar nett, aber ich komme schon zurecht. Und danke, dass du so offen bist.«

An diesem Tag haben wir unsere Freundschaft besiegelt. Von da an war unsere Beziehung klar. Er verurteilt mich nicht, er verdammt mich nicht. Er ist mein Freund.

Nach dem Streit mit dem Typen, den ich so übel zugerichtet habe, habe ich keine Lust mehr, in den Park zu gehen. Ich könnte zwar stolz sein, ich habe diesem Arschloch nämlich ganz schön die Fresse poliert. Ich könnte seine Erniedrigung genießen. Sich von einer Frau unterkriegen zu lassen, und dann auch noch von mir! So eine Schande! Aber nein, ich bin lieber mit Dimitri bei mir zu Hause. Wir rauchen, wir reden, wir kochen, hören Musik und haben total Spaß zusammen. Richtige Ferien!

Dimitri ist beeindruckt von meinem Dope-Konsum. Mittlerweile kiffe ich von morgens bis abends. Dope ist mir lieber als die Medikamente aus der Klinik. Ich will nicht wie ein Zombie herumlaufen. Lasst mich doch alle in Ruhe mit eurem stumpfsinnig machenden Zeug für psychisch Kranke! Ich habe meine eigene Medizin! Mit Dope kann ich schlafen und meinen Schmerz ersticken. Er wird jeden Tag größer, und ich schiebe ihn mit jedem Joint tiefer in mich hinein.

Zum Glück gibt es Dimitri! Alleine wäre ich am Arsch. Lyes schert sich fast gar nicht mehr um mich. Dass wir alles geteilt haben, ist lange vorbei. Er lebt sein Leben mit seinen Kumpels, und ich lebe mit Dimitri. Ich weiß weder, was Lyes tagsüber macht, noch, was er nachts treibt. Zwischen uns hat sich alles verändert. Er erzählt nichts, er teilt nichts mit mir. Wenn er seine Streicheleinheiten braucht, ist er nett, mehr läuft nicht. Ich merke nicht, dass das der einzige Grund ist, warum er überhaupt noch mit mir zusammen ist, und klammere mich an diese falsche Zärtlichkeit, die er mir schenkt. Ich klammere mich an diese Boje, an dieses morsche Stück Holz, das im Meer treibt, im Meer meiner Verzweiflung, meines Lebens.

Wenn er geht, bekomme ich hysterische Anfälle. Ich werde zur Furie. Er beruhigt mich und sagt, er muss Kohle für unsern Spanienurlaub organisieren. Ich soll zu Hause bleiben und warten, während er sich amüsiert! Er will einfach nicht, dass ich ohne ihn Spaß habe. Er spielt mit mir und gängelt mich mit links, weil ich ja die Hälfte der Zeit bedröhnt bin und nichts blicke. Ich habe doch nicht all das auf mich genommen, nur damit einer kommt, und sei es auch Lyes, und mir befiehlt, zu Hause zu bleiben! Ein Kompromiss findet sich, auch ohne dass es ausgesprochen wird: Er lebt sein Leben, ich lebe mein Leben. Wir treffen uns nur zum Vögeln.

Am Ende des Sommers kommen alle zurück, sie hatten schöne Ferien und sind zufrieden. Ich bleibe bei meinen Eltern. Mein Vater fängt wieder an, sich so zu verhalten wie früher. Wieder beschimpft er mich, wieder wirft er mir wütende Blicke zu. Egal. Ich schere mich einen Dreck um ihn. Ich lebe mein Leben, ich komme und gehe, ich führe wieder mein ausschweifendes Leben von früher.

Nina, meine Freundin aus dem Heim in Charenton, hat mich nicht vergessen. Sie schlägt mir vor, zu ihr nach Saint-Mandé in ein Zimmer von elf Quadratmetern zu ziehen. Das tut mir gut. Sie lacht viel und ist gut drauf. Sie schminkt mich, kümmert sich um neue Klamotten, und ich fühle mich ein bisschen hübscher.

Lyes besucht mich hin und wieder, doch ich bin auf der Hut und lasse mich nicht zu sehr auf ihn ein. Eines Tages ruft er an und teilt mir ganz mutig mit, dass er mit seinem Kumpel Yacine nach Spanien fährt, aber ohne mich. Das ist ein herber Schlag. Spanien – das war unser gemeinsamer Traum! Ich hatte mich so auf einen romantischen Urlaub mit ihm gefreut. Ich bin total enttäuscht, aber ich sage nichts. Ich verstecke diesen Schmerz tief in mir.

Nach dieser neuen Enttäuschung will ich nur noch einen draufmachen. Nina und ich ziehen durch alle Discos, wo der Eintritt für Mädchen frei ist. Jeden Abend Party. In diesen berühmten Pariser Nächten treffen wir aber nur ziemlich komische Leute, total oberflächliche Sonderlinge und Perverse, Leute, die etwas suchen, aber nicht wissen, was. Ich will nur tanzen, ich liebe es. Ich mische mich unter die Breakdancer, mache ihre Schritte nach und verändere die Figuren. Toll! Ich geb's mir voll! Und dann finden wir immer irgendwelche Typen, die uns Getränke und Kippen spendieren. Manchmal klauen wir auch Brieftaschen oder lassen uns anmachen und schnorren. Diese Art der Konversation ist nicht gerade mein Ding, ich spüre, dass die Kerle nur auf meinen Arsch scharf sind, und das widert mich an. Also übernimmt das meistens Nina, ich bleibe im Hintergrund.

Von diesem Mist erzähle ich Lyes nichts. Er lebt sein Leben, ich meines. Punkt. Den Schlag »Ich fahre mit meinem Kumpel nach Spanien« habe ich immer noch nicht verwunden und ich habe mir geschworen, mich bei der erstbesten Gelegenheit dafür zu rächen.

Diese Gelegenheit bietet sich eines Abends. Er heißt Mourad, er wohnt in Montparnasse und macht seinen Militärdienst. An jenem Wochenende hat er Urlaub. Wir sind im *La Scala,* einem der miesesten Schuppen von Paris. Zwanzigmal lässt der DJ die gleiche Stückfolge laufen. Das ödet mich voll an, ist aber immer noch besser, als zu zweit zu Hause in Saint-Mandé zu hocken. Mourad macht mich an. Er mimt den Bad Boy, aber damit kann er niemanden täuschen. Er ist kein Ghettokid; das sieht man an seinen Bewegungen, an seiner Art zu reden und sich zu verhalten. Ich treffe ihn öfters, wenn er frei hat. Eines Abends sieht uns ein Mädchen aus Lyes' Viertel und hat nichts Besseres zu tun, als alles auszuplaudern. Lyes nervt mich wochenlang, weil er wissen will, was zwischen Mourad und mir läuft.

»Man hat dich mit einem Kerl in der Disco gesehen, und du behauptest, das warst nicht du!«

»Ich war's auch nicht!«

»Du lügst mir einfach ins Gesicht und sagst, das warst nicht du!«

»Ich war's nicht!«

Ich lüge ihn unverfroren an, ich erzähle ihm Geschichten, die nur so triefen vor Lügen, ich serviere ihm die unglaublichsten Märchen. Ich will mich rausreden. Ich warne Mourad, dass mein Typ übel drauf ist und er alles strikt leugnen muss, wenn Lyes ihn in die Mangel nimmt. Lyes zwingt mich, Mourad anzurufen. Er will sehen, ob Mourad tatsächlich nur ein Kumpel ist. Am Abend gibt es ein Konzert in Saint-Denis, es sind tausend Leute da. Mourad kommt, Lyes kommt dazu, nimmt ihn beiseite und redet mit ihm. Ich höre nicht, was sie sagen, ich sehe nur, wie Lyes genervt gestikuliert. Mourad sagt kein Strebenswörtchen. Das bringt Lyes sicherlich auf die Palme, er sagt sich bestimmt: »Wie konnte sie nur mit so einer Schwuchtel gehen!«

Dann kommen die Kumpels von Lyes, erst einer, dann zwei, dann vier, und geben ihren Senf dazu.

»Komm schon, willst du ihn etwa wegen einer Frau zusammenschlagen?«

»Ha! Der scheißt sich doch jetzt schon in die Hosen!«

Lyes wollte die Sache eigentlich friedlich regeln, aber jetzt, wo seine Kumpels dabei sind, kann er nicht mehr zurück. Um seine Ehre zu retten, schlägt er Mourad voll eine ins Gesicht. Das ist total fies und demütigend für Mourad, der immer noch kein Wort sagt.

»Hau bloß ab jetzt!«

Und so zieht »meine Gelegenheit« mit feuerroter Backe und wutentbranntem Blick ab.

Einige Tage später kommt Lyes vorbei, wir versöhnen uns wieder trotz der Zweifel, die er immer noch hat. Das Leben geht weiter. Er lebt sein Leben, ich meines. Er nimmt mich zwar immer wieder in die Zange, aber ich leugne strikt, und wir bleiben zusammen. Alles ist wieder wie früher – ich ziehe rum, ich vögle mit einem nach dem anderen. Ich sage mir, vielleicht ist einer dabei, bei dem ich meine Enttäuschungen mit Lyes vergessen kann und der mir mehr Aufmerksamkeit und Liebe schenkt. Aber im Reich der Nacht finde ich nicht das, was ich suche. Ich lasse mich treiben, ich mache weiter, ich stelle mir keine Fragen. Ich will mich nur amüsieren und mich zudröhnen.

Irgendwann verschwinde ich für ein paar Tage, ohne jemandem Bescheid zu sagen, selbst Nina weiß nicht, wo ich bin. Lyes sucht mich überall, er sucht mich in Discos, in Krankenhäusern, auf der Polizei. Vergebens. Nach zwei oder drei Tagen entdeckt er in einem Magazin ein Foto von mir. Mit dem Champagnerglas in der Hand mache ich in einer Pariser Disco einen drauf.

»Aber das ist ja Sam! Dieses Miststück! Zwei Tage suche ich sie – und was muss ich sehen? Sie amüsiert sich! Diese Frau treibt mich noch in den Wahnsinn!«

Als ich wieder zurück bin, überschüttet er mich mit Fragen. »Wo warst du? Mit wem? Wie? Warum?«

»Ich war bei ein paar alten Freundinnen, die bei einem Typen im 16. Arrondissement wohnen. Mehr war nicht!«

Ich fühle mich trotz dieses Märchens, das ich ihm vorsetze, schuldig, weil er mich wie ein Irrer gesucht hat.

»Ist dir eigentlich klar, dass ich dich überall gesucht habe, und dann sehe ich zufällig deine Fresse in einem Magazin! Und du hast dich offenbar auch noch prächtig amüsiert! Es sieht ganz und gar nicht danach aus, als würde dich alles anöden, wie du immer behauptest!«

Am liebsten würde ich ihn anschreien: »Du hast doch mit allem angefangen!« Aber ich sage nichts. Mir dröhnt der Kopf von diesem Satz, aber meine Protestschreie bleiben mir im Hals stecken, und stattdessen serviere ich ihm immer wieder tausend Lügengeschichten und Lügenmärchen und einen ganzen Haufen Mist. Ich bleibe meinem Vorsatz treu, nicht zu sagen, was ich mache und mit wem ich es mache.

»Du willst ja auch nichts mit mir teilen, und deshalb erzähle ich dir auch nichts. Ich gehe mit anderen aus, ich gehe mit anderen ins Kino oder in die Disco. Warum sollst du etwas von mir haben, wo ich doch schließlich auch nichts von dir habe?«

Auge um Auge, Scheiße um Scheiße. So sieht unsere Beziehung mittlerweile aus. Ich kann ihm nicht verzeihen, dass er mich damals im Krankenhaus und den ganzen Sommer über allein gelassen hat, wo ich ihn doch so gebraucht habe. Ich klammere mich an dieses morsche Stück Holz, obwohl mich nichts, was Lyes mir gibt, trösten kann. Ich bin ihm gleichgültig, er lässt mich immer nur allein und treibt mich dazu, mich wie eine Schlampe aufzuführen. Das Misstrauen hat sich zwischen uns gestellt. Wir führen eine Art Psychokrieg mit den Waffen der Verderbtheit, der Lüge und der verbalen Gewalt.

Ich lebe total zügellos, ohne jede Hemmung, ohne jede Stütze. Ich berausche mich mit Tanz und Alk und One-Night-Stands, um die fehlende Liebe auszugleichen. Das ist der Strudel in meinem Kopf. Ich weiß nicht, welcher Tag ist, welcher Monat, welches Jahr, ich lasse mich treiben. Mit Nina habe ich immer häufiger Streit, der Kampf ums Brot wird immer härter, wir zahlen auch schon lange keine Miete mehr. Unsere Beziehung nutzt sich ab, ich bin überempfindlich, und Nina erträgt meine Brutalität und meine Impulsivität nicht mehr. Sie entfernt sich von mir. Das macht mich traurig, aber ich kann nichts dagegen tun.

In der Disco habe ich das Gefühl, dass ich ein gefundenes Fressen bin, dass ich mich freiwillig in einen elektrischen Zaun stürze. Die Typen sehen mich an. »Macht sie mit oder nicht?« So eine Schau, nur um sich am Ende vögeln zu lassen! Es ekelt mich an, aber trotzdem spiele ich mit. Wieder einmal fühle ich mich fehl am Platz. Ich fühle mich erstickt, abgewürgt, ausweglos gefangen in einer Welt, die mir nicht gefällt. Ich komme mir vor wie ein verletzter Vogel, der verzweifelt einen Platz sucht, wo er landen kann.

16 Saint-Denis

Ich gehe wieder zu meinen Eltern zurück. Mein Vater regt sich auf, als er sieht, dass ich mich wieder einniste. Er wirft mir hasserfüllte Blicke zu und beschimpft mich. »Miststück!« Oder er schnauft einfach nur wie ein Stier; das verrät seine große innere Erregung und macht mir Angst. Jedenfalls spricht er nicht mit mir. Aber sonst hat sich die Situation verändert. Er hat jetzt keine Verbündeten mehr gegen mich, er steht alleine da.

Meine Schwestern sind größer geworden, meine Mutter hat sich innerlich und äußerlich verwandelt, sie hat sich emanzipiert, seit sie in einer Boutique in Saint-Germain-des-Prés arbeitet. Im Umgang mit ihren Kolleginnen ist sie aufgeblüht. Sie hat viel mehr Stil, auch ihre Lebenseinstellung ist verändert. Und das verändert die Atmosphäre zu Hause. Sie konnte meine Schwestern vor der Gewalttätigkeit meines Vaters schützen. »Du machst mit den beiden Kleinen nicht, was du mit Samira gemacht hast!«

Daraufhin ist mein Vater ruhiger geworden, und meine Schwestern haben ein besseres Bild von ihm bekommen. Sie können leichter auf ihn zugehen, vor allem die jüngste. Sie ist sein Schatz. Zu ihr ist er aufmerksam, lieb, ergeben. Ist das der gleiche Mann, der mich verachtet, mich beschimpft, mich vernachlässigt und mich schlägt? Meine kleine Schwester ist die Einzige, die sich mit ihren einsfuffzig vor meinen Vater stellen und ihn zur Vernunft bringen kann. Wenn sie spürt, dass er es mal wieder auf mich abgesehen hat, hängt sie sich an mich und weicht mir nicht von der Seite. Und ich höre meinen Vater schnaufen, er kann nichts tun. Meine kleine Schwester ist mein bester Schutz.

Meine Eltern ziehen um. Sie müssen die Wohnung in Pierrefitte verkaufen. Die Clique übt mit ihren Drohungen so einen Druck aus, dass für uns alle das Leben dort unmöglich geworden ist. Sie ziehen nach Saint-Denis, ich gehe natürlich mit. Ich bin näher bei Lyes, aber was ändert das schon?

Dass ich nicht mehr in Pierrefitte wohne, lindert meinen Schmerz natürlich nicht, aber die Umgebung ist anders, und das tut mir gut. Ich habe weniger Angst, aus dem Haus zu gehen, weniger Angst vor Racheakten. Ich versuche, mir mein Leben an diesem Ort einzurichten. Einige Cousins wohnen im Viertel in der Nähe des Bahnhofs, mit ihnen verbringe ich meine Tage. Lieber hänge ich dort rum, quatsche rum und tue nichts, als dass ich zwischen einem Vater eingezwängt bin, der ständig ein Gesicht zieht, und einer Mutter, die weiterhin so tut, als sei alles in Ordnung. In diesem Viertel wie auch anderswo hat eine Frau auf der Straße nichts zu suchen. Doch mein Cousin beschützt mich, und ich kann machen, was ich will.

Und eines Abends brauche ich auch seinen Schutz. Wir wollen in eine Disco in La Défense gehen. In der S-Bahn albern wir rum. Plötzlich spüre ich einen stechenden Blick. Ich drehe mich um – ein Kumpel von

K. Beim Einsteigen hatte ich mich zwar wie üblich umgesehen, meine Augen verwandeln sich dann in Radarschirme mit einer Umdrehung von dreihundertsechzig Grad. Ich kenne diesen Kerl vom Sehen. Ein Eisschrank, wie K. Er lässt mich nicht aus den Augen, er blinzelt nicht mal. Ich habe Angst. Ich weise meinen Cousin unauffällig auf ihn hin.

Er sagt: »Beachte ihn gar nicht. Du bist nicht allein, er wird dir nichts tun.«

An der Gare du Nord stehen wir auf und wollen aussteigen. Als ich an dem Typen vorbeigehe, packt er mich plötzlich am Arm und befiehlt mir ganz leise, bei ihm zu bleiben. Ich bin ganz perplex von dieser Unverschämtheit; damit hatte ich nicht gerechnet. Ich erstarre. Mein Cousin dreht sich um und sucht mich. Er sieht uns – mich, völlig erstarrt, und den Typen, der meinen Arm umklammert.

»Was geht hier ab? Sie gehört zu uns!«

»Ich kenne sie, keine Sorge!«

»Na und? Ich kenne sie auch.«

»Keine Sorge, sie bleibt bei mir. Wir gehen heute Abend zusammen weg.«

Ich bin sprachlos. Er drückt meinen Arm immer stärker, während mein Cousin mich am anderen Arm zieht. Sie ziehen und zerren, als sei ich eine Stoffpuppe!

»Sie geht nirgendwo hin. Verstanden!«, sagt Momo, der Kumpel meines Cousins. Er ist süß, aber manchmal hat er einen Knall. Er wird handgreiflich. Der Kerl begreift, dass er keine Chance hat, er lässt mich los, gibt sich aber noch nicht ganz geschlagen.

»Vielleicht ein anderes Mal!«, sagt mir sein stechender Blick.

Mir ist es peinlich, dass ich den anderen Ärger verursacht habe. Sie müssen denken, dass ich eine bin, die immer Stress macht. Wann hört die Vergangenheit endlich auf, mich zu verfolgen? Wie üblich spiele ich die Lustige und Ausgekochte und kaschiere damit meine Verlegenheit und die große Angst, die ich gehabt habe.

Mir wird klar, dass sie mir immer und überall auflauern können. Wer will gegen ihre Haltung ankämpfen? Das ist eine Sache im Kopf, der man nicht einfach eine reinschlagen kann. Niemand kann mich davor bewahren, dass mich ihre Einstellung verfolgt. Ich bin dazu verdammt, täglich im Stress zu leben, bin ständig in Bedrängnis. Mit dieser Angst handle ich, atme ich. Immer, wenn ich versuche, das Leben ein wenig zu genießen, ist so ein Arsch da, der mich daran erinnert, wo ich herkomme.

Ich stopfe auch diesen Vorfall in mein Päckchen zu den anderen harten Geschichten, zu meiner Angst, zu meinem Hass, meinen Schuldgefühlen, meiner Scham und meiner Ohnmacht. Dort wimmelt es und wuselt es wie in einem Schlangennest.

Abgesehen davon, fühle ich mich wohl im Viertel, die anderen wissen, dass ich mit ihnen nur rauchen und quatschen will. Wir spotten und höhnen – die Hauptbeschäftigung in den Ghettos. Eine komplizierte Übung, die die Birne und die Vorstellungskraft beansprucht. Ein Wahnsinnstheater! Manchmal heule ich vor Lachen, wenn es zu viel wird. Das ist meine

Flucht. Ich lache und dröhne mich mit Shit zu. Ich vergesse alles. Damit ich meinen Eltern nicht begegne, gehe ich immer erst spät nach Hause.

Jeden Morgen, wenn ich aufwache, höre ich: »Los, steh auf! Oder willst du den ganzen Tag verschlafen? Los, beweg dich! Wenn du schon hier wohnst, such dir auch eine Arbeit, mach eine Ausbildung, mach irgendwas! Und häng nicht den ganzen Tag rum, ohne etwas zu tun!«

»Hau ab! Lass mich in Ruhe!«

Meine Mutter begreift nicht, dass ich nichts von ihr wissen will, dass ich alles, was sie mir sagt, als Aggression empfinde. Ich will nicht mal ihre Stimme im Kopf hören. Wenn ich sie höre, ist es, als würde sie all die schönen bunten Tapeten abreißen, mit denen ich die Risse verberge. Sie glaubt, dass sie mir hilft, aber sie zerstört mich. »Tu so, als sei nichts! Schau nach vorn!« Aber sie könnte mir nur helfen, wenn sie meinen Schmerz sehen würde.

Ich habe keine Lust mehr, mit meinen Eltern zu reden. Ich spiele nur ein bisschen mit, damit ich ein Bett und ein Dach über dem Kopf habe. Ich kaschiere meine Qual mit Gewalt. Mein ganzes Sein ist falsch. Ich bin ein wandelnder Widerspruch.

17 Mein »Prozess« …

21. Februar 1991.

»Sam, Telefon für dich!«

»Wer ist es?«

Meine Mutter schlägt die Augen nieder und gibt mir wortlos den Hörer. Komisch.

»Hallo?«

»Hallo, Samira. Ich bin der Untersuchungsrichter, der deinen Fall vor das Gericht von Pontoise gebracht hat. Erinnerst du dich?«

Natürlich erinnere ich mich! Seit Monaten warte ich auf Nachricht!

»Ja, ich erinnere mich.«

»Ich rufe an, weil der Prozess geführt wurde und ich wissen wollte, warum du nicht da warst.«

» …«

Mir stockt der Atem, ich bin sprachlos. Ich ermesse sofort die Konsequenzen dessen, was sich da abgespielt hat. Keine Gerechtigkeit für mich. Ich werde für immer verstummen. Meine letzte Hoffnung hat sich gerade zerschlagen. Mir wird glühend heiß, mein Kopf dröhnt, ich bekomme die größte Lust, alles kaputtzuschlagen. Doch ich weiß, dass das leider gar nichts nützt. Ich bin völlig am Ende. Als würde ich einem Hinrichtungskommando gegenüberstehen. Immer noch winde ich mich von den Messerstichen, mit denen man mich traktiert hat, und warte nur noch auf die Kugel, die mein Herz durchbohrt, damit es ein für allemal vorbei ist.

»Aber ich wusste gar nicht, dass der Prozess stattgefunden hat.«

»Hast du keine Vorladung bekommen?«

»Nein.«

»Hat dich deine Anwältin nicht benachrichtigt?«

»Nein. Meine Mutter hat ein paar Mal bei ihr angerufen, da hat sie immer nur gesagt: ›Die Sache geht ihren Gang.‹ Kann ich Berufung einlegen, weil man mich nicht von der Verhandlung benachrichtigt hat?«

»Nein, dieses Recht hat nur der Angeklagte.«

Ich fasse es nicht! Das ist zu viel! Wenn ich richtig verstanden habe, bleibt mir nur, die Sache wegzustecken und meinen Mund zu halten!

»Wie viel haben sie bekommen?«

»Ein Kollege hat die Verhandlung geführt. Weißt du … Ich dürfte dir das eigentlich gar nicht sagen … Ich war erstaunt, dass du nicht beim Prozess warst, weil ich damals den Eindruck hatte, du wolltest unbedingt aussagen.«

»Das wollte ich auch und ich will es noch immer! Bitte sagen Sie mir doch, wie viel sie bekommen haben?«

Er begreift, welch ein schwer wiegender Fehler ihnen unterlaufen ist, und sagt mir, was ich wissen will. Er ist nett.

»Der Prozess fand am 21. Februar 1991 vor dem Jugendgericht in Pontoise statt. K. wurde zu acht Jahren Haft und die Brüder M. zu drei Jahren verurteilt, achtzehn Monate davon auf Bewährung. Ich bin sicher, dass sie mehr bekommen hätten, wenn du da gewesen wärst. Ganz sicher! Ich verstehe einfach nicht, wie das passieren konnte.«

Ich verstehe es auch nicht. Am unverständlichsten ist mir jedoch die Haltung der Anwältin. Dass sie mich nicht vor der Verhandlung benachrichtigt hat, ist für mich ein gewaltiges berufliches und menschliches Versagen.

»Waren Clarisse und Pauline da?«

»Ja. Es waren auch noch ein paar andere Mädchen da. Kennst du Claire, Latifa, Laetitia, Lara, Julie …«

Er sagt mir ein Dutzend Vornamen. Für so viele Namen hat K. nur acht Jahre bekommen! Was nützt es da, sich wehren zu wollen? Die Würfel sind gefallen.

»Nein, ich kenne diese Mädchen nicht.«

»Was machst du so? Machst du deine Schule weiter?«, fragt er, um das Thema zu wechseln.

»Nein, ich mache nichts.«

»Wohnst du immer noch in Pierrefitte?«

»Nein, ich bin jetzt in Saint-Denis. Ist das normal, dass mich die Anwältin nicht angerufen hat?«

»Ruf sie an, dann erfährst du vielleicht, was passiert ist. Ich muss jetzt auflegen. Auf Wiederhören – und viel Glück.«

»Danke, Monsieur.«

Jetzt schnell einen Joint! Eine fette Riesentüte, die den Schock lindert, den ich gerade bekommen habe. Schnell, schnell! Ich muss alles vergraben. Nur nicht an das denken, was sich gerade ereignet hat! Ich will mich beherrschen, ja ich beherrsche mich, mehr kann ich nicht tun. Will meine Schreie, meine Tränen unterdrücken. Will diesen Kloß unterdrücken, der wie eine Rakete aus meinem Mund schießen will. Will diese riesige Ohnmacht, all diesen Hass vergraben. Will mich zudröhnen, um die Wut zu verdrängen, die mich übermannt.

Vor diesem Anruf war ich ein Wrack. Nun bin ich eine Wüste des Grauens, in der nur noch meine Seele umherwandert, diese Seele, die ich beschütze und in weißen Dunst hülle.

Zwei Tage später kommt per Post von der Gendarmerie Saint-Denis die Vorladung für die Verhandlung. Weil wir umgezogen sind, musste die Gendarmerie von Pierrefitte erst Nachforschungen anstellen, wo wir nun wohnten. Gut, ein Problem der Postzustellung; das kann vorkommen. Wie aber ist es möglich, dass diese Anwältin, die Vergewaltigungsopfer vertritt, weder vor noch nach dem Prozess mit mir Kontakt aufgenommen hat?

Ich würde sie gerne anrufen, aber ich habe Angst, dass ich überreagiere. Ich habe Angst, dass ich mich nicht beherrschen kann, dass ich losschreie und sie beschimpfe, diese Sau! Ich habe so einen Hass, dass ich mich bestimmt aufführe wie eine Wilde. Ich habe mich nicht ausreichend im Griff, bestimmt sage ich irgendwas, das sie kaputtmacht, das ihr das Herz aus dem Leib reißt, wie sie mir das Herz aus dem Leib gerissen hat. Also lasse ich die Sache auf sich beruhen. Ich bin zu fertig, um noch etwas Sinnvolles zu tun. Seit ein paar Minuten gibt es mich nicht mehr. Ich habe nicht den Mut, etwas dagegen zu tun.

Meine Mutter versucht, die Anwältin und den Verband anzurufen. Doch sie rufen nicht zurück, obwohl sie ihnen eine Nachricht hinterlässt. Für meine Mutter ist das kein Hindernis – sie hat das Zeug zur Ermittlerin. An verschiedenen Stellen sammelt sie Informationen. So erfahre ich, dass bei der Verhandlung die Anwältin nicht selbst erschienen ist, sondern ein junger Referendar aus ihrer Kanzlei. Madame war beim Wintersport! Der Referendar hatte keine Ahnung von dem Fall, sie hatte ihm eine leere Akte vorgelegt. Er war völlig erstaunt: Es ist ja schließlich keine Kleinigkeit, wenn gemeinschaftliche Vergewaltigung vor dem Jugendgericht verhandelt wird! Auch habe ich erfahren, dass der Staatsanwalt in seinem Plädoyer zwölf Jahre für K. gefordert hat, weil er der Rädelsführer war. Doch er hat nur acht Jahre bekommen – viel zu wenig, wenn man auch noch die U-Haft und den Strafnachlass abzieht. Die Brüder M. waren in U-Haft und haben Bewährung bekommen, weil sie Arbeit hatten. Auch Jaïd wurde verurteilt: sechs Jahre Haft für gemeinschaftliche Vergewaltigungen, unter anderem auch zusammen mit K. Ich kann einfach nicht verstehen, warum Vergewaltiger und Pädos mildere Strafe bekommen als Bankräuber. Ist es weniger schlimm, Menschen zu überfallen als Banken?

Wisst ihr, dass ich, das Opfer, nach dieser Sache vierzehn Jahre im Kopf bekommen habe? Vierzehn Jahre habe ich versucht, zu verstehen und damit zurechtzukommen. Vierzehn Jahre, um mich zu rehabilitieren. Vierzehn Jahre habe ich pausenlos gekämpft.

Die Anwältin schickt mir nicht mal eine Ausfertigung des Urteils, ich muss sie beim Gericht anfordern. Ich bekomme diesen Packen unpersönliches Papier, die einzige Spur meines »Prozesses«. Das ist der Todesstoß für mich. Ich blockiere völlig bei dem Satz: »K. wird dazu verurteilt, einen symbolischen Franc Entschädigung an den Verband Soundso zu bezahlen ...«

Ist mein Leben denn nur einen Franc wert? Ich wurde vom Prozess fern gehalten, und mein einziger Trost ist nun ein symbolischer Franc, den der Verband von diesen Dreckskerlen verlangt. Denn faktisch vertritt die Anwältin den Verband und nicht das Opfer; das Opfer hat nichts zu erwarten. Sie vertritt die Interessen des Verbandes, nicht meine Interessen. Der Referendar hat im Namen des Verbandes gesprochen, nicht in meinem Namen. Mein Name taucht im Urteil auch gar nicht auf; nur die Namen des Verbandes, des Referendars und meiner Vergewaltiger werden erwähnt. Ich existiere nicht.

Mein Prozess bestand aus einer Sammlung von kleinen Informationen, die hier und da auf indirekte Weise eingeholt worden waren, einer Sammlung von kleinen Enttäuschungen, die mich gebrochen und zermalmt haben. Ohne den Anruf des Richters hätte ich die Neuigkeit sicherlich auf der Straße erfahren, hätte sie voll in die Fresse gekriegt.

Ich bin stinksauer auf die Anwältin für das, was sie mir angetan hat. Oft lasse ich unser erstes Treffen Revue passieren. Ich habe ein gutes Gespür für Menschen. Ich habe schnell gemerkt, mit wem ich es zu tun hatte, und habe sie schon beim ersten Mal nicht ausstehen können. Hat sie das gemerkt und hat sie sich dafür gerächt? Ich wage nicht, mir das vorzustellen. So etwas wäre unwürdig für die professionelle Mitarbeiterin eines Verbandes, der Kindern und Jugendlichen helfen will. Monatelang warte ich auf einen klärenden Brief von ihr. Monatelang warte ich darauf, dass sie durch ihr Engagement meine Einstellung gegenüber den Justizbehörden verändert. Ich hatte solche Hoffnungen! Doch für sie war ich nur eine »schreckliche« Akte, die sie von ihrem Verband übernommen hatte.

Meine Mutter war beharrlich. Schließlich wurde sie am Telefon mit dieser Anwältin verbunden. Erst wollte diese sich rausreden, dann erklärte sie, dass sie nicht mich vertritt, sondern den Verband. Und fügte hinzu, dass die Dinge vielleicht anders gelaufen wären, wenn wir einen Obolus in Betracht gezogen hätten. Meine Mutter ging in die Luft und verlor endgültig den Glauben in die Justiz.

Mein Päckchen mit den schweren Schlägen wiegt plötzlich hundert Kilo. Ich behalte meinen Schmerz und meinen Hass für mich, kein Wort kommt mir über die Lippen. Ich bin jetzt achtzehn. Mit achtzehn sollte man sorglos und fröhlich sein, man sollte das Leben in vollen Zügen genießen. Ich bin schwer vom Schmerz, müde von allem, was ich erleben musste, müde vom Leben. Ich existiere nicht. Ich atme lediglich.

Eines Tages stoße ich in der *Marie-Claire* auf einen Artikel über Inzest und Vergewaltigung. Ich reiße die

Seite heraus, auf der die Adresse eines familientherapeutischen Zentrums angegeben ist. Vielleicht macht meine Mutter mit. Mit meinem Vater kann ich sicherlich nicht rechnen. Meine Mutter vereinbart einen Termin, und wir gehen zusammen hin.

Das Zentrum befindet sich in einem kleinen, abgelegenen Haus auf dem Buttes-Chaumont. Die Einrichtung ist angenehm, schlicht und ansprechend zugleich. Mir gefällt die Psychologin. Mit ihrer Schmetterlingsbrille wirkt sie wie ein sechzigjähriges Starlet. Sie setzt sich bequem hin und stellt mir verschiedene Fragen. Sie macht den Eindruck, als verstehe sie, worum es mir geht, und als wisse sie, was sich in den Ghettos abspielt, auch was die gemeinschaftlichen Vergewaltigungen betrifft. Das überzeugt mich, ich versuche, ihr zu vertrauen. Ich habe wieder Hoffnung. Mit meiner Mutter spricht sie allein. Ich weiß nicht, was die beiden reden. Ich bin zufrieden mit der Beratung, ein Hauch Hoffnung keimt wieder in mir auf. Vielleicht habe ich eine Lösung für meine Probleme gefunden.

»Was denkst du?«

»Sie macht einen guten Eindruck.«

»Ja, ich bin zufrieden, sie versteht mich. Am Anfang soll ich einmal pro Woche kommen. Was hältst du davon?«

»Weißt du, Sam …«

Alles klar. Wenn sie diesen Ton anschlägt, weiß ich schon, was kommt.

»Warte, hör zu! Das kostet dreihundert pro Sitzung. Das zahlt die Kasse nicht.«

Was soll denn das? Die Kasse!

»Aber wir haben doch Geld!«

»Na und? Ist das vielleicht ein Grund?«

Ich höre ihr nicht mehr zu, ich höre sie gar nicht mehr. Ich lasse sie quatschen.

»Es ist doch immer dasselbe mit dir! Wenn man Nein sagt, ziehst du ein Gesicht. Du führst dich auf wie ein kleines Kind!«

Ach, rede doch! Ich höre nicht mehr hin.

Die Reaktion meiner Mutter verletzt mich sehr. Ich weiß, dass zu manchen Zeiten das Geld bei uns knapp war, aber das ist nicht mehr so. Wir sind keine Millionäre, aber wir können uns ein angenehmes Leben leisten. Aber ich hatte vergessen, dass meine Mutter sich nicht so leicht von ihrer Kohle trennt. Ich bin also in ihren Augen nichts wert. Ich verdiene es nicht, dass man Geld für mich ausgibt.

18 Der Streit

Ich muss etwas tun. Ich muss Arbeit finden. Kassiererin im Supermarkt oder Putzfrau kommt für mich nicht in Frage. Ich will etwas machen, das mich ausfüllt, ich will in einer angenehmen Umgebung arbeiten. Ich will meine Tage nicht mit Leuten verbringen, die von morgens bis abends genervt und gestresst sind. Eine Arbeit mit Fremdsprachen würde mir gefallen. Ich kann gut Englisch und spreche immer noch fließend Flämisch. Etwas Künstlerisches oder Handwerkliches würde mir auch zusagen. Bildende Kunst, Theater …

Ich gehe zur Berufsberatung von Saint-Denis und sehe alle Anzeigen durch, die mich interessieren. Ich mache eine Reihe von Praktika in den Bereichen Theater, Video, Zeichnen und bekomme entsprechende Bescheinigungen.

Einige Monate später mache ich eine Fremdsprachenausbildung und bekomme ein Zertifikat für Englisch. Ich möchte einen Beruf ausüben, bei dem ich auch reisen kann. Künstlerische Berufe sind toll, aber eine Stelle zu finden ist richtiger Stress. Für die Fremdsprachenausbildung mache ich noch ein Praktikum in einem Hotel an der Rezeption. Adieu Turnschuhe und Jeans – hallo Kostüm und Schuhe mit Absatz! Das geht nicht lange. Ich komme mir vor wie verkleidet, es ödet mich an, ich halte es kaum einen Monat lang aus.

Ich bin zwanzig und mache nur Mist. Ich versuche, gute Miene zum bösen Spiel zu machen, versuche zu sein wie alle anderen, versuche, mit der Masse zu verschmelzen. Es gelingt mir nicht. Ich gehe weiter im Dschungel des Lebens. Ich gehe weiter, ohne zu wissen, warum, ziellos und lustlos. Ich mache Gelegenheitsarbeiten. Ich verkaufe Klamotten, ich jobbe an einem Imbissstand auf dem Flohmarkt von Clignancourt. Ich unternehme die größten Anstrengungen, um diese Maskerade mitzumachen. Ich spiele meine Rollen, aber ich bin nicht ich. Ich reiße mich zusammen und versuche, Interesse an dem zu finden, was ich mache, doch mein Unwohlsein kommt immer wieder im Galopp zurück. Ich bin in einem großen Teufelskreis gefangen, überall ecke ich an. Ich wechsle die Arbeitsstellen, ich verändere meinen Umgang, doch mein Inneres ändert sich nicht. Der Kloß ist immer noch in meinem Bauch, er erdrückt mich, und die Schlangen wuseln immer noch in meinem Päckchen herum. Mein Verhalten im Umgang mit Menschen ist schrecklich. Alle, die mir nicht passen, schicke ich zum Teufel. Ich stelle meine eigenen Gesetze auf, ich erlasse meine eigenen Regeln, um mich besser zu schützen. Ich höre auf nichts, was man mir sagt, ich habe keine Arbeitsmoral, ich habe keine Befähigungen. Ich arbeite nur, um mir Dope zu kaufen.

Mit einundzwanzig finde ich über Beziehungen eine Stelle als Sekretärin. Dort halte ich es ein Jahr aus. Das heißt, ich habe ein Jahr lang regelmäßige Einkünfte. Ich kann eine Wohnung mieten, eine schöne Zweizimmerwohnung in einem Altbau in Saint-Denis, die genau nach meinem Geschmack ist. Das Zusammenleben mit meinen Eltern hat einfach nicht geklappt. Ich bin überglücklich, endlich habe ich »mein« Zuhause, meine eigenen vier Wände, wo ich machen kann, was ich will. Ich war so oft bei anderen, dass ich nun jubiliere und mir alles in den schönsten Farben ausmale.

Lyes zieht zu mir. Trotz der Tiefschläge halte ich immer noch an dieser Beziehung fest. Ich denke, wenn wir zusammenziehen, wird es besser. Ich bin einundzwanzig, er zweiundzwanzig. Seit fünf Jahren sind wir zusammen; das kommt mir vor wie ein ganzes Leben. Doch auch durch das Zusammenleben ändert sich unsere Beziehung nicht. Den ganzen Tag ist er mit seinen Kumpels zusammen, er kommt nur zum Schlafen heim. In seinem Viertel geht man nicht mit seiner Freundin aus – man geht mit »Schlampen« in die Disco, mit Frauen, vor denen man keinen Respekt hat. »Wenn ich mit meiner Frau ausgehe, halten sie mich für eine Schwuchtel!«, muss ich mir anhören. Unter dem Vorwand, »total respektiert« zu werden, bin ich alleine, und Monsieur amüsiert sich! Ich mache die Einkäufe, die Wäsche, ich bezahle die Miete. Nicht mal zum Essen kommt er nach Hause. Lyes' Leben spielt sich draußen ab.

Ich selbst bin ruhiger geworden. Ich gehe nicht mehr aus, ich mache gar nichts mehr. Ich verlange auch keine Rechenschaft mehr von Lyes. Ich bin sicher, dass er mich betrügt, erwischt habe ich ihn jedoch noch nie. Wenn ich mit ihm über meinen Frust und meinen Verdacht sprechen will, weicht er aus und wirft mir Mourad und die anderen vor. Er nervt mich, er beschimpft mich, er spielt mit meinen Schuldgefühlen. Kurz, er dreht den Spieß um. Er gängelt mich raffiniert. Und ich blöde Kuh fresse alles. Und dann meine ich auch noch, ihn um Verzeihung bitten zu müssen. Ich verlange, dass er entweder auszieht oder mir verzeiht. Er geht. Doch er kommt immer wieder. Warum? Er behauptet, indem er da sei, habe er mir verziehen. Wortlos.

Ich erfahre, dass Lyes und seine Kumpels die Abende mit Trinken und Rauchen in einer Wohnung verbringen, die ein paar Frauen gehört, von denen ich zwei kenne. Eines Abends kreuze ich dort auf. Eine dieser Frauen ist Monique, die mir damals das Leben gerettet hat, als ich Tabletten geschluckt hatte. Wir hatten uns aus den Augen verloren, nun treffen wir uns an diesen Abenden wieder.

Die Atmosphäre ist mies. Lyes gefällt es gar nicht, dass ich plötzlich dort aufkreuze. Ich stelle mich dumm und tue so, als würde ich nicht begreifen, was los ist. Es fällt kein Wort, doch die Blicke sagen alles. Ich vermute, dass zwei Tussen es mit Lyes treiben wollen oder schon getrieben haben. Aus meiner Verlegenheit machen sie sich einen Spaß und tun mir weh.

»Hallo, Samira? Wie geht's?«

»Gut, alles ruhig. Und bei dir?«

»Geht so. Ein bisschen müde.«

»Ist was?«

»Nichts. Ich wollte hören, wie es dir geht, und dann wollte ich noch etwas mit dir besprechen.«

»Aha. Was denn?«

»Du kennst ja sicherlich das Gerücht, das in Saint-Denis kursiert. K. ist offenbar draußen und sucht dich.«

Monique ist auf dem Laufenden. Denn nach der Geschichte im Krankenhaus habe ich ihr alles erzählt. Was sie da sagt, versetzt mich in Panik.

»So? Von wem weißt du das?«

»Das kann ich dir nicht sagen, ich habe versprochen, den Mund zu halten.«

»Hör zu – du hast angefangen, jetzt wirst du mir auch alles erzählen!«

»Okay, ich erzähl's dir, aber ich sag dir nicht, von wem ich es habe.«

»Also?«

»Gut. Eine Frau, die über die Sache Bescheid weiß, hat mir gesagt, dass man K. an der Gare du Nord gesehen hat und dass er dich sucht. Er will dich kaltmachen! Andere sagen, dass dir das recht geschieht, du hast es ja so gewollt, dass alle über dich drübergerutscht sind – außer der S-Bahn!«

»So! Bring mir diese Schlampe, die dir das gesagt hat!«

»Die Sache ist heiß, du musst aufpassen. Was willst du jetzt tun?«

»Erst mal mache ich diese Schlampe fertig, die das rumerzählt. Und dann erkundige ich mich, ob K. wirklich draußen ist. Ich kenne jemanden, der mir das sagen kann.«

Ich glaube ihre Geschichte! Sie hat alles hineingemixt – Spannung und Geheimnistuerei und alles, was meine Angst richtig anfacht. Sie spielt mit meinen Nerven. Und ich stecke so tief in meinem Albtraum, dass ich voll auf diesen miesen Trick reinfalle. Sie spielt mit mir »die Eingeweihte«, sie will mir die Namen der Leute nicht sagen, die geredet haben.

»Du kennst sie nicht.«

»Das macht nichts, sie kennen mich ja auch nicht. Doch das hindert sie nicht daran, über mich zu sprechen!«

»Red doch keinen Mist! Ich sage dir das, weil ich dir helfen will. Ich bin deine Freundin«, sagt diese Schlampe.

Dieses Luder gängelt mich, mehrere Tage lang spielt sie mit mir. Sie präsentiert mir ein Chaos, das unmöglich zu entwirren ist. Nach ewigen Fragen spuckt sie schließlich den Namen eines Mädchens aus, das über mich gesprochen hat. Ich verabrede mich mit ihnen am Wehr von Saint-Denis, da sollen sie mir alles erklären.

Irgendwas in meinem kleinen Kopf sagt mir, dass ich nicht allein hingehen sollte. Zwei Freundinnen und ein Kumpel begleiten mich für den Fall, dass es ausartet. Zum verabredeten Zeitpunkt kommt natürlich niemand. Ich warte. Doch die Zeit wird mir zu lang, und ich gehe zum Haus des Mädchens. Sie führt mir ein richtiges Theater vor. Sie sagt, sie hätte Stress mit ihrem Kerl, vor drei Monaten hätte er sie rausgeschmissen, und ganz zufällig wollte sie heute Abend ihre Klamotten, ihre Vorhänge und ihr Zeug holen. Das stinkt nach Lüge, ich kann es in ihrem Blick lesen, mit dem sie mir ausweichen will.

»Ich hab Stress mit Vidad, er will alles aus dem Fenster werfen, ich muss hin!«

Eine Wahnsinnsgeschichte, die sie mir da erzählt!

»So, so. Dann kommen wir mit, falls es Stress gibt. Danach regeln wir die Sache! Ich weiche keinen Schritt! Solange diese Sache nicht geregelt ist, weiche ich keinen Schritt.«

Sie rastet fast aus, sie ist völlig angepisst. Sie hat gedacht, sie könne mich mit ihrer billigen Geschichte loswerden. Wir gehen also zusammen zu ihrem Kerl, der hundert Meter entfernt wohnt. Zufällig ist es Moniques jüngerer Bruder. Wie klein die Welt doch ist!

Vor dem Haus stelle ich fest, dass alles normal ist, er hat nichts aus dem Fenster geworfen. Sie klingelt und geht hoch. Wir warten unten und rauchen so lange eine kleine Tüte. Nach einer Viertelstunde höre ich Hilferufe durch die Sprechanlage, es ist die Stimme dieser blöden Kuh. Ich gehe mit meinem Kumpel rauf, um zu sehen, was da los ist, und ihr im Notfall zu Hilfe zu kommen.

In der Wohnung hebe ich erst mal einen Hammer vom Boden auf und verstecke ihn hinter meinem Rücken. Ich traue dieser Schlampe keinen halben Meter über den Weg. Im Wohnzimmer bietet sich mir eine total abgefahrene Szene, ein Megaspektakel à la 93. Département! Die neue Tuss von Moniques Bruder hat sich unter dem Tisch versteckt und brüllt herum, Moniques Bruder schlägt auf seine Ex ein, diese ätzende Kuh, die den Mund nicht halten konnte. Sie klammert sich an ihren Klamotten fest und schreit um Hilfe. Ihr Bruder taucht plötzlich auf und versucht ganz ruhig, die beiden zu trennen. Ein Irrenhaus! Ich könnte brüllen vor Lachen, aber das ist jetzt nicht der richtige Zeitpunkt.

Ich habe das Gefühl, dass das Ganze inszeniert ist, denn es fehlt dem Stück völlig an Überzeugungskraft. Diese Tuss spielt nur Theater, damit sie nicht mit mir reden muss!

Ich gehe trotzdem dazwischen, man weiß ja nie.

»He, was machst du da? Lass sie los!«, sage ich mit meiner Furcht einflößendsten Stimme.

»Was hast du bei mir zu suchen? Hau ab!«, schnauzt Moniques Bruder mich an.

»Halt's Maul! Lass sie los, oder du kriegst den Hammer in die Fresse! Und du, du Schwuchtel, du rührst keinen Finger und schaust zu, wie deine Schwester zusammengeschlagen wird? Was ist das hier? Ein Irrenhaus?«

In diesem Moment taucht Moniques Schwager auf und richtet eine Waffe auf mich. Ich frage mich, was mein Kumpel macht, denn seit über einer halben Stunde habe ich ihn nicht mehr gehört. Den Schwager kenne ich schon lange, schon aus der Zeit, bevor er Moniques Schwester geheiratet hat. Die Ghettos sind Dörfer, jeder kennt jeden.

»He, Bachir! Kennst du mich nicht mehr?«

»Das ist mir scheißegal! Verschwinde!«

Die Waffe ist abschreckend genug. Vorsichtig lege ich den Hammer auf den Boden und gehe rückwärts aus der Wohnung, dennoch schnauze ich diese blöde Schlampe noch an: »Dich vergesse ich nicht! Ich warte unten. Und wenn es sein muss, die ganze Nacht!«

Da kommt die Fortsetzung: Monique in Begleitung ihrer Eltern. Die Eltern hatte ich erst gar nicht gesehen, sie hielten sich im Hintergrund, um zu sehen, was ich mache. Diese Scheißleute! Monique kommt allein auf mich zu und will ins Haus.

»Was war los, Monique? Du bist gar nicht zum Treffen gekommen. Aber egal. Ich habe den ganzen Abend Zeit und dann ficke ich dich, du blöde Fotze!«

»Hast du ein Problem, du kleine Schlampe?« Moniques Vater kommt auf mich zu. Er hebt sein T-Shirt hoch und zeigt mir die Knarre, die an seiner Wampe im Hosenbund steckt.

»Aha, heute ist wohl großer Knarren-Abend! Okay, für heute hast du gewonnen. Aber, du hast ja gesehen, dass ich nicht locker lasse. Du kannst aufkreuzen, mit wem du willst – ich lasse nicht locker, das schwöre ich dir beim Leben meiner Mutter, du Hure!«

Das war's für Monique, sie geht ins Haus.

»Wir rufen die Bullen, dann werden wir ja sehen, ob du locker lässt, du kleine Schlampe!«, sagt der Vater und folgt seiner Frau und seiner Tochter ins Haus.

»Ruf sie doch! Dann kann ich ihnen auch sagen, was du unter deinem Hemd hast, du Arschloch!«

Ich habe nicht die Absicht, locker zu lassen. Ich spüre, dass an dieser Geschichte etwas oberfaul ist. Ich warte vor dem Haus. Ich sehe, wie sie mich aus den Fenstern beobachten. Wenn ich nach oben schaue, verziehen sie sich.

Zehn Minuten später tauchen ein paar Typen auf. Offenbar hat Monique sie bestellt. Pech für sie, dass ich alle kenne, wir sind zusammen in die Schule gegangen.

»Hey! Ewig nicht gesehen! Wie geht's denn so, was machst du?«

»Nichts Besonderes.«

»Eine Freundin hat mich angerufen, sie hat hier irgend 'nen Stress. Aber nicht zufällig mit dir, oder?«

Monique regt mich langsam echt auf! Schleppt hier tausend Leute an und selbst versteckt sie sich! Während mein Kumpel mit einem der Jungs redet, sage ich leise zu einer meiner Freundinnen, sie soll zum Wohnblock gehen und meinen Cousin und seine Kumpels holen. Sie soll auch meiner Mutter Bescheid sagen. Nachdem Monique ihre Eltern mitgeschleppt hat, möchte ich auch meine Mutter dabei haben.

Ich unterhalte mich weiter mit den Jungs. Es ist klar, dass sie nicht die geringste Lust haben, sich mit mir zu zoffen, vor allem, als ich ihnen erkläre, warum ich hier bin.

»Diese Geschichte geht echt schon lange! Das müssen jetzt fünf oder sechs Jahre sein, oder?«

»Allerdings! Aber es gibt eben Fotzen, die sich das Maul zerreißen. Sie reden über mich, dabei kannte ich sie damals noch gar nicht. Sie gehen mir mit ihrem Getratsche auf den Zeiger! Erst wollte ich nur mit dieser Kuh reden, aber jetzt, wo Monique euch reingezogen hat, werde ich beide fertig machen!«

Sie glaubt wohl, sie kann mir mit ihren zehn Kerlen Angst einjagen! Sie wird erstaunt sein, wenn sie sieht, was da noch kommt! Mein Cousin bringt nicht nur zehn Kerle, er bringt eine ganze Meute Jungs aus drei verschiedenen Vierteln. Und im Nu stehen an die vierzig Leute vor dem Haus.

Ich klingle und schreie in die Sprechanlage: »He, du Schlampe, du hattest doch ein paar Leute für mich bestellt – sieh mal aus dem Fenster!«

Ich erzähle meinem Cousin, was los ist, sage aber nichts von den Knarren. Ich will auf keinen Fall, dass die Sache ausartet und man auf ihn schießt. Ich habe ein bisschen Angst vor der Wendung, die die Geschichte nehmen könnte. Nun steht ein ganzer Trupp vor dem Haus. Eigentlich hat keiner Lust, sich zu schlagen, sie wollen vor allem verstehen, worum es geht.

»Und ich dachte, du wolltest die Wohnung hochnehmen!«

»Ah ja? Hat dir das diese Schlampe gesagt? Sie erzählt, was sie will. Ich bin hier, um die Gerüchte zu beenden, die Monique und ihre Freundinnen in die Welt setzen, um mir Angst zu machen. Als ich hier ankam, haben mir erst mal ihr Schwager und ihr bescheuerter Vater ihre Knarren gezeigt! Dann schleppt sie hier eine ganze Bande an! Und jetzt muss ich auch noch erfahren, dass ich angeblich ihre Bude hochnehmen will! Das ist echt die Härte! Dieser Schlampe graust wirklich vor nichts!«

Monique hat also rumerzählt, ich wollte in die Wohnung ihres Bruders einbrechen. Deshalb ist wohl auch ihr Vater mit seinem Spielzeug da. Ich bin total baff von so viel grundloser Böswilligkeit und Gehässigkeit. Was habe ich ihr denn getan?

Da kommt meine Mutter. Sie ist ziemlich wütend

und macht den Burschen Angst, keiner hat sie kommen sehen.

»Wer will hier was von meiner Tochter?«, schnauzt sie die Jungs an.

»Ich nicht, Madame!«

»Ich auch nicht, Madame!«

Meine Mutter geht rauf ins Haus, sie will mit Moniques Eltern reden und meinen Cousin beruhigen. Ich will nicht mitgehen. Ich habe keine Lust, mein ganzes Leben zu erzählen und von den Vergewaltigungen zu sprechen! Das ist peinlich. Ich will nur eins: Ich will diesen beiden Schlampen, die sich da oben verstecken, ihre Rattenfressen einschlagen!

Meine Mutter bittet mich durch die Sprechanlage, hochzukommen. Der Treppenabsatz ist voller Leute, es herrscht feierliche Stille. Alle hören meiner Mutter zu. Sie spricht von mir, sie erzählt meine Geschichte, sie erzählt von den Qualen, die ich seit all diesen Jahren ausstehe. Keiner wagt es, sie zu unterbrechen. Ich bin sprachlos. So habe ich sie noch nie von mir reden hören! Sie benutzt Wörter wie »Vergewaltigung«, »Leid«. Zum ersten Mal verteidigt sie mich. Ich bin völlig verblüfft zu hören, was sie von mir denkt, und so gerührt von dem, was sie da tut, dass ich am liebsten heulen würde. Auf einmal habe ich gar keine Lust mehr, die beiden Schlampen zu verprügeln.

»Seit mehr als zwei Monaten ruft Monique bei Sam an und sagt, ihr Vergewaltiger sei aus dem Gefängnis entlassen und sie solle aufpassen. Das Schlimmste lasse ich hier aus … Monique spielt mit Sams Nerven und mit ihren Qualen! Ich wünsche

Ihrer Tochter wirklich nicht, dass ihr das Gleiche passiert!«

Scheiße! Meine Mutter hat mich ausgetrickst! Ich bin ganz durcheinander.

»Wir wussten davon nichts, Madame. Wir dachten, Ihre Tochter wollte mit ihren Kumpels hier einbrechen; das hat Monique gesagt. Es tut uns wirklich schrecklich Leid ...«

Moniques Mutter geht zu ihrer Tochter und verpasst ihr eine schallende Ohrfeige. »Ich wusste schon immer, dass du eine Schlampe bist, aber das geht zu weit! Von nun an setzt du keinen Fuß mehr vor die Tür, diese Sache regeln wir zu Hause!«

Für die anderen ist damit die Geschichte zu Ende. Für mich nicht. Ich hege so einen schrecklichen Groll, dass ich mir schwöre, dieser Schlampe den Schädel einzuschlagen – egal, wo, egal, wann, egal, wie lange ich auf diese Gelegenheit warten muss. Sie geht mir nie ganz aus dem Kopf; wohin ich auch gehe – ich lauere immer auf sie.

Drei Jahre später bietet sich mir die Gelegenheit. Beim Einkaufen im *Carrefour* treffe ich sie. Ich stehe gerade vor dem Regal mit den Gemüsekonserven, als ich sie sehe. In aller Ruhe stelle ich meinen Einkaufswagen ab und gehe auf sie zu.

»He, Monique, wie geht's?«

»Ah! Gut. Und dir? Schön, dich zu sehen!«, sagt sie mit einem breiten Lächeln.

Sie ist wirklich total daneben!

»Ach ja? Du fragst mich, wie es mir geht – und lächelst auch noch breit! Du hast wirklich ein ziemlich schlechtes Gedächtnis.«

Sie hat keine Zeit für eine Antwort. Ich haue ihr voll eine in die Fresse.

»Erinnerst du dich jetzt? An den Streit?«

»Das war ich nicht! Das war mein Bruder, er hat ...«

Ich lasse sie nicht ausreden. Sie fängt gleich noch eine.

»So, jetzt ist es dein Bruder! Oder vielleicht war es deine Großmutter?«

Wumm! Das haut rein! Ich schlage ihr noch einmal voll eine auf die blutende Nase und verpasse ihr noch eine Ohrfeige. Ich will gehen, da meint sie: »Das ist noch nicht das Ende!«

Aha! Klar. Ganz ruhig drehe ich mich wieder um, nehme im Gehen eine Dose Erbsen und Karotten und sage immer noch ganz ruhig: »Hör mal zu, du Miststück, du kannst anbringen, wen du willst – deine ganze Familie, von mir aus auch das ganze 93. Département, wenn's dir Spaß macht. Mir ist das scheißegal. Klar? Ich mache deine Familie platt, ich ficke sie einen nach dem anderen! Und das – das ist für deine große Klappe!«

Und wumm – kriegt sie die Dose voll auf die Nase. Das Blut tropft. Ich sollte verschwinden, sonst endet das noch auf dem Revier. Um nicht aufzufallen, hole ich in aller Gelassenheit meinen Einkaufswagen und gehe zur Kasse.

Scheiße! Ich zittere am ganzen Leib, meine Beine tragen mich kaum mehr, mein Herz schlägt zum Zerspringen. Außerdem habe ich eine Scheißbeule an der Stirn, das Ergebnis von zwei Schlägen ins Gesicht. Ich tue so, als würde ich meine Einkäufe prüfen, und inspiziere die Umgebung. Ich war wirklich gnadenlos zu ihr. Ich hab ihr die Rattenfresse ganz schön poliert! Sie hat wirklich ein Rattengesicht, kleine schwarze Knopfaugen, eine spitze Nase und Nagezähne. Und diesem Rattengesicht habe ich gerade gratis eine Gesichtsoperation verpasst! Da braucht sie sich also gar nicht beschweren!

»Entschuldigung – haben Sie diese junge Frau gerade geschlagen?«

Scheiße! Der Detektiv! Ich habe ihn gar nicht kommen sehen! Da hilft nur noch die dreiste Tour.

»Ja, das war ich. Tut mir Leid, dass es hier im Laden passiert ist. Dieses Mädchen hat mir vor zwei Jahren Kerle geschickt, die mich zusammenschlagen sollten. Das Ende vom Lied: zwei Wochen Krankenhaus. Ich habe mir geschworen, dass ich mich räche, wenn ich sie wieder treffe. Und jetzt habe ich sie gerade wieder getroffen und ich habe mich gerächt.«

»Aber Sie haben sie ja blutig geschlagen!«

»Sie haben nicht gesehen, wie ich vor zwei Jahren ausgesehen habe!«

Der Detektiv begreift, dass es sich hier um die Begleichung einer Rechnung unter Frauen handelt. Er hat keine Lust, sich einzumischen. Er lächelt und nickt. Offenbar findet er es amüsant, wenn sich zwei Frauen schlagen.

»Sie sind wohl ziemlich reizbar. Nun gut, bezahlen Sie schnell und gehen Sie!«

»Okay, ich beeil mich. Danke, Monsieur!«

Uff! Da hatte ich ja ein Schweineglück! Kaum zu glauben! Natürlich kann sie mich immer noch anzeigen und mir die Bullen auf den Hals hetzen.

Zwei Tage später treffe ich sie wieder wie zufällig im Bus. Sie versteckt sich hinter einer Sonnenbrille, aber ihr Gesicht strahlt in allen Regenbogenfarben. Von Blau über Purpur und Dunkelviolett zu Gelb! Ich erkenne sie kaum wieder! Ich gehe an ihr vorbei und muss ihr einfach noch eine reinwürgen: »Halt bloß still, sonst mache ich das Gleiche noch mal!« Dann setze ich mich neben die Tür und fixiere sie, bis sie schließlich aussteigt.

Ich weide mich an meiner Rache und meiner »großen Macht«. Ein bisschen bescheuert zwar, aber immerhin Macht! Dennoch bin ich nicht besonders stolz auf mich. Mich erschreckt die Gewalt, die mich beherrscht. Ich weiß, dass ich nur dem Gesetz des Ghettos gehorche und meinen Ruf retten will, koste es, was es wolle. Sicherlich hätte ich besser meinen Verstand einsetzen sollen als meine Fäuste, aber dieser skrupellose Kampf mit all den Drohungen und all dem Gerede hatte damals alle Grenzen des Erträglichen gesprengt.

Lyes hatte mir damals überhaupt nicht geholfen, das hat mich auch verletzt. Ich hätte jedoch wissen müssen, dass ich von ihm nichts erwarten kann; das hatte er ja schon zur Genüge bewiesen. Aber er war der Grund für diese ganze Geschichte. Monique wollte ihn nämlich eines Abends anmachen, aber das hat nicht geklappt – und dann hat sie sich ganz einfach an mir gerächt. Lyes ist lieber neutral geblieben, er hat gemeint, das sei ein Streit unter Frauen und ich würde fantasieren! Außerdem, das erfuhr ich später, war Monique auch auf mich sauer, weil sie es nicht ertragen konnte, dass ich mich mit ihrem damaligen Freund Fabrice so gut verstanden habe.

Durch diese Geschichte verändert sich meine Haltung gegenüber Lyes. Er will nicht hören, dass ich mir wegen seiner fehlenden Unterstützung betrogen vorkomme. Seiner Meinung nach bilde ich mir alles nur ein. Ich bringe es nun richtig hart. Es ist ein täglicher, erbarmungsloser Kampf. Ich behandle ihn, wie meine Mutter mich behandelt hat, ich wende die gleiche Taktik an. Ich tyrannisiere ihn ständig. Und er nimmt sich immer mehr raus. Er verschwindet nun ganze Wochen lang und sagt, er sei raven …

19 Geliefert

Nach dem Jahr als Sekretärin bin ich ein paar Monate arbeitslos, dann finde ich einen Ausbildungsplatz als Animateurin in Ferienclubs. Das gefällt mir total gut. Die Arbeit ist mir wie auf den Leib geschneidert – Fremdsprachen, Tanzen, Singen, Theater, Malen. Die Ausbildung dauert sechs Monate, sie umfasst Spieleabende mit Lotterien oder Bingo, Aufführungen, die Pflege der Kundenbeziehungen und Gesellschaftstänze, Choreografien, Sketche und Bogenschießen – das ganze Spektrum eines guten Gruppenanimateurs.

Sabrina, die Ausbildungsleiterin, glaubt an mich und unterstützt mich sehr. Sie hat eine Schwäche für mich und drückt immer ein Auge zu, wenn ich zu spät komme oder ganz fehle. Mit ihrer Hilfe entdecke ich, dass ich komisches Talent habe, und sie zeigt mir ein ganz positives Bild von mir selbst, ein anderes als das Bild des »Görs«, das ich immer mit mir herumgetragen habe.

Und dann passiert etwas ganz Unverhofftes, Unvorstellbares, Wunderbares. Auf unsere Gruppe trifft die Wahl, im Théâtre Trévise den *Satiricon* von Petronius aufzuführen. Wir spielen in Kostümen und Masken, wir arbeiten Gestik und Mimik aus. Ich bin total begeistert. Ich lerne, wie man ein richtiges Stück inszeniert – Kulissen, Beleuchtung, Kostüme … Ich schwimme im Glück, ich merke gar nicht, wie die Stunden vergehen. Spätabends komme ich heim und schlafe erschöpft ein. Zwei Monate zuvor bin ich nur rumgehangen, nun habe ich höllisch volle Tage. Tagsüber die Ausbildung, abends zwei Vorstellungen. Ich habe gar keine Zeit mehr, über Lyes nachdenken und im Leid zu versinken. Im Theater kann ich neue Beziehungen aufbauen und ihn vergessen. Ich entdecke das Leben in der Gruppe, ich lache, wie ich noch nie gelacht habe. Diese Erfahrung ist absolut stark! Es ist wie ein Traum für mich. Noch nie habe ich so viele schöne Sachen erlebt und ich kann gar nicht glauben, dass es das gibt!

Eines Tages lassen wir alle zusammen den Abend in einer Karaoke-Bar in der Nähe der Opéra ausklingen. Zum ersten Mal gehe ich ohne Angst aus. Ich fühle mich leicht und sorglos. Ich bin mit tollen, normalen Leuten zusammen. Das ist eine ganz andere Welt, und ich fühle mich total wohl! Natürlich habe ich meine kleine Clique in der Gruppe – so ein paar verrückte Wilde wie ich. Denen, die nicht in Paris wohnen, biete ich am Ende des Abends an, bei mir zu schlafen. Anita, Fatou, Abdel und Yanis kommen mit. Wir verbringen einen schönen Abend und sind in bester Stimmung. Wir reden und lassen Joints herumgehen. Anita und Fatou sind total zu und schlafen ein. Ich rede noch mit Abdel und Yanis weiter. Abdel ist fünfundzwanzig, er kommt aus Lille und ist ganz anders drauf als die Leute aus dem Ghetto, er ist offen und humorvoll. Es macht total Spaß, sich mit ihm zu unterhalten. Yanis ist achtzehn, er ist der schöne

Jüngling der Truppe. Bevor er diese Ausbildung angefangen hat, hat er bei der Jugendmannschaft von Paris-Saint-Germain gespielt. Wegen einer Knieverletzung musste er aber aufhören. Er ist ein richtiger Charmeur und macht alle Frauen in der Gruppe an. Bei mir hat er es auch versucht und eine glatte Abfuhr bekommen. Ich kann ihn nicht ernst nehmen, wenn er vor allen seine Schau abzieht. Auch an jenem Abend erhasche ich immer wieder einen Seitenblick von ihm, bin aber nicht auf der Hut.

Anita ist neben Abdel eingeschlafen, Fatou liegt auf dem Sofa. Die drei schlafen tief und fest, und ich will sie nicht wecken. Also bleibt nur eine Lösung: Ich muss mein Bett mit Yanis teilen.

Ich stelle die Sache klar: »Du bleibst auf deiner Seite. Okay?«

Ich habe den Verdacht, dass Yanis und Abdel dieses Schelmenstück eingefädelt haben. Ich bin also auf alles gefasst, nur nicht auf das, was Yanis mir vorsäuselt:

»Ich weiß nicht, wie ich anfangen soll ... Ich wollte dir sagen .... Ich weiß, dass man dir nichts vormachen kann ... Ich weiß gar nicht, wie ich es dir sagen soll ... Du machst so einen tollen Eindruck auf mich.«

»Yanis, fang nicht so an!«

»Hör mir doch zu! Meiner Meinung nach bist du die Einzige, die auf der Bühne brilliert! Ich weiß – für dich bin ich nur ein Kind, weil ich erst achtzehn bin!«

»Und deine Glanznummer mit den Frauen im Theater? Was ist damit? Du hältst mich wohl für eine dumme Gans! Also, hör auf, du kannst mir nichts vormachen!«

»Ich musste mich ja bedeckt halten. Ich habe Lust, dich besser kennen zu lernen. Bei der Vorstellung schaue ich dich wie verzaubert an. Ich will dir beweisen, dass ich kein Kind mehr bin! Der Altersunterschied ist doch egal. Ich meine es ernst, Sam. Ich finde alles toll an dir. Dein Lächeln, dein Haar, deine Augen. Deine Augen sind echt der Wahnsinn! Und deine Art ist auch der Wahnsinn! Ich liebe alles an dir, Sam!«

»Weißt du, Yanis, mein Leben ist kompliziert ... Na gut, ich denke darüber nach, aber jetzt wird geschlafen. Einverstanden?«

»Sam, ich bin kein Scheißkerl. Glaub mir!«

Wow! Das habe ich auch noch nie erlebt. Noch nie hat mir jemand eine Liebeserklärung gemacht, eine echte Liebeserklärung, wie im Kino! Ich bin ganz durcheinander, völlig von der Rolle. Diese Zärtlichkeit bringt mich ganz aus der Fassung, ich bin ja nur an die Umgangsformen und die Sprache von Wilden gewöhnt. Alle Spießerinnen aus dem Theater laufen ihm nach, und er will ausgerechnet Sam, das Mädchen von der Straße! Ich kann gar nicht glauben, dass ich solche Gefühle bei jemandem auslösen kann.

Seit mehr als zwei Monaten habe ich Lyes nicht mehr gesehen. Ich bin müde, ausgelaugt von allem, was ich mit ihm durchmachen musste. Ich weiß, dass er sich nicht ändert. Sein Leben besteht darin, sich mit seinen Kumpels zu amüsieren und Geld zu verjubeln.

Ich will kein Leben, wo ich dauernd auf meinen Kerl warten und fürchten muss, dass man ihn von einem Tag auf den anderen einlocht. Und ich will in diesem miesen Vorort keine Kids haben. Ich will nicht das wiederholen, was meine Mutter vor zwanzig Jahren erlebt hat.

Das ist mir bei meinen Besuchen bei Freundinnen, Yasmine, Lydie und Sandrine, klar geworden. Yasmine hat eine bezaubernde kleine Mischlingstochter, Shana. Sandrine ist schwanger. Alle vier haben wir kein Glück in der Liebe, wir laufen hinter unseren Kerlen her, und die laufen hinter dem Geld her. Wir sind die ganze Zeit damit beschäftigt, sie zu suchen, uns zu fragen, was sie wohl tun und mit wem sie es tun. Wenn sie abends die Güte haben heimzukommen, gibt es Zoff ohne Ende, denn wir haben kein Recht, uns zu beklagen. Aus Liebe akzeptieren wir diesen Zustand, wir geben klein bei und bleiben bei ihnen.

In diesem Scheißvorort sind alle Jungs gleich. Lyes ist das gängige Modell. »Gute« Jungs sind die Ausnahme. Die Freunde von Yasmine und Sandrine sind wegen gemeinschaftlicher Vergewaltigung im Bau. Sie waren mit einer »Schlampe«, wie sie sagen, in einer Wohnung – sie hätte sie scharf gemacht, und sie konnten nicht widerstehen ... So, so! Dieses Lied kenne ich!

Früher einmal hatte ich mit diesen Typen geredet, rumgealbert und schöne Momente erlebt – und sie sind fähig, ein Mädchen zu vergewaltigen und ihr auch noch die Schuld an der Tat zu geben! Das widert mich an. Wem kann man denn überhaupt noch trauen? Ich sage Yasmine und Sandrine nicht, was ich denke. Sie sind von der Unschuld ihrer Freunde überzeugt, sie hinterfragen nichts. Die Kerle sind nicht schuld – das Mädchen wollte es so! Sie denken nur daran, wie sie ihre kleinen Arschlöcher aus dem Gefängnis holen können, und machen sich deswegen ganz verrückt. Die eine schwanger, die andere hat schon ein Kind. Sie arbeiten doppelt, um den Anwalt zahlen zu können, alle paar Wochen schicken sie Überweisungen für die Einkäufe der Herren, zweimal die Woche nehmen sie die Fahrt in den Knast auf sich und besuchen sie. Prima – mit Kindern und Kinderwagen und Taschen voller sauberer Wäsche nach Bab el-Oued City und mit Schmutzwäsche zurück. Sie müssen ihnen Post schicken, aber wenn möglich lustige Briefe, um die Herrschaften nicht zu demoralisieren. Sonst ziehen sie während der ganzen Besuchszeit ein Gesicht. Das ist eine Scheiße!

Ich glaube nicht, dass das Leben im Knast schön ist, doch diese Häftlinge werden moralisch und finanziell von ihren Frauen unterstützt. Und während sie im Loch sind, leiden die Frauen unsägliche Not. Sie haben keine Freiheit mehr, sie nehmen alles auf sich – Schwangerschaften, Geburten, Kindererziehung, Lebensunterhalt, Miete, Überweisungen, Anwälte. Sie rennen wie die Verrückten herum und machen den Mist wieder gut, den ihre Männer gebaut haben. Sandrine und Yasmine erinnern mich an meine Mutter, und an der kleinen Shana sehe ich, wie es mir als Kind ergangen ist. Die gleiche Geschichte. Auf so ein Leben habe ich keine, aber auch gar keine Lust! Ich will keinen Kerl, der im Gefängnis ein und aus geht. Ich will nicht ständig zu Anwälten rennen. Ich will nicht die wöchentlichen Treffen von Angesicht zu Angesicht im Besucherraum, die Kinder in Sonntagskleidern auf den Knien. Ich will nicht in dieser Spirale gefangen sein, die Sandrine und Yasmine als Leben zu erwarten haben.

Ich will einen ganz normalen Kerl, einen, der abends nach Hause kommt, der mit mir spricht, mich schön findet und sich für die Erziehung seiner Kinder interessiert. Eben einen ganz normalen Mann. Den gibt's doch, oder?

Ich will vergessen, woher ich komme, ich will mein Leben ändern. Lyes ist in einer Mühle gefangen, aus der er nie wieder herauskommt. Sein Motto treibt ihn täglich weiter an die Grenze: »Fertig machen, bevor man selbst fertig gemacht wird!« Ich will das nicht mehr mitmachen. Ich habe es satt, dass mein Leben nur aus Tränen besteht. Ich will interessante Leute treffen, Leute, die mich respektieren, die mir helfen zu wachsen, die mein Leben zum Schönen hin ändern.

Abends bei der Vorstellung lässt mich Yanis hinter seiner Maske nicht aus den Augen. Er sendet mir stumme »Ich liebe dich«, ich empfange sie und bin glücklich. Tagsüber ist er die Aufmerksamkeit in Person, er ist nett, lustig, charmant und fürsorglich. Seine Reife lässt mich sein Alter vergessen. Ein ähnliches Gefühl hatte ich bislang für keinen Mann. Ich ertrinke in Zärtlichkeit und Liebe, das macht mir Angst. Das ist sicherlich zu schön für mich! Ich warte nur auf eine Ohrfeige nach dem Motto: »Ich hab Madame Stur aufs Kreuz gelegt!«

Ich habe Angst, Yanis zu besudeln. Er ist so schön, so normal und so nett. Und ich komme aus so einer verruchten, verderbten, dreckigen Welt. Ich habe auch Angst vor Lyes' Drohungen. Ich bin seine Frau, also bin ich sein Eigentum, und so einfach lässt er mich nicht gehen. Das hat er zwar nie so deutlich gesagt, aber ausreichend oft angedeutet.

Eines Abends nach der Vorstellung beschließe ich, Yanis zu glauben und mich blind in diese neue Geschichte zu stürzen, die sich mir bietet. Ich lade ihn zu mir ein und hoffe, dass Lyes nicht die unselige Idee hat, nach drei Monaten Abwesenheit genau an diesem Abend aufzutauchen.

Nach dieser gemeinsamen Nacht ist mein Leben ein einziges Glück. Tag für Tag. Yanis überschüttet mich mit Liebe. Ich entdecke die wunderbarsten Gefühle. Mit einem Mal sind diese albtraumhaften Jahre mit Lyes wie weggefegt. In Yanis' Armen vergesse ich alles. Mit ihm bin ich eine Frau, bei ihm bin ich schön, auch wenn ich schlafe. Er weckt mich mit Küsschen und Rosensträußen und bringt mir das Frühstück ans Bett. Er führt mich in Restaurants aus, und manchmal finde ich unter meiner Serviette eine kleine Überraschung.

Mit ihm lächelt mir das Leben zu. Im Theater haben wir ein kleines Versteck gefunden, dort können wir uns vor der Vorstellung treffen. In dieser kleinen

Ecke, die niemand kennt, glüht unsere Liebe. Wir müssen immer reden, uns berühren, uns spüren, uns umarmen. Wir lassen uns nicht mehr los.

Eines Abends bringt Karima, eine Praktikantin, Fatou, Yanis und mich nach Hause. Auf dem Rücksitz umarmt mich Yanis, wir hören Musik, und ich sehe gedankenverloren die anderen Autos vorbeifahren. Plötzlich sehe ich Lyes mit seinen Kumpels in einem Auto auf unserer Höhe. Er dreht den Kopf und sieht mich auch. Er hupt wie blöd, offenbar ist er sauer. Ich kann an seine Lippen lesen: »Aha! Jetzt bist du geliefert!« Er fixiert mich und fährt sich mit dem Daumen über die Kehle, als wollte er sie durchschneiden. Bei uns heißt das »das kabylische Lächeln«. Mir läuft es eiskalt über den Rücken. Karima beschleunigt und hängt ihn ab.

Von diesem Tag an habe ich keine ruhige Minute mehr. Ich erwische ihn dabei, wie er am Theater rumhängt, ich bekomme anonyme Anrufe, überall muss ich auf der Hut sein. Dennoch will ich ihn auf keinen Fall wiedersehen, und das spürt er.

Yanis und ich müssen unsere schöne Liebesgeschichte beenden. Nach dem Stück geht ein jeder in einen anderen Winkel der Welt und macht sein Praktikum als Animateur. Ich wage gar nicht, an die Zeit nach Yanis zu denken, in vollen Zügen genieße ich die kurze Zeit, die uns noch bleibt. Er verspricht, mich nicht zu vergessen, mir zu schreiben, mich jeden Tag anzurufen. Er macht Zukunftspläne, spricht davon, was wir in drei Monaten machen, wenn wir vom Praktikum zurück sind. Ich lächle nur, ich sage nichts. Er legt die ganze Begeisterung seiner achtzehn Jahre in seine Worte und macht sich dabei nicht klar, dass wir uns während des Praktikums verändern werden. Drei Monate sind kurz, aber es kann eine lange Zeit sein.

Ich mache mein Praktikum in den Savoyen, in Saint-Jean-de-Maurienne. *Les Carlins* ist ein Club-Hotel mit sehr familiärer Atmosphäre. Die Arbeit macht mir total Spaß, die Crew ist super. Michèle, die Leiterin, ist witzig, sympathisch und sie hat Ahnung. Ich lerne viel von ihr. Tagsüber schneidern wir Kostüme und bauen die Kulissen für die Sketche am Abend. Manchmal verkleiden wir uns als Leute von den Antillen und treffen die Gäste auf einen Punsch auf der Piste. Zweimal wöchentlich gibt es einen Themenabend mit dem entsprechenden Essen, das geht vom Strandpicknick über Orientalische Nächte bis hin zu Außerirdischen Diners und Vampir-Partys. Wir müssen dazu den Speisesaal dekorieren, wir müssen immer wieder neue Ideen haben, Kulissen bauen und bemalen. Beim Alpen-Abend hänge ich im Speisesaal in einem Gurt von der Decke …

Wir machen alle möglichen Vorführungen. Wir denken uns Sketche aus und haben unvergesslichen Spaß. Fred, Stephan und ich sind immer dabei, wenn es darum geht, die Deppen auf der Bühne zu spielen, und wir denken uns die Wahnsinnssketche aus, die Michèle und das Team völlig begeistern. Wir arbeiten richtig zusammen; so etwas ist selten. Auch die Gäste sind nett, manche haben gesagt, dass mein Lächeln und meine Freundlichkeit ihre Ferien verändert haben. Das finde ich lustig, ich habe den Eindruck, sie reden über eine andere. Der einzige Misston, wenn ich das sagen darf, sind die Karaoke-Abende. Ich singe wie eine Gießkanne, und Michèle gibt mir dann lieber frei.

Doch ich helfe in der Bar, dann muss ich nicht schon auf meinem Zimmer Trübsal blasen und wieder und wieder Yanis' Briefe lesen. Er ist in Kenia – ein super Ort für ein Praktikum! Wenn er aufwacht, muss er nur rausgehen und steht in einem türkisblauen Meer voller bunter Fische. Doch er langweilt sich. Das Hotel ist schlecht besucht, und die Gäste sind ältere Herrschaften. Für eine Animation ist das nicht gerade das Gelbe vom Ei. Er hat so viel Zeit, wie er will, er kann von mir träumen und mir wunderbare, glühende und duftende Liebesbriefe schicken. Diese Briefe bringen mir das Glück. Ich finde es irre, so geliebt zu werden. Das habe ich noch nie erlebt. Er holt mir den Mond und die Sterne vom Himmel! Doch tief in meinem Inneren sagt mir eine leise, wachsame Stimme: »Er ist erst achtzehn, Sam! In diesem Alter bindet man sich nicht fürs ganze Leben. Pass gut auf, Sam!« Ich kenne das Leben mittlerweile, und an schöne Versprechungen glaube ich nicht mehr. Mit seinem Charme und seinem Talent ist Yanis sicherlich sehr umschwärmt, und alles kann sich ganz schnell ändern.

Nach dem ersten Praktikum geht es an einem anderen Ort weiter. Yanis geht nach Kreta, ich gehe auch nach Griechenland. Wir feiern das Wiedersehen der Liebenden bei mir zu Hause, aber irgendetwas ist anders geworden. Yanis hat sich verändert, er ist distanziert. Er hat nur noch seinen Praktikumsleiter aus Kenia im Kopf, der sein bester Freund geworden ist. Dieser Typ macht mir einen denkbar schlechten Eindruck. Er ist eine skrupellose Quasseltüte, der seine Gehässigkeit hinter Hyperaktivität versteckt. Meiner Meinung nach ist er auf Koks. Ich hüte mich allerdings, Yanis zu sagen, was ich denke, das nützt sowieso nichts, er steckt viel zu sehr in dieser Geschichte drin. Unsere Schicksale trennen sich, das ist unsere Abmachung. »Jeder geht seinen Weg …« Wir müssen uns wieder auf den Weg machen und, jeder für sich, die Urlauber unterhalten. Wir trennen uns in Athen, Yanis fliegt weiter nach Kreta, ich nehme den Bus in einen Ort, vierzig Kilometer von der Hauptstadt entfernt. Beim Abschied schluchze ich in seinen Armen wie ein kleines Mädchen. Während der Busfahrt heule ich, bis ich Kopfschmerzen habe. Willkommen in Griechenland!

In den letzten Monaten habe ich so viele tolle Sachen erlebt, und die Gruppe hat mir viel gegeben. Meine Ausbilder, vor allem Sabrina, haben mich voll unterstützt. Dennoch, und das ist ein Widerspruch in sich, dennoch schleppe ich weiter mein Päckchen mit mir herum und bekomme bei der kleinsten Widrigkeit hysterische Anfälle. Ich muss explodieren. Ich mache mir nicht klar, dass es meiner Arbeit schadet. Doch Sabrina besteht darauf, dass ich eine Chance bekommen soll. Sie glaubt an mich, und das tut mir richtig gut.

In Griechenland arbeiten wir Tag und Nacht.

Tagsüber machen wir Animation, abends bereiten wir Vorführungen vor. Ich mag diesen vollen Arbeitsplan, aber ich halte ihn nicht durch. Ich bin erschöpft, und das zeigt sich in häufigen epileptischen Anfällen, die auch immer heftiger werden und immer öfter aufeinander folgen. Ich versuche mit aller Kraft, mich zu halten, aber ich bin zu fertig. Die Leiterin will mich nach Paris zurückschicken, Sabrina setzt stattdessen durch, dass ich in ein kleines Hotel auf Zypern komme, wo es weniger Arbeit gibt.

Das Animations-Team dort ist sehr klein, Lucien, der Leiter, und ich. Später kommen noch seine Frau und zwei Praktikanten dazu. Die Atmosphäre ist mies. Lucien, ein ehemaliger Soldat, tut so, als sei er beim Militär. Er schreit die ganze Zeit herum und macht selber nichts. Mit den vorhandenen Mitteln versuchen wir, Animation zu machen. Luciens Frau kann nichts, keinen Sport, keine Spiele, keine Vorführungen, und die beiden Praktikanten tun so, als seien sie im Urlaub. Also: Ich mache alles. Ich will beweisen, dass ich die ganze Saison durchhalten kann. Wir haben dort ein paar gute Sachen, beispielsweise einen Roller, mit dem ich gut abhauen kann. Nachmittags mache ich Besichtigungen oder ich gehe an den Strand. Manchmal bin ich mit Aziz unterwegs, einem der Praktikanten. Er ist ein richtiger Gauner. Er rührt keinen Finger, aber windet sich immer elegant heraus. Einmal begleite ich ihn beim Shoppen. Wir ziehen durch die schicksten Läden. Aziz ist wahrlich kein Geizhals. Er schenkt mir sogar ein Paar *Timberland.* Großzügig, was? Das habe ich natürlich nicht abgelehnt.

Die Tage vergehen, die Gäste werden weniger. Ich bekomme mehr und mehr Lust auf eine Tüte, die Atmosphäre hier gefällt mir gar nicht. Ich erzähle eine Story vom Pferd und kann für drei Tage nach Paris fliegen und ein bisschen Dope besorgen. In Paris treffe ich Lyes, der mit allen Mitteln versucht, Geld zu machen. Ohne Geld dreht er völlig durch. Ich habe ihn noch nie so verzweifelt gesehen. Ich spüre auch, dass es ihm nicht gleichgültig ist, dass ich weg bin. Seine Art mir das mitzuteilen: Er fasst mir unter den Rock. Ein großer Romantiker!

Ich fliege wieder zurück nach Zypern, zu Lucien und seiner Scheißmaulerei und zu seiner dämlichen Kuh. Abends mache ich mir oft einen Obstsalat, das Obst kaufe ich bei einem reizenden alten Zyprioten. Ich setze mich zum Essen auf die Terrasse und danach genieße ich mein Tütchen. Ich betrachte die Sterne und spreche mit ihnen. In meinem benebelten Zustand habe ich das Gefühl, dass sie mir antworten, indem sie ein bisschen mehr funkeln, und das tröstet mich.

Eines Nachmittags nach meinem Aquabuilding-Kurs will ich mit dem Roller spazieren fahren. Die Frau von der Rezeption ruft mich und sagt, zwei Herren wollten im Büro mit mir sprechen. Im Büro sind Lucien, Aziz und zwei stämmige Typen mit buschigen Schnauzbärten. Sie fragen, ob ich auch die und die sei. Ich bejahe.

Ich erfahre, dass es zypriotische Bullen in Zivil sind. Ohne eine Erklärung bitten sie Aziz und mich, ihnen zu folgen. Sie bringen uns aufs Revier von Agia

Napa. Normalerweise gehe ich zum Tanzen nach Agia Napa, doch dieses Mal habe ich den Eindruck, dass sich hier ein Fest ganz anderer Art anbahnt. Auf dem Kommissariat sind nur Bärtige, wie eine griechische Fassung von *Midnight Express.* Wenn sie Griechisch sprechen, hat man das Gefühl, sie würden die ganze Zeit nur streiten. Ich verstehe kein Wort. Ich hocke acht Stunden lang auf einer Bank, ohne zu wissen, was ich hier soll. Ich bekomme Panik.

Der Kommissar redet auf mich ein, ich flippe fast aus. Mit seinem Scheißakzent stellt er mir einen Haufen Fragen auf Englisch. Ich muss mich richtig anstrengen, um ihn zu verstehen. Er fragt, ob ich Aziz kenne und ob er mein Freund sei. Ob ich mit ihm schlafe, ob ich mit ihm einkaufen war und so weiter. Ich erfasse schnell, dass Aziz mir Schuhe und zwei T-Shirts mit einer Kreditkarte gekauft hat, die er in einem anderen Hotel in der Nähe gestohlen hatte. Er hat für dreißigtausend Steine eingekauft! Ich kann's nicht glauben! Dieser Arsch hat es sich wahrlich gut gehen lassen! Mich haben sie vorgeladen, weil ich auf ein paar Videos mit ihm in den Läden zu sehen war.

Acht Tage lang befragen mich »Midnight Express« und seine Kollegen ununterbrochen wegen dieser gestohlenen Kreditkarte, immer wieder gibt es eine Gegenüberstellung. Ich erkläre, dass ich nicht wusste, dass die Karte gestohlen war, und dass Aziz mir gesagt habe, er habe wegen einer Zahlungsverzögerung eine größere Summe von der Assedic, der Arbeitslosenversicherung, bekommen. Ich sage, dass er es sich gut gehen lassen wollte und dass er mir ein-, zweimal, wenn ich ihn begleitet habe, ein paar Kleinigkeiten geschenkt habe. Alles auf Englisch, bitte!

Am Abend des achten Tages lassen sie uns gehen. Ich weiß nicht, was Aziz den Bullen erzählt hat und wie er sich jetzt schon wieder aus dieser Sache rausgeredet hat, jedenfalls sind wir frei, mit der Auflage, die Sachen am nächsten Tag zurückzubringen. Auf Englisch mit gewaltig rollendem R rät mir Midnight Express, mich von Aziz fern zu halten. Als wir das Kommissariat verlassen, sehe ich, dass Aziz diese Sache völlig kalt lässt. Es ist offenbar nicht das erste Mal. Dennoch sage ich ihm, dass er mich ganz schön in die Scheiße geritten hat.

»He, ist ja gut! Du bist ja jetzt draußen, oder? Ich habe alles auf mich genommen!«

»Ja, vielleicht, aber trotzdem habe ich acht Tage für nichts und wieder nichts geschmort. Und die Konsequenzen für den Job? Hast du daran gedacht?«

»Ha! Jetzt hör endlich mit diesem Theater auf! Und erzähl mir bloß nicht, dass du im 93. Département nie eine Karte geklaut hast!«

»Ich nerve dich wohl, du Arsch!«

Scheiße! Es hat keinen Sinn. Dieser Typ bringt mich zur Weißglut. Sein Glück, dass wir aus dem gleichen Département sind. Ich hätte ihm eine reindrücken können, aber hier auf Zypern scheint man nicht zu spaßen. Wenn man schon für einen Joint eingelocht wird, was passiert dann erst wegen einer gestohlenen Kreditkarte?

Die Bullen haben mich gecheckt, um zu sehen, ob

ich die Wahrheit sage, und ich habe mit ihnen gespielt. Ich konnte anwenden, was ich gelernt hatte: Verschlagenheit. Sam das Luder. Ich war zwar unschuldig, aber ich habe trotzdem die Nase vorgestreckt. Man hätte meinen können, ich sei Aziz' Komplizin bei einem Atomwaffendiebstahl gewesen! Offenbar haben sie meine Gesellschaft genossen, sonst hätten sie mich nicht acht Tage lang festgehalten. Sie müssen sich in Agia Napa ja schwer langweilen!

Ich bin stinksauer auf Aziz, aber ich sage nichts zu diesem schwachsinnigen, egozentrischen Arsch. Er würde es ja sowieso nicht begreifen. Der Typ lebt in seiner eigenen Welt. Er glaubt, er hätte einen großen Coup gelandet, und hält sich für den Größten, dieses Arschloch! Er hat alles kaputtgemacht – meinen Job als Animateurin, meine Zukunftspläne, meine Anstrengungen, mit allem fertig zu werden. Er hat mich wieder völlig auf den Anfang zurückgeworfen.

Im Hotel ist es schlimmer als erwartet. Alles ist durchgesickert, die Leute, Personal wie Gäste, sind auf dem Laufenden. Die einen sehen mich an wie eine Diebin, andere kommen auf mich zu und fragen, ob es mir gut geht. Ich mache mich ganz klein und erledige meine Arbeit. Abends traue ich mich nicht mehr auszugehen. Ich schließe mich in meinem Zimmer ein und rauche. Der zweite Praktikant ist abgereist, er konnte Lucien nicht mehr ertragen. Lucien und seine Frau planen mich nicht mehr für die Arbeit ein. Aziz macht gar nichts mehr, und Lucien wagt nicht, ihn zurechtzuweisen. Kaum eine Woche vergeht, und wieder geht das Spiel los: Festnahme im Hotel,

Durchsuchung des Apartments und neue Haft auf dem Kommissariat der Bärtigen.

Aziz hat nämlich zwei Kreditkarten gestohlen. Das mit der zweiten Karte kam jetzt erst raus. Er hat sie mit zwanzigtausend belastet. »Midnight Express« hat seinen großen Auftritt. Er zieht die Liste mit Aziz' Einkäufen hervor, er hat eine Übersetzerin und einen kleinen Holzknüppel, damit schlägt er sich ständig auf die Hand. Es fängt wieder von vorn an.

»Who stole the carrrd?« Wieder dieses Scheiß-R!

»Ich war's nicht.« Auf Englisch natürlich.

»Warum hast du mir nicht gesagt, dass er noch eine Karte hatte?«

»Ich wusste es nicht.«

»Du warst aber mit ihm einkaufen.«

»Na und? Ich gehe jeden Tag einkaufen, das habe ich Ihnen gesagt! Ich gehe bummeln, wenn ich Pause habe. Ich habe Ihnen die Sachen gebracht: ein Paar Schuhe. Die beiden T-Shirts müssten mit der anderen Karte bezahlt worden sein. Sehen Sie doch auf der Liste nach!«

»Du musst mir nicht sagen, was ich tun soll! Deshalb habe ich dich nicht vorgeladen!« Er fixiert mich lange mit einem spöttischen Lächeln. Nach einer Weile sagt er: »Wem gehört das ›Chassissi‹, das ich in deinem Zimmer gefunden habe?«

Scheiße noch mal! Er hat ein kleines Stück Dope gefunden, ein Mini-Kügelchen! Es reicht nicht mal für einen Joint! Ich hatte natürlich dran gedacht, als ich erfahren habe, dass sie die Zimmer durchsucht haben, aber ich hätte nie geglaubt, dass sie mich wegen so einem winzigen Kanten nerven würden!

»Ich weiß es nicht. Ich rauche nicht.«

Ich weiß, dass die Bullen in Griechenland und auch in Zypern mit kiffenden Touristen keinen Spaß verstehen. Man wandert glatt ins Gefängnis, ins Zuchthaus! Da gibt es kein Pardon ... Zum Glück haben sie das erste Mal die Zimmer nicht durchsucht, als ich noch nicht alles aufgeraucht hatte. Da wäre »Midnight Express« voll in seinem Element gewesen! Egal. Komme, was wolle, ich muss leugnen. Das ist klar.

Zwei Tage lang ist er mir mit der Kreditkarte auf die Nerven gefallen, jetzt macht er wegen »Chassissi« weiter. Wem gehört es? Warum war es in meinem Zimmer? Und so weiter. Ich habe eine Idee. Ich sage, dass ich mit einem Engländer aus war, den ich in einer Disco in Agia Napa getroffen hätte. Ich füge hinzu, dass er bei mir geschlafen hat. Er heißt Bryan. Das ist der erste Vorname, den ich im Englischunterricht gelernt hatte!

Soll er Bryan doch suchen! Englische Touristen, die kiffen, die gibt es hier wie Sand am Meer. Aber Bryan ist schon lange wieder nach London zurückgeflogen. Ich muss zugeben, dass ich zufrieden bin mit meiner Geschichte. Ich tue so, als sei ich eine blöde Gans, die sich von einem Touri bumsen lässt und sich dafür auch noch Schwierigkeiten einhandelt. Mein Schwindel geht durch. »Midnight Express« hält mich wirklich für eine blöde Kuh.

Er sagt: »Yes, yes, you're right! He fuck you two

times!« – Ja, ja, du hast Recht, er hat dich zweimal gefickt!

Seine Kommentare sind sehr direkt, aber mir ist das egal, ich will nur raus hier.

Am sechsten Tag lassen sie mich frei, Aziz behalten sie dort. Ich sehe ihn in einem Raum, er ist grün und blau! Mir doch egal. Ich bin völlig blank und muss zwanzig Kilometer in sengender Sonne zum Hotel zurückgehen. Ich laufe wie eine Gestörte, ich führe Selbstgespräche, ich verfluche die ganze Welt und kicke die Kiesel weg, die mir im Weg liegen. Kein Baum, nicht ein Millimeter Schatten auf dieser Scheißinsel. Ich habe eine Stinkwut. Ich muss mich beruhigen, bevor ich ins Hotel komme. Die zwanzig Kilometer Weg sind gerade richtig. Ich habe Zeit zum Nachdenken und kann mir ausmalen, was mich erwartet. Lucien hat mich sowieso von Anfang an für schwierig gehalten, weil ich aus dem Maghreb bin. »Die Araber wollen doch nur unsere Frauen ficken und uns die Arbeit wegnehmen!« Das ist seine Theorie, die er bei jeder Gelegenheit ausbreitet. Er wird sich freuen! Gut, ich darf allerdings nicht übertreiben, ich bin nicht Pablo Escobar!

Im Hotel werde ich von Lucien, dem Vertreter des Reiseveranstalters und dem Hoteldirektor empfangen. Sie »danken« mir. Ich hatte erwartet, dass man mir wegen des Dopes den Vertrag kündigt, aber nicht, dass man mich wie einen Hund behandelt. Sie schmeißen mich nicht nur raus, sie verlangen auch die Schlüssel des Apartments zurück, sie haben mit meinem Gehalt einen Teil der Summe zurückbezahlt, die von den Kreditkarten abgehoben wurde, und mein Rückflugticket gekauft.

Ich gestehe mir selbst nicht mal das Recht zu, mich zu beschweren, weil ich ihnen mit dem Dope Unannehmlichkeiten verursacht habe. Ich bin lieber still und stecke alles ein. Ich bin es gewöhnt, alles in mich hineinzufressen und wie ein Ghettokid behandelt zu werden. Ich bin Ungerechtigkeiten gewöhnt. Die Geschichte wiederholt sich immer wieder. Das erinnert mich an den Prozess. Ich war das Opfer, wurde aber wie die Schuldige behandelt. Wozu soll ich mich verteidigen? Sie haben sich sowieso schon eine Meinung über mich gebildet. Ich bin wieder allein auf der Straße. In Zypern. Ohne Geld, ohne ein Dach über dem Kopf.

Zum Glück will mir Erwin helfen, ein Hotelgast, mit dem ich ein paar Mal gekifft und mich schön zugedröhnt habe. Er schlägt vor, dass ich heimlich in seinem Zimmer schlafen soll, seine Eltern sollen nichts merken. Ich bin gerade mal eine halbe Stunde bei Erwin, da kommt der Direktor, schmeißt mich raus und gibt mir Hausverbot. Ich fühle mich total erniedrigt, dass ich mir das gefallen lassen muss. Die gute Arbeit, die ich fünf Monate lang geleistet habe, zählt gar nicht mehr. Ich bin von dem Gefühl beherrscht, ungerecht behandelt zu werden. Schließlich schlafe ich am Strand. Erwin bringt Decken aus dem Hotel, damit ich nicht friere. Er bringt mir auch zu essen. Ich habe Angst, allein am Strand zu schlafen. Ich habe Algerien und diesen Albtraum nicht vergessen. Trotz meiner Müdigkeit zwinge ich mich, wach zu bleiben. Ich bete die ganze Nacht zu Gott, dass er mir hilft und dafür sorgt, dass mir am Strand nichts passiert.

Erwin leiht mir Geld, ich will meine Mutter anrufen. Sie arbeitet in Griechenland, doch wegen der unterschiedlichen Arbeitszeiten und der Sprachprobleme ist es nicht einfach, die Verbindung herzustellen. Es gelingt mir erst nach ein paar Tagen. Meine Mutter kümmert sich um die Sache. Sie ruft Sabrina in Paris an und macht ein Mordstheater. Sie bekommt die Nummer der Vertreterin des Reiseveranstalters und macht wieder ein Mordstheater. Das kann sie wunderbar! Sie redet ihnen ins Gewissen und sagt, dass es nicht statthaft sei, die Leute so zu behandeln. Sie hat auch die gute Idee, ihnen in Erinnerung zu rufen, dass ich Epileptikerin bin und sie für mich Verantwortung tragen. Meine Mutter hat wirklich den Beruf verfehlt, sie wäre eine hervorragende Anwältin geworden.

Am selben Abend noch beziehe ich wieder mein Apartment, am nächsten Tag bekomme ich mein Rückflugticket nach Paris, ich muss es auf dem Flughafen in Larnaca abholen. Sie geben mir auch meinen Pass zurück, den sie beschlagnahmt haben. Sie haben mir wirklich mein Gehalt abgezockt, ich bin völlig angepisst. Mir bleiben gerade noch fünfhundert Francs für das Taxi in Paris. Was für ein Luxus! Und dann geben sie mir auch noch zu verstehen, dass ich in Paris den Rest nachzahlen darf! Ich bin in der Scheiße, und es macht ihnen Spaß, mich noch mehr fertig zu machen.

Ich kehre im Schockzustand zurück, völlig am Ende, fertig von dieser himmelschreienden Geschichte. Zwei Wochen lang setze ich keinen Fuß aus dem Haus. Ich bin niedergeschlagen, gedemütigt, verbittert, dass man mich für eine Diebin gehalten hat, dass man mich schlimmer behandelt hat wie Dreck, dass man die Qualität meiner Arbeit nicht im mindesten anerkannt hat. Ich weiß auch, welche Konsequenzen das haben wird: Für mich ist es aus mit der Animation. Ich bin geliefert.

Gleichzeitig wird mir klar, dass ich es zugelassen habe, dass man in Zypern diese unhaltbaren Dinge mit mir gemacht hat. Ich habe mich verhalten, als sei ich schuldig. Wie konnte ich zulassen, dass man mich rausschmeißt wie einen Hund, dass man mich auf die Straße setzt, ohne ein Dach über dem Kopf, ohne Geld und ohne Pass? Warum habe ich nicht für meine Unschuld gekämpft? Was hatte ich denn getan? Ich hatte ein bisschen Dope. Mehr nicht. Ich habe mich aufgeführt wie ein räudiger Hund, den man treten darf – sicherlich weil er nie etwas anderes bekommen hat und auch noch glaubt, dass es ihm recht geschieht.

Diese Niederlage ist eine enorme Enttäuschung für mich. Ich war wie geschaffen für diesen Job, ich habe mich gefühlt wie ein Fisch im Wasser, endlich hatte ich meinen Weg gefunden, ich war glücklich, man hat mich geschätzt …

Nun war ich zur falschen Zeit am falschen Ort, all meine Hoffnungen sind zerschlagen, wieder einmal bricht mein Leben zusammen.

20 Insaf, Barry …

Das war's. Jetzt bin ich ganz unten. In all den Jahren konnte ich trotz allem den Kopf über Wasser halten. Ich bin gegen den Strom geschwommen, ja, aber ich bin geschwommen. Mit aller Kraft, mit Leib und Seele habe ich gekämpft, um nicht zu ertrinken. Ich habe mich an die Riffe geklammert, die den schwarzen Ozean meines Lebens ausmachten. Nun bin ich untergegangen. Und will nur noch sinken.

Ich überlasse mich meinen Tränen. Mein Schmerz ist allgegenwärtig, ich kann ihn nicht mehr unterdrücken. Er läuft über, tropft aus mir heraus, bespritzt alles um mich herum.

Ich gehe nicht mehr aus, ich esse nicht mehr, ich schlafe nicht mehr. Ich mache mir auch nicht mehr die Mühe zu lächeln, den Schein zu wahren, mich zusammenzunehmen; das habe ich schon zu oft gemacht. Ich will diese Worte nicht mehr hören: nach vorn schauen. Es macht mich fertig. In meiner Gegenwart soll man auch nicht mehr die Worte aussprechen: »Assedic, Sozialversicherung, Arbeitssuche, Miete.« Oder es setzt was. Ich will auch nichts mehr über »mein Verhalten« hören, ich kenne das alles auswendig.

Ich verschanze mich zu Hause und bringe mich ganz langsam um. Ich rauche einen Joint nach dem anderen, bis meine Zunge trocken ist vor lauter Papierchenkleben, bis meine Finger sich auflösen vor lauter Tütenrollen, bis meine Lungen im Rauch ersticken und aufgeben. Die Außenwelt macht mir Angst, ich habe dort keinen Platz, ich fühle mich dort so verwundbar.

Ich grüble ohne Ende über mein gescheitertes Leben nach und ich begreife nichts. Ich lasse immer wieder diese Jahre vorbeiziehen, ich lasse alle Filme Revue passieren, und ich kapiere nichts. In meinem Kopf hämmert es, ich stehe an der Grenze zum Wahnsinn. Ich bin völlig durcheinander. Ich nehme nur meine Ohnmacht und die extreme Grausamkeit des Lebens und der Menschen wahr.

Meine Mutter meint es gut und nervt mich zu Tode mit all dem Behördenkram; sie will, dass ich endlich etwas tue. Sie merkt nicht, dass ich völlig von der Rolle bin. Sie begreift nicht, dass ich nicht vergessen kann und dass ich immer wieder die gleichen Dinge durchkaue. Sie will immer noch nicht wahrhaben, was ich durchgemacht habe. Sie tut weiterhin so, als sei nie etwas gewesen, und das bringt mich aus der Fassung. Sie kriegt meine unterdrückte Wut voll ab, meine Beschimpfungen, meine Schreie, meine Tränen. Ich brauche sie, aber ich hasse sie und ich gehe ihr aus dem Weg, weil sie mich nicht versteht.

Nur eine einzige Person hört mir zu und sieht meinem Schmerz ins Gesicht. Lyes' Schwester Insaf. Seit dem Abend, als ich ihr mein Leben erzählt habe, weil ich solches Vertrauen zu ihr hatte, ist sie meine wichtigste Stütze. Ich habe sofort ihre Trauer gesehen und ihr Mitgefühl gespürt. »Scheiße! Ich habe ein ruhiges Leben, und während ich meine Bücher lese, durchleben andere Mädchen die Hölle! Ich habe diese Seite der Ghettos nie kennen gelernt, Sam. Ich weiß nun, dass ich durch meine Brüder geschützt bin. Ich habe Glück. Was dir passiert ist, macht mich traurig. Es macht mich total fertig!«

Wir sind zwar gleich alt und stammen aus demselben Kulturkreis, aber unsere Lebenswege sind ganz unterschiedlich. Insaf lernt das Leben aus Büchern, ich habe das Leben auf der Straße gelernt. Insaf ist meine Freundin, mein ruhiger Hafen, meine Vertraute, meine Stütze. Sie gibt mir Kraft zum Leben, ihretwegen will ich den Kopf über Wasser halten, ihretwegen bessere ich mich.

Nach der schrecklichen Enttäuschung von Zypern besucht sie mich jeden Abend nach der Uni. Sie muss meine langsame Zerstörung mit ansehen, aber sie hört nie auf, an mich zu glauben. Jeden Tag serviere ich ihr Kaffee und meine Tränen. Dabei würde ich ihr so gerne ein Lächeln schenken. Doch dazu bin ich im Moment nicht fähig. Diesen letzten Schicksalsschlag kann ich nicht verwinden. Ich bin sauer auf das Leben und auf Gott, weil sie so grausam sind. Muss ich denn mein ganzes Leben lang dafür bezahlen, dass ich an jenem Abend mit meinen brandneuen *Weston* in dieses Viertel gegangen bin?

Seit neun Jahren bezahle ich nun diesen hohen Preis. Seit neun Jahren versuche ich vergebens, wieder aufzubauen, was zerstört wurde: mein Leben, mein Ich. Seit neun Jahren sterbe ich vor Schmerz. Es war vor neun Jahren und es ist, als sei es gestern gewesen – so lebendig ist es noch immer in mir.

K. hat bezahlt. Er ist seit drei Jahren wieder frei. Er hat seine Schuld »gegenüber der Gesellschaft« bezahlt. Ich zahle immer noch. Das ist die Ungerechtigkeit, der ich ausgesetzt bin. Man hat mir alles genommen: meine Sorglosigkeit, meine Lebensfreude, meine Menschlichkeit. Geblieben sind mir nur Tränen und krankhafte Gedanken, die mich in jedem Augenblick meines Lebens begleiten.

Seit meiner Rückkehr habe ich von Lyes nichts gehört. Insaf auch nicht. Das letzte Mal habe ich ihn gesehen, als ich von Zypern nach Paris geflogen bin, um Dope zu holen. Er hatte mir gegenüber etwas von einer Reise nach Marokko erwähnt, die er für jemanden machen wollte und die ihm ein kleines Vermögen einbringen würde. Mir kann er nichts vormachen. Mir war gleich klar, dass es sich um Dope handelt, um Shit, um Schokolade – was ihr wollt!

Ich habe nichts mehr von ihm gehört, weil er geschnappt wurde und in Spanien im Gefängnis saß. Insaf hat es mir kürzlich erzählt. Trotz der Distanz zwischen uns war es ein Schock für mich.

Ich schreibe einen Brief an Lyes, dann einen zweiten. Keine Antwort. Dann, eines Tages öffne ich voller Freude seinen ersten Brief. Er erklärt, dass es aus ist zwischen uns, dass er seit sechs Monaten eine neue Freundin hat und er nicht will, dass ich ihm schreibe. Sie hat ihn von der Schippe geholt, schreibt er, und kümmert sich nun um ihn. Er liebt sie. Ich platze, alles um mich herum bricht zusammen. Ich hätte nicht gedacht, dass ich doch noch so an ihm hänge. Ich habe Schmerzen, mein ganzer Körper ist ein einziger

Schmerz. In meinem Kopf brodeln Tag und Nacht Fragen.

Insaf macht alles mit Bravour. Sie studiert an der Uni, sie macht Behördengänge für ihren Bruder, sie tröstet die Familie und findet immer Zeit, sich mit mir zu beschäftigen. Insaf ist ein Engel. Wenn sie kommt, setzen wir uns ins Wohnzimmer, legen *My Life* von Mary J. Blige auf und weinen vereint im Schmerz. Sie weint um ihren Bruder, ich weine um mein Leben.

Der Winter ist vorbei. Mit der Sonne kommt auch ein bisschen Kraft zurück. Meine Mutter lässt nicht locker, sie will, dass ich etwas tue, und sie trägt den Sieg davon. Ich finde einen Job als Animateurin in einer Schulkantine, zwischen zwölf und dreizehn Uhr, mehr kann ich nicht ergattern. Ich bin gern mit den Kindern zusammen, aber es kostet mich große Kraft, meine Maske aufzusetzen; das ist anstrengend. Kinder kann man nicht täuschen.

Außerdem muss ich meine Schulden abzahlen. Seit sechs Monaten habe ich keine Miete mehr bezahlt. Ich muss aus der Wohnung ausziehen, bevor die Summe noch höher wird. Mir bleibt nur, zu meinen Eltern zurückzugehen.

Zu Hause ist die Atmosphäre anders geworden. Meine Mutter hat ihr Leben verändert. Nach vierzig Jahren Scheißleben war sie müde von all dem Leid und all dem Frust, erschöpft von der Tyrannei meines Vaters und von ihren öden Jobs. Sie ist aufgewacht. Sie hatte das ewige Lied satt, das Gerenne zwischen

Arbeit, Einkaufen, Kinder in die Krippe oder in die Schule bringen, und Sam ist auf der Straße – kurz, sie hatte es satt, sich alleine um alles zu kümmern und zusehen zu müssen, wie das Leben an ihr vorüberzieht, ohne dass sie etwas davon hat.

Sie hat sich eine Reise nach Griechenland geleistet und sich dann total in das Land verknallt und beschlossen, dort zu arbeiten. Um sich durchzuschlagen, lernt sie Englisch und Italienisch, Griechisch ist ihr erst mal zu kompliziert. Für eine Frau, die man im Haus gehalten hat, statt sie in die Schule zu schicken, ist das wirklich ein großer Schritt. Sie arbeitet halbjährlich, im Sommer, als Saisonarbeiterin mit Touristen, den Winter über ist sie in Paris.

Mein Vater ist seit bald zehn Jahren arbeitslos, er hat keinen Ehrgeiz mehr, keine Pläne, keine Lust. Wenn meine Mutter weg ist, kümmert er sich um meine kleine Schwester. Er kocht, holt sie mit einem Schokocroissant von der Schule ab, hilft ihr bei den Hausaufgaben und spielt mit ihr Karten. Das Leben zu Hause ist wahrlich anders geworden! Meine andere Schwester ist seit mehreren Jahren in Behandlung und kommt nur in den Ferien heim. Und dann komme ich mit meinem ganzen Krempel und störe ihre kleine heile Welt. Mir ist nicht wohl dabei, aber ich habe keine andere Wahl.

Seit meine Mutter in Griechenland war, ist sie noch beharrlicher geworden, sie lässt nicht locker!

Für die Zeit der Ferien finde ich eine Stelle als Kinderbetreuerin in einem Freizeitzentrum. In der letzten Augustwoche schwillt mein Arm an. Zunächst beunruhigt mich das nicht, ich schiebe es auf den Klamauk mit den Kindern. Eine Woche später kann ich meinen Arm nicht mehr bewegen. Ich gehe zum Notdienst, die Diagnose ist nicht gerade ermutigend: Venenentzündung im linken Arm und Lungenembolie; ich bin knapp dem Tode entronnen. Ich muss ins Krankenhaus, keiner ist da, der mich begleiten würde; mein Vater und meine Schwestern sind zu meiner Mutter nach Griechenland gefahren. Mein Fall erstaunt die Ärzte. Venenentzündungen bekommen normalerweise nur ältere Menschen. Ich denke im Stillen, dass ich nun die Konsequenzen für mein Scheißleben tragen muss. Dope, Alk, Epilepsie, Gewalt, Schmerz, Enttäuschungen, Stress. Ich habe das Gefühl, dass mein Körper von innen her verfault.

Bei meiner Entlassung aus dem Krankenhaus geben mir die Ärzte Medikamente mit und raten mir, das Rauchen aufzugeben. Sie raten auch zu einer Operation, damit die Entzündung nicht noch mal auftritt. Die Medikamente werde ich einnehmen – aber das Rauchen aufgeben? Nein! Das geht über meine Kräfte. Schließlich hilft mir das Dope, täglich meine Maske zu tragen. Wenn ich damit aufhöre, platze ich aus allen Nähten und überschütte die Leute mit meinem Hass. Wenn ich aufhöre zu kiffen, werde ich gefährlich und unberechenbar; das weiß ich. Sogar im Krankenhaus, mit der Heparin-Infusion im Arm, bin ich runtergegangen und habe meine Tüte geraucht.

Nach der Zeit im Krankenhaus komme ich mir vor wie ein Scooter auf der Kirmes, ein Scooter, der außer Kontrolle geraten ist und nun alles überfährt, was ihm im Weg steht. Ich habe nichts mehr im Griff, weder meine seelischen Zustände noch meine Abhängigkeit. So richtig deutlich nehme ich nur noch meinen Hass wahr. Ich spüre, wie er mir die Kehle und den Bauch zuschnürt. Meine Verzweiflung und meine Wut darüber, nicht verstanden zu werden, stecken in meinem Körper fest. Ich soll nach vorn schauen, soll mich nicht darum kümmern, was mir zugestoßen ist. Aber Scheiße noch mal! Mein Leben ist völlig zerstört! Ich bin innerlich tot – wie soll ich da so tun, als ob nichts wäre?

Das beharrliche Schweigen meiner Eltern bringt mich völlig aus der Fassung. Wie können sie die Augen vor der Realität verschließen? Warum wollen sie verschweigen, was ich durchmachen musste? Sie verhalten sich so, als sei ich die Schuldige. Aber ich bin nicht schuld, ich bin das Opfer!

Ich unternehme einen letzten Versuch, eine Ausbildung zu machen. Ich bewerbe mich bei einem amerikanischen Choreografen für ein Praktikum in Hip-Hop-Jazz. Bei unserer Vorstellung müssen wir frei tanzen. Er geht herum und trifft seine Wahl. Ich bin blockiert, ich kann ihm nicht zeigen, was ich in mir habe. Er dankt mir freundlich. Doch ich gebe mich nicht geschlagen und gehe nachmittags zur zweiten Runde. Ich will diese Gelegenheit nicht verstreichen lassen und tun, was ich so liebe: tanzen. Beim Tanzen vergesse ich alles, und genau das brauche ich. Dieses Mal tanze ich die Minnelli in *New York, New York,* die Nummer, die ich auch in Zypern gebracht habe. Er ist begeistert.

Das Praktikum findet im *MJC* in Saint-Denis statt. Morgens machen wir uns warm und geschmeidig, am Nachmittag proben wir die Choreografie für die Vorstellung, die wir in sechs Monaten in einem Saal in Vincennes geben. Ich strenge mich wieder mal an, aber es fällt mir schwer. Mich in dem großen Spiegel zu sehen macht mich aggressiv. Ich kann nicht zuschauen, wie mein Körper sich bewegt und ausdrückt. Ich fühle mich nackt. Die Blicke der anderen, die Berührungen machen mir Angst. Ich habe das Gefühl, ständig beurteilt und angegriffen zu werden. Es geht mir schlecht, aber ich strenge mich trotzdem an. Ich will unbedingt bei der Vorstellung mitmachen. Dann kann ich vielleicht eine staatliche Anerkennung als Animateurin in Tanzstudios bekommen. Ich mache Pläne, ich habe Träume.

Doch seit Beginn des Praktikums habe ich drei epileptische Anfälle am Tag. Unnötig zu sagen, in welcher körperlichen Verfassung ich nach all den Aggressionen bin, die ich meinem Körper schon so lange zumute. Dennoch schwitze ich beim Tanzen vieles hinaus, und das verschafft mir Erleichterung. Wenn ich schlafen gehe, fühle ich so etwas wie Heiterkeit in mir. Doch lange kann ich das nicht mehr durchhalten. Barry, der Choreograf, merkt es noch vor mir.

»Es wäre kriminell, dich so weitermachen zu lassen und dir nichts zu sagen. Du musst dich behandeln lassen, Sam, du musst wegen deiner Epilepsie eine Therapie machen. Du hast großes Talent, aber du musst deine Probleme in den Griff bekommen. You know what I mean? Das alles braucht seine Zeit, aber es muss sein! Okay?«

Er hat Recht, ich muss aufhören, es muss aufhören.

Seit Jahren schreie ich meine Hilfsbedürftigkeit auf meine Weise hinaus. Seit Jahren bin ich in der Scheiße, weil niemand meine Schreie hört. Barry ist der Erste, der den Schrei hört und der die Verzweiflung spürt, die in mir steckt. Er hat die leidende Sam gesehen; nicht nur Sam, das Ghettokid, Sam, die Künstlerin, Sam, die Brutale. Die Leute können mir nicht so helfen, wie ich es brauche, ich brauche professionelle Hilfe, Ärzte, Psychologen. Wenn ich keine Therapie mache, verrecke ich am Schmerz und am Wahnsinn. Wenn ich weitermache wie bisher, gebe ich mir keine zehn Jahre mehr.

Okay, Barry, ich werde versuchen, meinen Schmerz in den Griff zu bekommen, ich werde ihm in die Augen schauen und ihm seine dreckige Fresse einschlagen!

21 Die Therapie

Zum ersten Mal ziehe ich Bilanz. Zehn Jahre sind seit jenem schrecklichen Abend vergangen. Ich habe zehn Jahre Scheiße, Einsamkeit und Tiefschläge hinter mir. Wenn ich daran denke, übermannt mich ein heftiges Gefühl der Ohnmacht und der Ungerechtigkeit. Was für eine Verschwendung! Kann ich denn nach einer solchen Verheerung noch etwas aus meinem Leben machen? Gibt es in dieser Scheißwelt denn noch irgendwo einen Platz für mich?

Als ich mir dessen bewusst werde, sehe ich alles klar. Wie der Mond, der lange hinter Wolken verborgen war und plötzlich erscheint und die Nacht erhellt. Ich habe ein Ziel. Ich will mein Leben verstehen, ich will mit Hilfe meines Verstandes aus allem herauskommen.

Zuerst suche ich eine kompetente Person, die mir helfen kann. Danke, Barry, dass du mir die Augen geöffnet hast! Ich wende mich an meine behandelnde Ärztin. Schon mehrmals hat sie mich zu Psychologen geschickt, doch ich bin meist nach der ersten Sitzung nicht mehr hingegangen, weil ich enttäuscht war von ihrer Art und ihren Kommentaren. Sie sagt mir, dass in einer Klinik ein Dienst für schwer traumatisierte Personen eingerichtet wurde. Die Beratung findet in Aulnay-sous-Bois statt und wird von einer Psychologin durchgeführt. Ich vereinbare sogleich einen Termin.

Die Klinik von Aulnay ist düster. Am Empfang schickt man mich in die psychiatrische Abteilung. Das fängt ja schlecht an! Ich bin doch nicht verrückt! In diesen endlosen, schummrigen Korridoren wanken die Kranken herum wie Zombies. Ich habe Angst, auf einen Psychiater zu treffen, der noch kränker ist als ich und der genauso ist wie die, die mich in der Vergangenheit immer in die Flucht geschlagen haben. Zerzaustes Haar, kleine Brille, müdes Gesicht, nervöse Ticks. Ich würde am liebsten abhauen, aber ich beschließe, die Sache durchzuziehen. Und das ist gut so! Die Psychologin, Fanny, ist jung und hübsch und sie hat eine weiche Stimme. Sie empfängt mich herzlich und bittet mich in ihre Praxis. In ihrem Zimmer ist es so hell, wie es im Gang düster ist. Die Einrichtung ist schlicht und ohne Schnickschnack. Teppichboden. Ein Tennis-Poster an der Wand.

Sie bittet mich, Platz zu nehmen, und ich antworte auf ihre Fragen, mein Lächeln soll meine Verwirrung kaschieren. Dann kommt der kritische Augenblick: Sie fragt mich, warum ich hier sei. Ich weiß nicht, wo ich anfangen soll. In meinem kleinen Kopf ist alles so kompliziert und so wirr! Ich fange an zu erzählen, schließlich enthülle ich alles. Ich kotze meine Geschichte hinaus, in unkontrollierten Schwallen, in großen Blasen. Ich leere mein Riesenpäckchen voller Schmerz und ungesagter Worte. Ich dachte, ich hätte schon alle Tränen vergossen, die ich jemals gehabt hatte, doch während ich spreche, sprudelt es nur so aus meinen Augen. Ich weine und rede und kann überhaupt nicht mehr aufhören.

Ich spüre, dass die Psychologin mir wirklich zuhört. In ihren großen grünen Augen lese ich eine Unparteilichkeit, die mir Mut macht, mich zu öffnen. Schließlich setzt sie mich vor eine weiße Wand. Diese Wand sei mein Leben, das ich meistern müsse. – Was ist das für ein Irrsinn? Die Wand, das Leben, welches Leben? Was macht sie da? Sie nimmt meinen Kopf in ihre Hände! Das ist total komisch! Komm schon, spiel nicht den Proll! Mach, was sie dir sagt, dann siehst du, was draus wird! – Ich sitze ganz gerade vor der Wand. Sie steht hinter mir und berührt meine Stirn mit ihren kühlen Händen, sie versucht, meinen Kopf immer weiter nach hinten zu biegen. Meine Augen sind geschlossen, ich betrachte mein Leben. Ich sehe im Schnelldurchlauf einen Film vorbeiziehen, Momentaufnahmen legen sich darüber. Die Gesichter von K., Jaïd, Lyes, meinen Eltern, Bilder aus Algerien, der missglückte Prozess und vieles mehr. Die Bilder laufen so schnell durch, dass ich keines festhalten kann. Plötzlich habe ich das Bedürfnis, mit gesenktem Kopf durch diese Wand zu brechen, durch die Wand, die mein Leben ist. Wie ein Stier will ich die Sperre durchbrechen, die ihre Hände an meiner Stirn bilden.

Nach etwa zehn Minuten fragt sie mich, was ich fühle und was ich in meinem Körper spüre, wenn sie meinen Kopf berührt. Ich spüre eine große Hitze, eine Art inneres Brodeln. Ich schwitze heftig, mein T-Shirt ist nass von den Anstrengungen, die ich unternommen habe, um die Wand zu durchbrechen, auch meine Hände sind ganz heiß und feucht. Ich bin ganz fasziniert von dem, was sie mich da entdecken lässt, von dem, was ich in meinem Körper spüre. Ich fühle mich lebendig.

Dann macht sie mit mir ein paar Atemübungen. Meine Brust ist so zugeschnürt, dass mir das Einatmen höllisch wehtut. Ich lasse aber nicht locker, weil ich das Gefühl habe, dass diese Luft das Gift in mir abtötet.

Dann ist die Sitzung um, ich muss einen Termin für nächste Woche ausmachen. Was tun? Soll ich oder soll ich nicht? Komm schon, gib dir einen Monat Zeit, dann siehst du ja, was es bringt! Draußen denke ich über das nach, was gerade geschehen ist. Es hat mich echt umgehauen! So lange habe ich davon geträumt, dass jemand meine Seele und auch meinen Körper heilen kann! Ich bin mir darüber im Klaren, dass das eine nicht ohne das andere geht. Ich weiß nicht, dass sich das psychosomatische Therapie nennt, doch mich verlangt es mit jeder Faser meines Seins danach. Also, in einem Monat werden wir ja sehen …

Nach einem Monat will ich sogar zwei Sitzungen pro Woche haben, es ist mir ein großes Bedürfnis. Erst nach mehreren Monaten wird mir klar, wie es wirklich um mich steht. Ich bin in einer fürchterlichen Verfassung. Mein Körper ist härter als Stein, und in meinem Kopf ist nur Nebel. Ich habe nichts Menschliches mehr an mir, die Psychologin berät ein kleines wildes Tier, das auf der Lauer liegt. Aber ein verdammt motiviertes Tier! Nach jeder Sitzung überstürzen sich die Fragen in meinem Kopf. Ich will meine Kindheit, meine Geschichte verstehen, will alles verstehen, was vor dieser besagten Nacht mein Leben ausgemacht hat. Warum habe ich mich so früh lieber auf der Straße als in der Familie aufgehalten? Wovor bin ich davongelaufen? Warum hatte ich zwei Familien, eine in Frankreich, eine in Belgien? Ich will verstehen, warum ich von meinen Eltern getrennt wurde. Warum mein Vater im Gefängnis war. Ich will diese verschwommenen Bilder begreifen, diese unerklärlichen Momentaufnahmen, diese Vergangenheit, die man mir verschwiegen hat. Ich spüre, dass es absolut notwendig ist.

Meine Mutter stört dieser Schritt. Sie findet, dass ich mit meinen Fragen die Scheiße nur aufwühle. Ich verurteile sie nicht, ich weiß, dass sie sich immer alleine um mich kümmern musste und dass sie ihr Möglichstes getan hat. Sie begreift nicht, dass das Schweigen über meine Kindheit mich daran hindert, mich zu entwickeln. Ich finde, dass es nichts Schlimmeres gibt als die Ungewissheit. Wenn ich den Anfang meiner Geschichte kenne, kann ich die Fortsetzung besser begreifen.

Ich verstehe meine Mutter nicht – nun, wo ich versuche, mich selbst mit Hilfe meines Verstandes aus dem Sumpf zu ziehen, hilft sie mir weniger als damals, als ich mit dem Kopf gegen die Wand gerannt bin. Ich habe das Gefühl, dass sie mir alles verweigert: das Recht zu leiden, das Recht zu wissen, das Recht, aus allem herauszukommen. Mein Vater fühlt sich nicht betroffen. Seiner Meinung nach mache ich mich nur wichtig. Psychologie ist nicht gerade sein Ding!

Mehr als zwei Jahre lang führe ich einen erbitterten Kampf, um diese verheimlichte Vergangenheit aufzudecken. Ich fische überall nach Informationen, die meine Mutter mir nicht geben will. Ich merke, dass es sie schmerzt, sich an diese beschissenen Jahre zu erinnern, aber ich muss es wissen. Ich muss es verstehen, analysieren und annehmen, um mich zu rehabilitieren. Lieber habe ich eine schwierige Geschichte als gar keine Geschichte.

Drei, vier Monate nach Therapiebeginn muss ich noch eine andere Scheiße durchstehen. Ich muss die Adernverengungen operieren lassen, damit ich nicht wieder diese Venenentzündungen bekomme. Beide Operationen sind sehr schmerzhaft. Ich heule Tag und Nacht vor Schmerz. Morphium, Schlaftabletten, ja sogar die Joints lindern meinen Schmerz in keiner Weise. Ich weine auch aus Wut und aus Hass, weil ich im Krankenhaus liege.

Danach bekomme ich sechs Monate Genesungsurlaub. Ich beschließe, wieder Kontakt mit meiner Familie in Belgien aufzunehmen. Seit den Vergewaltigungen habe ich sie nicht mehr gesehen, das heißt seit mehr als zehn Jahren. Ich wünsche mir von ganzem Herzen, meinen Genesungsurlaub dort zu verbringen.

Schon als ich ankomme, merke ich, dass ich immer noch einen Platz an ihrem Tisch und vor allem in ihren Herzen habe. Nachdem mich meine Mutter wieder geholt hatte, haben Papa Jean und Maman Josette drei Kinder aus Indien adoptiert; Toon, einen hübschen, klugen Jungen, und zwei süße, pfiffige Zwillingsmädchen. Ich bin immer noch ihre große Schwester, das rührt mich.

Aber trotz der Zärtlichkeit, die ich bekomme, fühle ich mich fehl am Platz. Dieses normale, gesunde Leben voller Zuneigung, das sie sich aufgebaut haben, ist so anders als mein Leben. Wenn ich sie sehe, merke ich wieder mal, wie vergeudet mein Leben ist. Ich träume von dem Mädchen, das ich geworden wäre, wenn ich bei ihnen geblieben wäre! Welch eine Verschwendung! Welch eine Zerstörung! Dieser Gedanke ist schwer zu ertragen. Er ist wie ein Faustschlag in den Magen. Ich bekomme keine Luft mehr. Die Zuneigung, die ich während dieser sechs Monate bekomme, hilft mir, wieder auf die Beine zu kommen, und gibt mir die nötige Kraft, um meine Aufarbeitung fortzusetzen. Auch ich will mir ein glückliches Leben aufbauen.

In Belgien kommt mir auch die Idee, ein Buch zu schreiben. Ich will eine Spur meiner unglaublichen Geschichte hinterlassen, damit andere Mädchen etwas davon haben. Ich will die Mädchen warnen, die in den Ghettos groß werden. Ich will ein Buch schreiben, damit mir das alles nicht umsonst passiert ist. Ich will denen, die das Gleiche durchmachen mussten wie ich, sagen, dass es immer eine Hoffnung gibt herauszukommen.

Ich will es schaffen und ich werde es schaffen! Da bin ich sicher. Durch das Schreiben arbeite ich die Dinge weiter auf, ganz alleine. Ich will keine Zeit verlieren. Ich habe schon zehn Jahre meines Lebens verloren. Ich will mir nun über den Anfang meiner Lebensgeschichte klar werden. Mein Schmerz ist zwar so groß, dass ich keinen klaren Gedanken fassen kann. Aber das ist nicht schlimm, es kommt vor allem darauf an, es aufzuschreiben und mein Päckchen zu leeren.

Meine Motivation erstaunt Fanny, meine Psychologin, sehr, denn bei ihren Patienten ist das nicht gerade die Regel. Ich will alles, was ich in mir habe, putzen, waschen, ausleeren. Ich spüre, dass ich den richtigen Weg und mit Fanny vor allem die richtige Person gewählt habe. Ich bewundere ihre Fähigkeiten. Ich kann mir vorstellen, wie hart sie arbeiten musste, um diesen Grad von Einfühlungsvermögen und Gesprächskompetenz zu erreichen. Sie ist eine kluge, geduldige Führerin, und mit dem, was sie mit mir macht, übt sie auf mich eine Art Zauber aus. Denn ich bin ja keine einfache Patientin.

Fanny hatte gleich begriffen, dass sich zuallererst mein Körper ausdrücken muss. Sie hat begriffen, dass mir das Sprechen erst einmal nicht hilft, sondern ganz im Gegenteil meinen Widerstand möglicherweise vergrößern würde. Also hat sie mit diesem Körper gearbeitet, der über so viele Jahre so viel Schmerz aufnehmen musste, mit diesem gebrochenen, geborstenen Körper, der so dringend Erleichterung brauchte. Ich konnte mich nicht mehr aufrecht halten, so unerträglich ist die Bürde meines Lebens auf meinen Schultern geworden. Wie ein Panzer aus glühendem Eisen, der mich bei jedem Schritt zu Boden drückte. Und dann war da noch dieser Kloß, dieses brennende Magma, das wie ein Motor in meinem Bauch dröhnte. Ich spürte, wie er in mir hochkam, wie er in die

Brust, in den Hals kam, den er mir zuschnürte und verhinderte, dass meine Schreie hinausdrangen.

Schon bei den ersten Sitzungen hat mein Körper reagiert. Erst hat er sich vollständig ausgekotzt und ausgeschissen. Das hat über einen Monat gedauert; danach ist es in besonders schwierigen Phasen der Therapie auch immer mal wieder vorgekommen. Dann ist mein Rücken aufgewacht, ich spürte ein Ziehen und Reißen, das von der Wirbelsäule ausging. Fanny hat mir erklärt, dass jeder Teil meines Rückens für einen Teil meines Lebens steht. Der untere Teil ist die Kindheit, die Mitte ist die Jugend, der obere Teil ist der Alltag. Während ich über meine Geschichte nachdachte, spürte ich, wie mein Rücken sich entkrampfte, wie er sich durch dieses teilweise schmerzhafte Ziehen entspannte. Ich nahm diese Schmerzen gerne an, denn ich wusste, dass sie mir Freiheit brachten. Fanny hat mir geholfen, all das loszuwerden, was mit meinem Schmerzkloß verbunden war, und ich spürte, dass ich mich nach und nach von der Schwere befreite, die mich niederdrückte.

Anfangs dauerte die wohltuende Wirkung dieser Übungen kaum eine Stunde an, später hielt sie zwei Tage. Nun hält sie über eine Woche oder länger.

Mit Fanny lerne ich auch, meinen Verstand zu gebrauchen und richtig nachzudenken, denn mein Gehirn ist ein Vulkan in einem Zustand ständigen Ausbruchs. Mit Fanny lerne ich, meinen Stress und meinen Schmerz zu analysieren. Ich mag es, wenn sie spricht, wenn sie mir das Leben erklärt. Vor ihr lasse ich meine Tränen laufen, und diese Tränen machen mich jeden Tag menschlicher. Ich stoße wie ein Stier in meine Geschichte vor, die ich verstehen will. Nur noch dafür lebe ich.

Ich entdecke, dass jede gelebte Erinnerung eine unauslöschliche Spur in unserem Körper und in unserer Geschichte hinterlässt. Ich lasse alle Emotionen in meinen Kopf und in meinen Körper dringen, dann schüttle ich sie, bis sie verständlich sind und schließlich Worte werden, die aus ihrem Gefängnis befreit werden und durch die Luft fliegen.

Langsam wird mir bewusst, dass nicht ich an der kaputten Atmosphäre schuld bin, in der ich groß geworden bin. Lange Zeit hatte ich gedacht, dass vor allem meine Dummheiten, mein aggressives Verhalten und mein Leiden dafür verantwortlich seien. Nun wird mir klar, dass alles nur eine Reaktion auf die Gewalt war, die mir bereits angetan worden war. Ich erinnere mich an die Schläge, das Spucken, die Beschimpfungen, die Verachtung, die als Einziges die Beziehung zwischen mir und meinem Vater ausgemacht hatten. Ich habe haufenweise schreckliche Erinnerungen an meinen Vater. Zum Beispiel sehe ich wieder vor mir, wie er mich im Suff mit einem Fleischermesser verfolgt. Das vergisst man nicht.

Mir wird auch klar, dass meine Mutter ein Opfer war, das sich selbst keine Beachtung schenkte. Sie war völlig unfähig, den Exzessen meines Vaters Einhalt zu gebieten. Sie konnte nur fliehen oder es erleiden. Auf das Erleiden war sie schon seit früher Kindheit vorbereitet. Und die Flucht hatte sie durch ihre Arbeit in Griechenland verwirklicht.

Mir wird klar, dass meine Brutalität nicht die Ursache für die Atmosphäre zu Hause war und dass sie vor allem auch ihre Berechtigung und ihren Sinn hatte. Ich hatte allen Grund, mich zu zoffen, ich hatte allen Grund, mich gegen diese »Erziehung« aufzulehnen, gegen diese »Psychologie«, gegen diese Lebensweise. Warum hätte ich es, ohne zu murren, auf mich nehmen sollen, für die Jugendsünden meiner Eltern zu büßen? Für die Haft meines Vaters, für mein Leben in Belgien? Warum hätte ich mich den Schlägen meines Vaters und den Forderungen meiner Mutter, den Haushalt zu machen und auf meine kleinen Schwestern aufzupassen, fügen sollen?

Ich habe mein Päckchen getragen, aber meine Eltern hatten mich gezwungen, auch ihres zu tragen. Ihr Schmerz war zu groß, also haben sie ihn ausgeblendet. Und deshalb mussten sie auch mich ausblenden. Ich war besonders sensibel und habe an ihrer Stelle ihren verschwiegenen Schmerz auf mich genommen. Sie haben nichts begriffen, sie haben die ganze Zeit versucht, mich zum Schweigen zu bringen. Und damit haben sie in mir auch all das zum Schweigen gebracht, was lebendig und gesund gewesen war. Meine Freundlichkeit, meine Spontaneität, meine Lebensfreude. Die ganze Gewalt und die ganze Verleugnung, die ich ertragen musste, kam an die Oberfläche. Es war nicht leicht, täglich mit meinen Eltern konfrontiert zu sein, wenn ich nach den Sitzungen nach Hause kam und mir der Dinge immer bewusster wurde.

22 Darüber spricht man ... nicht

Wie üblich besteht meine Mutter darauf, dass ich arbeiten gehe. Sie begreift nicht, wie wichtig und richtig meine Sitzungen mit Fanny sind, sie begreift auch nicht, dass dies eine Arbeit ist, bei der mein Körper und mein Geist ermüden. Ich fühle mich noch nicht in der Lage, soziale Beziehungen einzugehen. Ich kenne mich; ich weiß, dass ich noch nicht so weit bin, mich so zu verhalten, dass es kein Fiasko gibt.

Ich leide ja schon darunter, dass ich mich wiederherstellen muss, ohne dass es jemand zur Kenntnis nimmt, ohne dass mir jemand dabei hilft und ohne dass ich mit jemandem über meine Fortschritte sprechen kann. Lange Zeit begreife ich nicht, dass ich von meinen Eltern keine Hilfe bekommen kann, und fühle mich innerlich ganz einsam.

Schließlich tue ich meiner Mutter den Gefallen und nehme in einem Freizeitzentrum in La Plaine-Saint-Denis eine Stelle als Betreuerin an. Es ist ein ziemlich schwieriges Viertel mit großer Armut. Trotz der Not gibt es einen starken Zusammenhalt. Ich arbeite mit kleinen Kindern, sie sind total süß, aber auch schon richtige kleine Teufel. Ich liebe Kinder, und die Arbeit macht mir Spaß, doch ich habe große Probleme mit dem pädagogischen Team. Der Vulkan in mir ist noch nicht erloschen, ich gehe noch immer wegen jeder Kleinigkeit in die Luft. Ständig fühle ich mich angegriffen. Immer noch sehe ich in jedem Menschen einen potenziellen Feind, der mir möglicherweise Böses will. Um meine Angst zu kaschieren, reiße ich die Klappe auf, was natürlich meinen Kollegen und auch der Leiterin überhaupt nicht passt, die mir daraufhin das Leben schwer macht.

Ich arbeite ohne Plan, ich strukturiere meine Aktionen auch nicht besonders, aber ich arbeite gut. Doch die Leiterin meckert ständig an mir herum, sie geht mir auf die Nerven, bis ich so angepisst bin, dass ich kündige. Wieder eine Enttäuschung für mich. Ich frage mich langsam, ob ich als Betreuerin überhaupt geeignet bin.

Ich nehme dies zum Anlass, meiner Mutter klipp und klar zu sagen, dass ich erst wieder arbeiten werde, wenn ich mich seelisch dazu in der Lage fühle. Ich will mich auf meine Arbeit mit Fanny konzentrieren und ich will mir die Zeit nehmen, die ich dazu brauche. Ich kann nicht gleichzeitig an mehreren Fronten kämpfen. Und ich will auch nicht mehr in eine Situation kommen, in der ich scheitern muss.

Ein paar Monate nach meiner Operation will meine Mutter eine Entschädigung einklagen. Sie meint, dieses Geld könnte mir vielleicht helfen, mein Leben wieder aufzubauen, da ich beim Prozess nicht dabei sein konnte. Sie wendet sich an die Opferhilfe von Pontoise, wo die Verhandlung stattgefunden hatte. Das ist wohl ihre Art, sich von ihren Schuldgefühlen zu befreien: Sie tut das, was sie vor zehn Jahren versäumt hat. Ich erkenne diese Geste jedoch an. Mein Vater hingegen ist niemals auf mich zugegangen.

Es gibt keine große Aussicht auf Gewährung einer Entschädigung, ein Anspruch ist längst verjährt. Diesen Schritt hätte man spätestens zwei Monate nach dem Urteil machen müssen. Aber nichts kann meine Mutter stoppen. Sie steckt voller Widersprüche, aber sie ist zäh. Mich ödet es an, wieder mit einer Anwältin zu sprechen, wieder eine Akte mit all diesen Vorgängen, all den Untersuchungsergebnissen zu füllen – EEG, EKG wegen der epileptischen Anfälle, Aufenthalt in der Psychiatrie und die Jahre auf der Straße.

Meine Mutter will mich dazu bewegen mitzumachen, aber ich weigere mich kategorisch, nach Pontoise zu fahren. An diese Stadt habe ich zu viele schlechte Erinnerungen. Ich werde erst zur Anhörung hingehen, mehr schaffe ich nicht. Da ich kein Geld für einen Anwalt habe, beantrage ich Beihilfe. Man bestellt für mich eine Anwältin in Pontoise. Also geht meine Mutter hin und redet mit ihr. Ich schreibe einen Brief und erkläre, dass ich unbedingt bei der Anhörung dabei sein will – und warum. Ich füge hinzu, dass es die letzte Möglichkeit ist, vor Gericht über mein Martyrium zu sprechen.

Nach monatelangem Warten erfahre ich, dass mein Antrag abgewiesen wurde, er kam zu spät. Das überrascht mich nicht besonders, ich habe es nicht anders erwartet. Meine Mutter ist nicht da, als ich die Nachricht bekomme, sie arbeitet in Griechenland. Also gehe ich zu dieser Anwältin und hole die Schriftstücke, die meiner Akte beigefügt sind. Sie erklärt, dass meinem Antrag »selbstverständlich« nicht stattgegeben worden sei, »das hätte sie auch gewundert«. Ich begreife gleich, dass sie Vorurteile hatte und dass sie nicht gerade ihr Bestes gegeben hat. Mit ihrer Haltung setzt sie mich unter Druck. Ohne große Überzeugung schlägt sie mir vor, einen letzten Versuch am Berufungsgericht von Versailles zu unternehmen. Ihre Herablassung geht mir so auf den Zeiger, dass ich reagieren muss.

»Nun, dann mache ich das eben; es ist ja wohl meine letzte Chance.«

»Ist es Ihnen denn nicht peinlich, staatliche Gelder zu verschwenden?«, meint sie.

»Was? Sie, Sie verschwenden staatliche Gelder, indem Sie machen, was Sie wollen! Gut, wir sind fertig miteinander! Gib mir meine Akte, und ich verschwinde.«

Wenn ich die Leute duze, zeigt das, dass meine Nerven zum Zerreißen gespannt sind. Ein Zeichen, dass ich mich schnell verziehen muss, bevor ich durchdrehe. Sie sieht mir hinterher wie einer Außerirdischen. Und ich frage mich, wer von uns beiden die Außerirdische ist! In dieser Art Unmenschlichkeit ist sie gut beschlagen, diese Kuh! Zum zweiten Mal eine Anwältin, der ich scheißegal war! Dass sie überhaupt so etwas sagen konnte, zeigt, dass sie meine Sache nicht gut vertreten hat. Ich bin ein uninteressanter Fall für sie. Wahrscheinlich kriegt sie zu wenig Honorar für meine Vertretung, nachdem ich ja Beihilfe bekomme. Aber ist das ein Grund, mich so zu behandeln? Die Rechtsprechung ist wirklich ein Zweiklassensystem. Ich werde dafür bestraft, dass ich kein Geld habe. Unnötig zu sagen, wie enttäuscht ich war und welchen Hass ich empfinde. Ich war zu diesem Schritt erst nicht sehr motiviert gewesen. Nun aber bin ich es und werde bis zum Ende gehen! Das Verhalten dieser Anwältin, ihre Art zu sprechen, mich zu behandeln und mich zu betrachten, hat mich aufs Äußerste gereizt. Sie glaubt wohl, mir könne sie was vormachen! Sie hat nicht mal versucht, mich kennen zu lernen und meine Geschichte zu verstehen, und sie hat mein Ersuchen, nämlich bei der Anhörung dabei zu sein, überhaupt nicht zur Kenntnis genommen.

Sommer. Ich arbeite den Juli über im Freizeitzentrum mit den Kindern, die Ferien rücken näher. Seit zehn Jahren habe ich keine Ferien mehr gemacht. Meine Mutter hat vorgeschlagen, ich soll sie zusammen mit meiner kleinen Schwester auf Mykonos besuchen kommen. Ich weiß schon gar nicht mehr, was Ferien sind. Als ich dort bin, gelingt es mir erst nicht recht, die Schönheiten der Insel zu genießen. Obwohl Mykonos eine wundervolle Insel ist. Die Sonnenuntergänge sind atemberaubend, die Gassen und die weißen Häuser erinnern mich an die Kasbah von Algier in ihren schönsten Zeiten.

Aber es schmerzt mich, glückliche Menschen zu sehen. Es besteht so eine Diskrepanz zwischen mir und all dem, was mich umgibt. Ich kann nicht lachen und sorglos sein, wenn in mir drin alles schwarz ist. Ich bin immer noch in der Blase meines Schmerzes gefangen und kann nichts von dem genießen, was sich mir bietet. Ich vertiefe mich in Bücher. *Der Alchimist* von Paulo Coelho ist eine Offenbarung. Ich begreife, dass auch ich meine persönliche Geschichte vollenden muss. Ich bin wie der Hirtenjunge, der die größten Probleme meistern muss, um an seinen Schatz zu kommen. Auch ich habe steinige Wege zurückgelegt, habe tiefe Meere überquert und wäre fast ertrunken. Der Schatz, den ich bekommen will, ist das Leben. Das wahre Leben. Das ist mein Weg, mein Schicksal, meine persönliche Geschichte. Danke, Paulo!

Unter den Gästen meiner Mutter ist auch ein Anwalt aus Paris, der jedes Jahr seine Ferien auf Mykonos verbringt. Er ist Wirtschaftsanwalt, er macht kein Strafrecht. Doch als meine Mutter wieder in Paris ist, ruft sie ihn an und legt ihm meinen Fall dar. Er ist sehr nett und sagt zu, sich meine Akte anzusehen, aber er verspricht nichts. Dann will er mich treffen und mit mir sprechen; das rührt mich sehr. Er erklärt mir, dass mein Fall nicht einfach sei, weil er schon verjährt ist, aber er will es versuchen.

»Unsere Chancen stehen eins zu einer Million, aber wir haben eine Chance, und ich übernehme den Fall. Wir gehen bis zum Ende. Bist du einverstanden? Wenn es nicht funktioniert, gehen wir bis vor den Europäischen Gerichtshof für Menschenrechte!«

Endlich! Einer, der meine Sache ernst nimmt! Sein Optimismus und seine Unterstützung lassen mich auf den Prozess hoffen. Ich spüre, dass ich ihm vertrauen kann. Er ist ein korrekter Mann; aufmerksam hört er sich alles an, was ich sage, er ist ruhig und entschlossen, er hat Stil und Klasse.

»Doch der Fall muss hieb- und stichfest sein, und

wir müssen von einem Gutachter aufzeigen lassen, warum du diesen Schritt nicht schon damals unternommen hast. Wir werden erklären, dass du damals gar nicht dazu in der Lage warst und dass du auch gar nichts von der Existenz der Opferhilfe gewusst hast. Ja? Ich bringe dich mit einer guten Freundin zusammen, einer sehr renommierten Psychotherapeutin, sie verfasst öfters Gutachten und weiß, wie wir das aufziehen müssen.«

Dieser Anwalt hat meine Situation voll und ganz erfasst. Er hat meine Not begriffen. Er schlägt vor, dass ich öfters vorbeikommen soll. Er will mich besser kennen lernen, um mich besser verteidigen zu können. Entweder ruft er an oder er schickt mir einen Brief und erklärt mir jeden Schritt, den er unternimmt. Er will mich nicht übergehen. Mich rührt die große und stete Aufmerksamkeit, die er mir schenkt. Die Bezahlung will er später regeln – wenn ich den Prozess gewinnen würde …

Seit drei Jahren arbeite ich nun mit Fanny zusammen. Die Aufarbeitung meiner Geschichte ist langwierig und schmerzhaft. Ich mache zwanzig Schritte nach vorn, dann fünfzehn zurück. Aber ich komme voran. Fanny ist mir eine große Hilfe. Ich lerne, meine Wut zu kanalisieren, meine Konflikte auszutragen, richtig nachzudenken, anstatt immer nur aus dem Bauch oder aus dem Herzen heraus zu reagieren. Ich lerne, in meinen beruflichen und privaten Beziehungen ein richtiger Mensch zu werden. Ich fühle mich stärker, klüger. Mein Inneres baut sich nach und nach auf. Ich will im Begreifen meiner Geschichte so weit gehen wie möglich und endlich ans Licht bringen, was sich seit Jahren im Dunkeln verbirgt.

Fanny heilt mich mit Worten und Gesten, sie verschreibt nie ein Medikament. Seit sie mit mir arbeitet, habe ich keine epileptischen Anfälle mehr. Ich brauche diese Anfälle nicht mehr, endlich hört sich jemand meinen Schmerz an. Mit Kiffen habe ich noch nicht aufgehört, aber ich habe es vor. Das gehört zu meinen Plänen. Fanny unterstützt mich in meinem Schritt, vor Gericht zu gehen, aber sie warnt mich – sie glaubt nämlich nicht an eine Rehabilitation durch Geld. Ich verstehe ihren Standpunkt zunächst nicht, und es macht mich wütend, dass wir nicht einer Meinung sind. Dennoch hilft Fanny mir auch in dieser Aktion.

Die Psychotherapeutin, diese Freundin meines Anwalts, ist zufällig die Psychologin, bei der ich damals mit meiner Mutter gewesen war, deren Honorar aber zu hoch war. Ich glaube nicht an Zufälle! Ich habe das Gefühl, dass das Glück mir endlich zulächelt. Sie erinnert sich sehr gut an mich, an meine blauen Augen und an meine Geschichte. Sie will mich öfters treffen, um meine Geschichte besser verstehen und meine Reaktionen angesichts dieser Flut von Tiefschlägen besser beschreiben zu können. Und sie muss ein Gutachten schreiben, das erklärt, warum ich damals nichts in dieser Richtung unternommen habe.

Es ödet mich voll an … Erzählen, erzählen, erzählen. Warum, wie, wann … Ich habe das Gefühl, mich für etwas rechtfertigen zu müssen, dessen Opfer ich war. Ich habe das Gefühl, um Almosen zu bitten.

Meine Mutter glaubt, das Geld würde mir helfen, neu anzufangen. Auch ich würde das gerne glauben, aber immer noch höre ich leise Fannys Warnung. Ich versuche zu verstehen, was sie mir damit sagen wollte. Dennoch sind mein Wunsch nach Anerkennung und mein Durst nach Gerechtigkeit stärker, und so stürze ich mich kampfbereit und mit gesenktem Kopf in diese Aktion.

Ich bin nun fünfundzwanzig. Ich zähle schon gar nicht mehr, wie oft ich aufhören, alles hinschmeißen und nur noch ganz weit weglaufen wollte, nicht mehr verstehen wollte, nicht mehr versuchen wollte, es zu verwinden. Wie oft ich sterben wollte, nur damit mir der Kopf nicht mehr platzt. Ich muss an allen Fronten kämpfen, muss mein Leben annehmen, meine Geschichte annehmen, mein Ich wiederherstellen, muss im Arbeitsleben weiterkommen, muss das Gutachten für die Anhörung unterstützen. Es wäre schön, wenn nach all dem Stress auch ein bisschen Glück herausspringen würde!

Ich bin zu Fanny gegangen, um mich von der Last meiner Vergangenheit, vor allem von den Vergewaltigungen und deren Konsequenzen zu befreien. Doch komischerweise schaffe ich es nicht, dieses Thema anzusprechen. Wenn ich bei Fanny bin, sage ich mir immer wieder: »So! Heute sprichst du über die Vergewaltigungen!« Doch diese Geschichte kennt sie nur in groben Zügen. Wenn ich ihr erst einmal gegenübersitze, kommen immer andere Dinge hoch. Zwischen uns hat sich eine sehr enge Beziehung entwickelt, doch ich schäme mich immer noch, darüber zu sprechen. Ich habe auch Angst vor Fannys Meinung zu der ganzen Sache, habe Angst davor, sie mit dem ganzen Mist zu enttäuschen, den ich früher gebaut habe. Ich spüre auch, dass Worte nicht ausreichen, um mein Päckchen zu leeren und diesen Vulkan zu löschen, der in mir seit so vielen Jahren brodelt. Ich will nicht, dass in Fannys Praxis alles ausgesprochen, erhellt, verstanden und aufgelöst wird. Ich will eine Spur hinterlassen.

Ich bin so durchdrungen von dem Wunsch nach Anerkennung und Gerechtigkeit, dass ich mir wünsche, alle Welt soll wissen, was ich durchlebt habe. In den Medien spricht man noch nicht über gemeinschaftliche Vergewaltigungen. Die Psychologin, die das Gutachten erstellt hat, hat einen entsprechenden Aufruf beigefügt und sie hat mir auch vorgeschlagen, in einer Fernsehsendung mit hohen Einschaltquoten aufzutreten. Das Thema: »Kann man nach einer Vergewaltigung weiterleben?« Ich soll dort mein Martyrium darstellen. Eine Journalistin, die die Sendung für den Moderator und Produzenten vorbereitet, nimmt mit mir Kontakt auf. Ich bin zu einem Treffen bereit, sage aber noch nicht zu, im Fernsehen aufzutreten. Ich will zuerst mit Fanny sprechen. Ich kenne diese Sendung, ich habe sie oft gesehen. Es klingt interessant. Aber ich frage mich: Welches Bild werde ich abgeben? Kann ich nachher die Blicke der Nachbarn ertragen? Was bringt mir diese Sendung? Werde ich mich danach besser fühlen, wenn ich im Fernsehen alles auskotzen konnte? Die Sache ist immer noch präsent, sie wiegt so schwer in meinem Herzen, dass ich wohl eher platzen als sprechen würde. Ich würde den Psychoheini in der Sendung wahrscheinlich verrückt machen.

Die Journalistin lädt mich ins Studio ein, damit ich meine Berührungsängste und meine Skepsis ein wenig verliere. Sie ist jung, vielleicht sogar jünger als ich. Die typische hippe Pariserin. Mir wird ganz schlecht! Trotz unseres gemeinsamen Alters leben wir in Welten, die einander diametral entgegengesetzt sind. Ich eröffne ihr meine Welt. Sie kommentiert dies mit Fragen wie: »Was hast du in jenem Moment empfunden? Wie hast du reagiert? Warum dies, warum das?«

Ich fühle mich immer unwohler. Ich mag ihre Fragen nicht – sie respektieren mich nicht, sie greifen mich an. Während des Gesprächs »rät« sie mir, nicht über die gemeinschaftlichen Vergewaltigungen zu sprechen, nicht über die Wirklichkeit in den Ghettos, nicht über den verpatzten Prozess, nicht über die Hilfsorganisation für Kinder und Jugendliche, die doch niemandem hilft. Denn das würde die Zuschauer schockieren. Sie will auch nicht, dass ich meinen Ärger über die Anwältin erwähne. Ich frage mich langsam, was ich überhaupt sagen soll – und warum ich überhaupt hier bin. Ich bin bereit, meinen Fall vor ganz Frankreich darzulegen, aber nicht zu allen Bedingungen. Außerdem mag ich diese Journalistin nicht. Ich habe kein Vertrauen zu ihr. An mich hatte sie sich nur gewandt, weil ein anderes Mädchen im letzten Moment abgesagt hatte. Auf ihrem Scheißspielbrett haben sie nur einen Spielstein durch einen anderen ersetzt!

Ich habe das Gefühl, dass ich nicht stark genug bin, dass ich noch nicht so weit gefestigt bin, um mich so einer Situation auszuliefern. Ich will nicht das Bild eines weinerlichen, bemitleidenswerten Geschöpfs abgeben. Ich will mich schützen. Dieses Bedürfnis habe ich zum ersten Mal, und das ist ein gutes Zeichen dafür, dass ich mehr Selbstachtung habe.

Mich stört auch noch etwas anderes: Diese Sendung hat hohe Einschaltquoten, sie wird von einem sehr bekannten Moderator geleitet, der mit seinen Beiträgen sehr viel Geld verdient. Er macht Kohle mit dem Unglück anderer Menschen – damit hat er eine tolle Marktlücke entdeckt! Vielleicht ist meine Ansicht schockierend, aber ich finde, wenn überhaupt jemand Geld mit meiner Geschichte machen soll, dann bin ich das und kein anderer. Auf jeden Fall nicht dieser Moderator, dem es scheißegal ist, was mir passiert ist; ihn interessieren nur seine Einschaltquoten.

Der Hammer kommt dann, als die Journalistin mich fragt, ob sie meine Familie, meinen Theaterkurs und meine Sitzungen bei Fanny filmen kann. Sie geht mir absolut auf den Zeiger, ich finde sie total daneben. Das sage ich ihr aber nicht, ich will ja nicht, dass sie mich für eine Wilde hält. Und sie würde es auch gar nicht verstehen, sie steckt viel zu tief in ihrem Stiefel drin. Ganz im Ernst – ich habe keine Lust, vor einer Kamera das elende Leben eines Mädchens aus der Banlieue zu erzählen. Dann sagt sie auch noch, dass ich geschminkt und frisiert werde und dann supertoll aussehe! Sie meint, sie kann mich mit diesen »verlockenden Aussichten« ködern! Sie hält mich wohl für eine total blöde Kuh!

Als ich das Studio verlasse, habe ich das unangenehme Gefühl, dass man mich behandelt hat wie ein exotisches Tier. Ich mache gleich einen Termin mit Fanny aus und erzähle ihr alles. Sie ist richtig wütend. Sie findet es überhaupt nicht gut, dass ihre Kollegin sie nicht angerufen hat, bevor sie mir diesen Vorschlag gemacht hat. Außerdem braucht Fanny diese Art von Werbung nicht, um ihre Praxis am Laufen zu halten. Es steht für sie außer Frage, dass diese Psychologin und die Medien die Arbeit, die sie seit Jahren mit mir geleistet hat, an sich reißen und sabotieren wollen. Sie ist der Meinung, so eine Erfahrung könnte das noch immer fragile Fundament zerstören, das wir aufgebaut haben. Es könnte mir mehr Schlechtes als Gutes tun. Sie will nicht, dass sie mich danach völlig gebrochen wieder aufsammeln muss. »Wenn dein Wunsch, Zeugnis abzulegen, so stark ist, dann schreib dein Buch«, sagt sie.

Fannys Wut und ihre Argumente überzeugen mich. Ich komme wieder auf den Teppich. Das tut gut! Meine Zweifel und meine Fragen waren durchaus berechtigt, und Fanny hat mich wieder mal auf den richtigen Weg geführt. Ich rufe also diese Journalistin an, sage ihr ab und erkläre ihr meine Gründe. Sie ist überhaupt nicht begeistert.

»Oh! Das ist aber nicht nett! Du bist schon die Zweite, die im letzten Moment absagt. Nun habe ich gar keine Zeugen mehr!«

»Ja. Kann sein.« Es ist ein leeres, hohles Ja. Ich weiß nicht, was ich sonst sagen soll.

»Willst du es denn nicht wenigstens versuchen? Ich bin sicher, dass alles gut läuft. Ich lasse dich mit dem Taxi abholen, es gibt ein Buffet mit Kuchen und Getränken, dann wirst du geschminkt und frisiert, das wird toll. Du wirst sehen, Jean-Luc ist total nett! Nach der Sendung fährst du wieder mit dem Taxi nach Hause. Du weißt ja gar nicht, in welche Schwierigkeiten du uns bringst, wenn du nicht kommst.« Bla bla bla. Bla bla bla.

Ha! Dass Jean-Luc total nett ist, geht mir so was von irgendwo vorbei! Sie hat mir nicht zugehört, sie hat nichts begriffen. Sie will nur ihre Sendung durchdrücken, das ist alles, was sie interessiert. Sie will Zeugen finden, die die Leute in ihren Wohnzimmern zum Heulen bringen.

»Hören Sie, ich hatte Ihnen nichts versprochen. Ich habe Ihnen gesagt, dass ich zuerst mit meiner Psychologin sprechen will, bevor ich mich entscheide. Ich bin noch nicht so weit, so etwas durchzustehen. Und am Tag nach der Aufzeichnung habe ich einen Termin vor dem Berufungsgericht in Versailles. Das ist mir alles zu viel. Eine andere Frage: Haben Sie sich überlegt, wie es mir nach der Sendung gehen wird? Wer wird mich wieder vom Boden heben? Sie ganz sicher nicht!«

Ich will mit Hilfe meines Verstandes Zeugnis ablegen. Dass ich mich in Gefahr bringe, kommt überhaupt nicht in Frage. Das Fernsehen ist vor allem ein Spektakel. Habe ich denn Lust, mich vor den Zuschauern bloßzustellen? Die Journalistin wollte mich mit ihrem Glimmer und mit ihren Scheinwerfern einlullen. Sie dachte, ich würde darauf abfahren, im Fernsehen aufzutreten. Sie hat wirklich gedacht, ich sei so blöd! Aber ich will kein Mitleid erregen – ich will Bewusstsein schaffen. Soll diese Sendung doch ohne mich laufen!

Durch diese Erfahrung bekomme ich mehr und mehr Lust, tatsächlich ein Buch zu schreiben. Ich will jedes Wort richtig wählen, richtig überdenken, bis es reif ist. Dieses Buch wird über die Last des Erlebten berichten, über den Sinn meiner Gedanken und meinen Eifer, damit zurechtzukommen. Dieses Buch wird eine unauslöschliche Spur meines Martyriums sein, und damit kann ich endlich meine Geschichte ins Bücherregal stellen.

23 »Zuallererst möchte ich Ihnen danken, Madame la présidente …«

Bei uns zu Hause hat sich vieles verändert. Meine Eltern sind geschieden. Endlich hat meine Mutter die Scheidung bekommen, die sie schon vor langer Zeit beantragt hatte, und die Atmosphäre zu Hause ist ganz anders geworden. Das schwere, erdrückende Klima von früher hat der Sonne Platz gemacht, die meine Mutter in ihrem Herzen verborgen hatte.

So konnte mein Problem zum Problem der ganzen Familie werden, wir sprechen offen darüber. Meine Schwestern versuchen, mich zu verstehen und mir zu helfen. Trotz aller Schwierigkeiten in der Familie konnten sie die Schule abschließen. Auch für sie waren diese Jahre hart gewesen.

Heute ist ein großer Tag für mich. Ich spreche vor dem Berufungsgericht von Versailles vor. Es ist die letzte Verhandlung. Meine Mutter und meine jüngste Schwester begleiten mich, meine Schwester hat heute die Schule ausfallen lassen, um mir Beistand zu leisten.

Am Morgen bin ich ruhig aufgewacht. Ich habe versucht, meinen Kopf nicht mit tausend Fragen zu belasten, und habe nur immer wieder meine kleine Rede wiederholt, falls der vorsitzende Richter mir gestatten würde zu sprechen. Der Anwalt hält es zwar für unwahrscheinlich, »aber …« Dieses kleine Aber heißt: Alles ist möglich.

Mein Name ist an der Tür des Gerichtssaals angeschlagen. »Hier ist es, Sam! Wir sind da. Wie lange hast du gelitten? Wie lange hast du auf diesen Moment gewartet?« Dreizehn Jahre alles in allem. »Heute wird sich das Blatt dieser dreizehn Jahre wenden. Sei mutig und ruhig! Sag, was du zu sagen hast, wenn du darfst, und vor allem weine nicht!« Diese Gedanken gehen mir in diesem so sehnsüchtig erwarteten Moment durch den Kopf. Fanny ist auch da. Sie findet den Schritt meiner Mutter mit all seinen Konsequenzen nicht so gut, aber sie will mir trotzdem helfen.

Ich zwinge mich zur Ruhe, während ich warte, bis ich aufgerufen werde. Heute Morgen habe ich noch nicht gekifft, ich wollte einen klaren Kopf haben. Nur der Anwalt und ich dürfen eintreten. Während wir auf die Befragung warten, sehe ich mir die Geschworenen an. Nur Frauen. Wird sich das günstig für mich auswirken? Keine Ahnung. Mit den beiden Frauen, die mich bislang vertreten hatten, hatte ich kein Glück. Ich höre meinen Namen. Wir sind dran. Der Anwalt sieht mich lächelnd an, um mir zu zeigen, dass er mir helfen wird. Wir treten beide vor. Vor dem Berufungsgericht haben normalerweise nur der Richter, seine Beisitzer und der Anwalt das Recht zu sprechen.

Die vorsitzende Richterin fragt mich wider Erwarten, ob ich noch vor meinem Anwalt angehört werden will. Doch ich will lieber nach ihm sprechen.

Meiner Bitte wird stattgegeben, ich werde sprechen können. Ich höre der Befragung aufmerksam zu. Als ich den Bericht meines Lebens höre, muss ich unweigerlich weinen. Mit einfachen Worten schildert der Anwalt meinen langen Tunnel. Mit Genauigkeit und Schärfe beschreibt er die Phasen meines Lebens. Wenigstens ihm bin ich nicht egal. Dann bin ich dran, ich darf die Rede abschließen. Ich springe ins kalte Wasser.

»Zuallererst möchte ich Ihnen danken, Madame la présidente, dass Sie mir das Wort gegeben haben. Ich bin mir vollauf darüber im Klaren, dass hier die Verhandlung nicht wieder aufgerollt werden soll. Als mir all das passiert ist, war ich vierzehn, heute bin ich siebenundzwanzig. Diese dreizehn Jahre waren lang und schmerzlich. Seit drei Jahren mache ich eine Psychotherapie, weil ich versuchen will, mich von meiner Vergangenheit zu lösen und ein bisschen glücklich zu werden. Ich denke, dass ich auf dem richtigen Weg bin. Ich will alles vergessen und ein neues Leben anfangen. Ich bitte Sie, meine Tränen zu entschuldigen, aber es bringt mich durcheinander, hier zu stehen. Ich habe einiges begonnen, ich will einen Abschluss als Animateurin machen. Ich würde gerne ein künstlerisches Atelier eröffnen. Ich habe auch noch viele andere Pläne, die ich gerne verwirklichen will. Ich hoffe auf Ihr Verständnis, das dabei hilfreich für mich sein wird. Ich danke Ihnen noch einmal sehr, dass Sie mich angehört haben.«

Ich halte inne. Die Tränen laufen mir übers Gesicht, ich bin so aufgewühlt, dass ich nicht weitersprechen kann. Ich glaube, ich habe auch nichts weiter zu sagen. Ich denke, ich habe alles gesagt. Nicht sehr strukturiert, aber das ist nicht schlimm. Ich glaube, der große Kummerkloß, der in meinem Bauch rumort, würde nun endlich herauskommen. Ich denke, vielleicht platzt er und springt aus meinem Mund – wie ich es hin und wieder nachts träume. Doch nichts Derartiges ist passiert.

Jedenfalls bin ich stolz auf mich, dass ich meine Angst überwunden und meine Gefühle unter Kontrolle gebracht habe. Es war nicht einfach, vor all diesen Leuten zu sprechen und in fünf Minuten all die Jahre in der Scheiße zusammenzufassen. Ich bin froh, dass ich nicht über mein Schicksal lamentiert und dafür lieber dic positiven Aspekte meiner Therapie erzählt habe. Nun muss ich auf den Beschluss warten, das kann noch einige Monate dauern. Ich habe zehn Jahre gewartet, was sind da noch ein paar Monate?

Schließlich, eines schönen Morgens, klingelt das Telefon. Es ist mein Anwalt.

»Ich freue mich, dass ich dir gute Nachrichten überbringen kann, Sam. Du hast den Prozess gewonnen. Die Opferhilfe gewährt dir einen Schadensersatz von hunderttausend Francs.«

»Ist das wahr? Ich habe gewonnen? Sie haben mir geglaubt?«

»Weißt du, schon am Tag der Anhörung habe ich gespürt, dass die Richterin für deine Geschichte sehr empfänglich war, aber ich wollte nicht, dass du dir falsche Hoffnungen machst. Du warst prima vor Gericht! Was du gesagt hast, war wirklich gut! Also, ich werde mich beeilen und alles Nötige veranlassen, damit du den Scheck so schnell wie möglich bekommst. Gönne dir die schöne Reise, von der du mir so viel erzählt hast!«

»Klar! Das werde ich! Aber was ist mit Ihrem Honorar? Sollen wir einen Termin machen?«

»Ich bin froh, dass ich dich kennen lernen durfte und etwas für dich tun konnte. Ich möchte, dass du das Geld behältst und all das damit machst, was du früher nicht machen konntest, wie du gesagt hast. Was du durchmachen musstest, war sehr schmerzlich und sehr hart, und du warst ganz besonders mutig. Du hast deinen Frieden verdient!«

So viel Großzügigkeit hätte ich wirklich nicht erwartet! Ich bin erst mal sprachlos. Dann sage ich mit ganz bewegter Stimme: »Ich danke Ihnen von ganzem Herzen!«

»Ich wünsche dir viel Glück, Sam!«

»Danke, vielen, vielen Dank für alles. Sie haben das freiwillig getan und ihre Zeit reingesteckt. Danke!«

»Gern geschehen. Sehen wir uns diesen Sommer auf Mykonos?«, fragt er mich, als seien wir die besten Freunde.

»Ja, bis dann, auf Mykonos! Und noch mal vielen Dank!«

Herzlichen Glückwunsch, Sam!

Heute werde ich siebenundzwanzig, das ist ein tolles Geburtstagsgeschenk! Ich habe einen Prozess gewonnen!

Gut, aber jetzt will ich die Ausbildung als Freizeitbetreuerin in Montreuil machen. Für mich ist das richtig hart – mich hinsetzen, schreiben, zuhören; das liegt alles so lange zurück! Ich bestehe die Bewerbungsrunden mit Erfolg und beginne die Ausbildung in Montreuil. Das Jahr fängt gut an! Ich habe einen Ausbildungsplatz, ich habe den Prozess gewonnen und ich habe vor, das Jahr 2000 in New York zu verbringen. Alles läuft wie geschmiert!

Eines Abends habe ich es wie alle Leute eilig, nach Hause zu kommen, und renne zur S-Bahn. Bevor die Türen schließen, will ich den Zug noch erwischen. Ich verliere das Gleichgewicht, verknackse mir den Knöchel und falle genau vor einem uniformierten Polizisten auf die Nase. Ich schäme mich so für meinen Sturz, dass ich mich gleich in eine Ecke setze und den Schaden begutachte. Mein Knöchel ist total geschwollen und tut höllisch weh. Ich habe solche Schmerzen, dass ich heulen könnte, aber ich beherrsche mich. Ist das peinlich! Auf einem Bein humple ich nach Hause, den ganzen weiten Weg. Ich ziehe den Turnschuh aus und sehe mit Grauen, dass sich mein Knöchel in einen Baumstamm in allen Regenbogenfarben verwandelt hat. Ich will unbedingt glauben, dass es nicht so schlimm ist. Ich rufe einen Freund an, der mich ins Krankenhaus bringt. Ich bekomme einen Gips und drei Monate Ruhe verordnet.

Nein! Wie kann man denn nur so ein Pech haben? Was ist los? Haben sich alle Götter der Welt verschworen und sich auf mich gestürzt? Ich habe gute Lust, wütend zu sein. Aber auf wen? Auf den Gott der S-Bahn? Den Gott der eiligen Menschen? Adieu USA! Adieu New York! Adieu Traumferien!

Ich versuche, den Gips zu verhindern. Ich erkläre dem Arzt, dass ich gerade erst mit einer Ausbildung angefangen habe und nicht schon wieder damit aufhören kann. Ich sage ihm, dass das eine wichtige Sache ist, die ich um jeden Preis bestehen möchte.

Nichts zu machen, ich muss mich beugen. Die Ausbildung dauert sechs Monate, es ist sowieso ein Schnellkurs. Ich habe also nur drei Monate Zeit, um die erforderlichen Kenntnisse zu erwerben und das Beste zu geben. Aber ich will es schaffen. Meine Kollegen sind verständnisvoll. Abwechselnd bringen sie mir das Unterrichtsmaterial, und ich kann zu Hause lernen.

Am Ende meiner Genesungszeit flitze ich durchs Praktikum wie eine Billardkugel über den Filz. Mit Feuereifer hole ich alles Versäumte nach. Ich muss mehrere Scheine machen. Erst werden meine künstlerischen Fähigkeiten geprüft, das macht mir große Sorge, denn ich habe keine richtige Ausbildung im Malen, ich habe keine Praxis und keine Theorie. Ich gehe nicht in Ausstellungen wie meine Kollegen und von Kunstgeschichte habe ich keine Ahnung. Ich male immer aus dem Bauch heraus. Ich male Sachen nach, aber das mit großer Lust und Liebe. Doch zu meiner großen Überraschung bekomme ich den ersten Schein – meine künstlerischen Fähigkeiten werden also anerkannt. Ich bin ermutigt und nehme mir vor, meine Lücken auf dem Gebiet Kultur später zu schließen.

Für den zweiten Schein muss ich mein pädagogisches Können mit einer Kindergruppe beweisen. Seit Anfang des Jahres wird für eine Tanz- und Theatervorstellung mit dem Thema »Musik der Jahrhunderte« geprobt. Alle Altersstufen nehmen daran teil, am Jahresende soll das Stück vor den Eltern aufgeführt werden. Ich habe dabei mehrere Aufgaben. Ich mache mit den Kindern Spiele rund ums Theater, damit sie auf der Bühne nicht so aufgeregt sind. Ich mache die Kostüme, ich übernehme Regiearbeiten und ich entwerfe zusammen mit einer anderen Animateurin die Choreografie. Dem Leiter gefallen meine Ideen und meine Arbeit. Ich fühle mich anerkannt und sprühe nur so vor Energie. Kreativ zu arbeiten macht mir richtig Spaß! Ich merke auch, dass ich mich konzentrieren kann, dass ich mich auskenne und eine Sache auch durchziehen kann. Für die Prüfung organisiere ich einen Plakatwettbewerb für die Aufführung. Das Plakat des Gewinners wird das offizielle Werbeplakat für die Aufführung sein. Die Prüfer kommen ins Freizeitzentrum und beurteilen, wie ich die Kindergruppe führe, wie ich mit den Kindern umgehe, wie ich sie motiviere. Ich fühle mich nicht sehr wohl in meiner Haut, ich stehe unter Hochspannung!

Doch ich bekomme auch diesen Schein. Toll!

Auch den Erste-Hilfe-Kurs bestehe ich problemlos, jetzt muss ich nur noch die Abschlussprüfung machen. Ich muss eine Arbeit schreiben. Das ist ganz schön happig, ich habe schließlich noch nie in meinem Leben etwas geschrieben. Auf fünfzig Seiten muss ich darstellen, wieso ich Animateurin werden will. Mit Insafs Hilfe schufte ich Tag und Nacht, um den Abgabetermin einzuhalten. Das beschäftigt mich so, dass ich gar nicht merke, wie die Zeit vergeht, und kaum dass ich es mich versehe, ist der Tag der Bekanntgabe der Prüfungsergebnisse gekommen.

»Gottverdammte Scheiße!« Es ist mir aus dem Mund gerutscht, ohne dass ich etwas dagegen tun konnte. Der Ausbilder hat gerade verkündet, dass ich bestanden habe. Ich kann es nicht glauben, ich schnappe fast über vor Freude! Ich habe die Herausforderung bestanden, ich habe es geschafft, trotz der anfänglichen Schwierigkeiten. Das Diplom ist kein Prunkstück, aber für das Ghettokid, das in der Schule nie aufgepasst hat, kommt es total unverhofft. Was für ein tolles Gefühl – mit sich zufrieden zu sein! Ich platze vor Freude. An den darauf folgenden Tagen schwimme ich in größter Zufriedenheit. So ein Gefühl kannte ich bislang gar nicht! Gewonnener Prozess. Diplom in der Tasche. Was hindert mich noch daran, dem Leben zuzulächeln?

Doch entgegen allen Erwartungen können mir diese Erfolge – der Prozess, das Diplom und die vielen kleinen Nullen, die mein Bankkonto zieren – nicht das Glück schenken. Ich mache die schmerzliche Feststellung, dass mir der Prozess meine Würde nicht zurückgeben konnte. Mein Unwohlsein ist immer noch nicht verschwunden. Mein Kummerkloß auch nicht. Er ist zwar kleiner geworden, aber er rumort noch immer in meinem Bauch. Er sitzt fest, mitten in meinem Glück. Er verschandelt alles, er stört, er hindert mich daran, nach vorn zu schauen.

Hatte Fanny etwa Recht? Sie hat mich suchen und mich meine eigenen Erfahrungen machen lassen. Ich habe verschiedene Türen ausprobiert, die mich aus der Vergangenheit hinausführen sollten, doch keine war die richtige, oder zumindest waren die Schritte nicht ausreichend. Nun weiß ich, welche Tür mich wirklich in die Befreiung führt.

Meine Befreiung ist ein Buch.

Mein Buch

Vier Uhr morgens. Gerade habe ich den letzten Satz meines Manuskripts geschrieben. Ich kann es kaum glauben! Ich habe meinen Traum verwirklicht und ein Buch geschrieben! Ich habe immer gedacht, nur sehr gebildete Leute könnten ein Buch schreiben, und nun habe ich, das Ghettokid, es auch getan! Ich bin so aufgeregt, dass ich am liebsten auf die Straße stürzen, das ganze Viertel aufwecken, an allen Türen klingeln, in alle Sprechanlangen schreien, bis an die Fenster hochklettern, an die Scheiben klopfen und all den schlafenden Menschen verkünden würde: »He! Wisst ihr was? Ich habe gerade mein Buch fertig geschrieben!«

Ich will, dass ganz Paris zusammenläuft, will diese unglaubliche Freude hinausschreien, die mich übermannt hat. Ich will diesen Moment der Befreiung mit jemandem teilen. Ich öffne das Fenster, es ist tiefe Nacht. Alles ist still. Keine Menschenseele auf der Straße. Das ist eine kalte Dusche! Ich sitze in Schweigen gehüllt in meinem Sessel und lasse zu, dass ich zurückblicke. Die Emotionen wallen in mir auf. Alles kippt, alles stürzt zusammen. Die Tränen laufen mir übers Gesicht, ich versuche gar nicht, sie wegzuwischen, ich lasse sie einfach rollen. Es sind Tränen der Erleichterung, Tränen der Befreiung. Sie tun mir gut. Für einen kurzen Moment tauche ich in eine Leere ein. Dort geht es mir hervorragend. Es herrscht absolute Heiterkeit. Ein unvergessliches Gefühl.

Ich betrachte den dicken Stapel Blätter auf dem Schreibtisch und kann gar nicht glauben, dass ich in der Lage war, diese enorme Arbeit des Schreibens und Nachdenkens zu leisten. Dass ich in der Lage war, dieses Vorhaben durchzuziehen: diese belastende Geschichte, die ich so schmerzlich zurückgehalten habe, aus meinem Gedächtnis und aus meinem Bauch zu holen. Ich habe all die Jahre der Aufarbeitung gebraucht, bis ich es ertragen konnte, diesen Bericht meines Lebens abzulegen. Als ich Fanny die Nachricht über das beendete Buch überbringe, merke ich erst richtig, was das bedeutet. Wie immer hat mein Körper gesprochen. Ich habe gespürt, wie eine große Luftblase aus meinem Bauch, dann aus meinem Mund gekommen ist. Meine Stimme war tot, meine Kiefer schmerzten. Dann kamen die Tränen. Ein Gefühl der Erleichterung überkam mich. Ist es das jetzt? Ist es vorbei? Ist alles gesagt, alles begraben?

Mein Päckchen lastet nicht mehr auf mir, es wiegt nun zweihundertachtzig Seiten, die neben mir auf dem Tisch liegen. Ich spüre, dass ich Zeit brauchen werde, um mit dieser neuen Realität zu leben. Dieses Scheißpäckchen hatte mir so viel Schmerz bereitet, aber ich hatte mich daran gewöhnt. Es war wie eine zweite Haut, ein Panzer, der mich schützte. Es war ein Teil von mir. Ohne dieses Päckchen fühle ich mich ganz zerbrechlich, ganz neu. Ich kann mich auch nicht mehr damit herausreden, dass ich mir der Dinge bewusst bin. Ich weiß, was ich gemacht habe, und auf dieser Basis kann ich das Leben, das mich erwartet, in die Hand nehmen. Ich bin ein kleines hässliches Entlein, das in ein neues Universum fliegt, in das »richtige Leben«, und das noch lernen muss, Vertrauen zu seinem Schicksal zu fassen.

Ich wollte meine Geschichte nicht im Verborgenen halten, in Fannys Praxis. Um aus dem Unglück herauszukommen, brauchte es jahrelange Anstrengungen und es kostete viel Schmerz. Wäre es denn gerecht, dass diejenigen, die an dem ganzen Schlamassel schuld sind, ruhig schlafen? Dass K. und seine Kumpels, die Anwältin, der Verband und die Sozialdienste und auch meine Eltern ruhig schlafen? Für alle wäre es so einfach, wenn ich schweigen würde, wenn es mir gelingen würde, glücklich zu werden und Kinder zu kriegen, und wenn man nie wieder darüber sprechen würde! Nein. Ich will die Rechnung teilen. Ich sehe nicht ein, warum ich allein bezahlen soll. Da man mir nie zuhören wollte, muss man mich jetzt lesen! Ich will allen ins Gesicht schreien, was ich die ganzen Jahre in der Scheiße durchmachen musste. Ich will, dass jede einzelne meiner Emotionen sie durchbohrt, wie mich ihre Gemeinheit durchbohrt hat.

Ich will mich nicht rächen. Dieses Bedürfnis habe ich schon lange nicht mehr. Ich will nur, dass jeder weiß, welche Rolle er in meinem Albtraum gespielt hat. Ich war so ehrlich und so bewusst, wie es nur ging. Ich wollte zeigen, wie mich die Nachlässigkeit meiner Familie, meiner Umgebung, meiner Anwältin und der Sozialdienste zusätzlich zu den Traumata der Vergewaltigungen fertig gemacht haben. In diesem

Buch geht es nur um meine eigene Wahrhaftigkeit. Und wenn ich die Wahrhaftigkeit der anderen nicht berücksichtigt habe, so deshalb, weil es nicht mein Ziel war. Ich war kompromisslos. Kompromisslos vor allem gegenüber meinen Eltern. Und ich weiß, dass ich vielleicht einmal dafür bezahlen muss. Vielleicht wenden sie sich für immer von mir ab. Doch ich bin bereit, dieses Risiko auf mich zu nehmen.

Während meiner Therapie sah ich eine Tür vor mir. Diese Tür hat es mir ermöglicht, die Haltung meiner Eltern zu verstehen. Ich habe diese Tür geöffnet und einen Schritt gemacht. Ich habe ihr Leid entdeckt, es war so groß, dass sie ihm nicht einmal ins Gesicht sehen konnten. Dann wollte ich einen zweiten Schritt machen und weiter auf sie zugehen. Doch dabei habe ich begriffen, dass nicht ich allein diesen Schritt machen sollte. Ich habe meinen Teil des Wegs zurückgelegt. Ich musste mich entscheiden, diese Tür wieder zu schließen, um meine Haut zu retten. Allein. Diese Entscheidung war ganz schrecklich für mich, denn ich musste einen Traum begraben, den Traum, eine gute Beziehung zu meinen Eltern zu haben.

Der Prozess hat für meine Befreiung nicht ausgereicht. Ich wurde zwar angehört und ich wurde auch anerkannt. Und ich bekam hundert Mille. Das könnte das Ende der Geschichte sein. Ich könnte mich mit meinem Diplom und dem Geld zufrieden geben und ein neues Leben beginnen. Ich habe aber gemerkt, dass das nur möglich ist, wenn ich mein Päckchen vollständig leere. Nur um diesen Preis konnte ich meine Würde zurückerlangen. Mein Weg, meine persönliche Geschichte – das war mein Buch.

Bei einer Sitzung hat Fanny gespürt, dass nun der richtige Moment sei, mich Josée vorzustellen. Sie hatte mir schon von ihr erzählt, als ich ihr meinen Wunsch mitgeteilt hatte, ein Buch zu schreiben. Ich fand, ich brauchte einen zuverlässigen Menschen, jemanden, der mit Fannys Arbeit mitziehen konnte. Ich habe ihr die paar Seiten gezeigt, die ich schnell in Belgien niedergeschrieben hatte. Sie fand, ich sollte unbedingt selbst schreiben, sie würde den Text überarbeiten und strukturieren. Sie sicherte mir auch zu, mich während des Schreibens mit Fragen und Kommentaren zu ermutigen und zu stützen.

Ich hatte gleich Vertrauen zu Josée und bin, ohne mir Fragen zu stellen, in die aufgewühlten Wasser meines Lebensabgrundes getaucht. Tagelang habe ich das Papier traktiert und versucht, meinen Albtraum und dessen Folgen zu begreifen. Auf die schmerzlichen Erinnerungen, die dabei hochkamen, reagierte mein Körper wie bei den Sitzungen bei Fanny. Er verschaffte sich Gehör. Ich spürte sehr starken Druck auf Kehle und Kiefer. Als würden unsichtbare Hände mich würgen: Es waren Worte und Emotionen, die mir im Hals feststeckten und herauswollten. Auch mein Bauch, mein Rücken und mein Kummerkloß erinnerten sich an mich. Wenn ich zum Stift griff, begleitete mich jedes Mal diese Prozession des Schmerzes und verließ mich erst, als alles heraus- und niedergeschrieben war, als es durch Josées Kommentare klarer gefasst, noch einmal überdacht und schließlich verarbeitet und verdaut war. Danach fing alles wieder von vorn an, genährt von neuen Faktoren. Es brauchte Zeit, bis die Dinge in mir gereift waren, und all diese Phasen hatten ihren Sinn.

Nach und nach hat sich alles gelöst, ist wieder an seinen Platz gekommen wie bei einem Puzzle, das man wieder zusammenbaut. Ich habe Erinnerungen wiedergefunden und konnte Lebensabschnitte einfügen, die ich damals nicht einordnen konnte. Ich habe grauenvolle Erinnerungen, die ich ganz verdrängt hatte, an die Oberfläche gebracht. Erinnerungen, denen ich im Lichte meiner neuen Entwicklung einen neuen Sinn gab. Ich habe mich ein ganzes Jahr lang vollständig meinem Buch gewidmet, und es war mir nicht möglich, irgendetwas anderes zu tun. Um nicht ganz vom Nachdenken und Schreiben verschlungen zu werden, musste ich lernen, mein Denken zu strukturieren, mich zu leeren, mich zu entspannen. Durch Kochen und Lesen habe ich Abstand zu den obsessiven Gedanken bekommen.

Wöchentlich stellte ich Josée meine Arbeit vor. Das war ein schwerer Moment. Ein angstvoller Moment. Ich musste die Scham überwinden, mich nackt und in meiner Wahrhaftigkeit zu zeigen. Josées Verständnis, ihre Fragen und Reaktionen haben nach und nach meine Sicht auf mich selbst verändert, nachdem ich so lange die Sicht meiner Umgebung übernommen hatte, die meine Schuldgefühle und meine Scham, meinen Schmerz und meinen Hass anfachte und mir das unglaubliche Gefühl vermittelte, all das, was mir zugestoßen ist, verdient zu haben. Wenn ich meine Texte redigiert, strukturiert und getippt zurückbekam, wurde ich der Dinge noch bewusster. Ich existierte, und mein Unglück existierte auch.

Josée hat mir einen anderen Blick auf mich selbst ermöglicht – einen wahren Blick, zu dem ich gleich intuitiv Vertrauen fassen konnte. Sie hat mich so genommen, wie ich bin, sie hat mir den Wert zugesprochen, den ich mir selber nicht zusprechen konnte. Sie hat zu keinem Zeitpunkt zugelassen, dass ich mich abwerte. Das Interesse und die Wertschätzung, die sie mir entgegenbrachte, haben mich durcheinander gebracht, und ich habe deswegen oft geweint. Süße Tränen, Balsam für mein wundes Herz. Tränen der Heilung, ein königliches Geschenk für das gedemütigte Kind, das ich war. Tränen, die mich so etwas wie eine beginnende Liebe zu mir selbst spüren lassen, ein schüchternes Mitgefühl mit der Protagonistin dieser Scheißgeschichte. Die Beziehung zwischen Josée und mir war sehr eng. Sie hat mir unablässig geholfen, natürlich auch über die Arbeit an diesem Buch hinaus. Sie war bis zum Ende da, bis zum Schluss hat sie an mich geglaubt. Danke.

Ich denke, mit diesem Buch kann ich in gewisser Weise meine Würde wiederherstellen. Zuvor verging kein Tag, an dem ich nicht an meine Erniedrigung gedacht hatte. Ich wurde fuchsteufelswild, wenn man in meinem Beisein von Vergewaltigung sprach. Heute bleibe ich ruhig, auch wenn ich den größten Blödsinn über dieses Thema höre. Ich lasse die Leute in ihrem Irrglauben. Ich betrachte mich nicht mehr als Sam, das »Ghettokid«, oder Sam, die »Vergewaltigte«, ich stelle mich nicht mehr so vor. Jahrelang hatte ich mich nur über mein Unglück definiert. Nun muss ich nicht mehr die Kennkarte eines Opfers herausziehen, jetzt existiere ich auf andere Weise. Ich bin Samira, ich bin neunundzwanzig Jahre alt. Ich glaube an das Leben und ich hoffe auf das Glück. Ich habe getan, was ich tun musste, um das Glück zu erleben.

Schlusswort

Ich mochte betonen, dass alles, was ich in diesem Buch geschildert habe, genau der Wahrheit entspricht. Ich habe an keiner Stelle übertrieben. Meine Haltung ist nicht von den bitteren Vorfällen und dem Schmerz beeinflusst, die ich ertragen musste. Ich kenne die Banlieue. Ich habe dort mehr als fünfzehn Jahre lang gelebt und mich dort herumgetrieben. Ich weiß, wovon ich spreche.

Ich bin es müde, mir anhören zu müssen, dass man das Problem der gemeinschaftlichen Vergewaltigungen in den Ghettos übertreibe und dass dieses »Herumreichen« sexuelle Spielchen seien, bei denen die Mädchen willig mitmachten.

Nein. Es ist wirklich bestialisch, und die Opfer sind zahlreich. Dennoch verwerfe ich die Welt nicht, in der ich gelebt habe und die mich hart gemacht hat. Ich lebe noch immer dort und ich arbeite mit unseren Kids. Das Ghetto ist auch eine spannende Welt, eine volkstümliche, warme und an unterschiedlichen Kulturen reiche Welt. Im Ghetto leben auch viele Leute, die mutig versuchen herauszukommen. Nicht alle unsere kleinen Jungs sind Diebe, ganz gewiss nicht! Die Vorstadt ist eine große Familie mit all ihrer Bürde, ihrem Klatsch und Tratsch, ihrem besonderen Ehrenkodex und einer absoluten Solidarität.

»Brauchst du was? Fehlt dir gerade dies oder das?

Kein Problem! Es fällt immer mal wieder ein Karton vom Laster.«

»Du hast dich gestritten? Mit deiner Schwester, deiner Cousine? Kein Problem! Es gibt immer einen, dem die Faust locker sitzt.«

»Du langweilst dich? Kein Problem! Es gibt immer einen, mit dem du rumquatschen, rumalbern, rauchen kannst.«

Das ist die Banlieue. Es ist eine Welt des Alles oder Nichts, des Besten und des Schlimmsten.

Dem Schlimmsten, was man erleben kann, habe ich euch hier ausgeliefert. Es hat meine Jugend zu einem Albtraum gemacht.

Die französische Originalausgabe erschien 2002
unter dem Titel »Dans l'enfer des tournantes«
bei Éditions Denoël, Paris

2. Auflage 2003

© by Éditions Denoël
Deutsche Ausgabe © Pendo Verlag GmbH
Zürich 2003
Umschlaggestaltung: Charlotte Löbner, Mainz,
unter Verwendung einer Fotografie von Arnaud Février
Gesetzt aus der Stempel Garamond
Satz: Fuldaer Verlagsagentur, Fulda
Druck und Bindung: Druckerei Pustet, Regensburg
Printed in Germany
ISBN 3-85842-560-5

»Zum Lachen, zum Weinen und zum Nachdenken.«

Phosphore

Alexandre Jollien
Die Kunst Mensch zu sein
Aus dem Französischen
von Barbara Müller Renzoni
112 Seiten · geb. mit SU
sFr 24,90 · € 14,90
ISBN 3-85842-564-8

»Blond oder depressiv oder mit Plattfüssen: Helfen uns solche Etikettierungen wirklich, um das Geheimnis zu verstehen, das jedem Individuum innewohnt?« Der Philosoph Alexandre Jollien wird als Behinderter ständig mit Etiketten und Vorurteilen konfrontiert. »Nicht normal« zu sein ist für ihn eine Grunderfahrung. Aber wer ist normal? Ausgehend von seinen alltäglichen Erfahrungen zeigt Jollien, welche Kraft sich aus Schwächen entwickeln läßt.

Sein Buch sprüht vor Lebensfreude und Humor. Es ist ein leidenschaftliches Plädoyer für die Einzigartigkeit jedes Menschen und für die Freundschaft als lebensnotwendige Kraft.

Pendo
www.pendo.ch

Forchstraße 40 CH-8032 Zürich
Fon 0041/1/389 70-30
Fax 0041/1/389 70-35

»Liebe das Leben, und denk an den Tod!«

Erich Kästner

Verena Kast

Diese vorüberrauschende blaue einzige Welt

Gedichte zu Lebensfreude und Endlichkeit

128 Seiten · geb. mit SU

sFr 22,90 · € 12,90

ISBN 3-85842-545-1

Während des ganzen Lebens müssen wir Liebgewonnenes aufgeben und loslassen, um für Neues offen zu werden. »Abschiedlich Leben« nennt es die bekannte Psychologin und Trauerexpertin Verena Kast; sie hat Gedichte gesammelt, in denen diese Lebenseinstellung zum Ausdruck kommt. Ein Geschenkband über das Abschiednehmen, über die Liebe zum Leben und die Versöhnung mit dem Lebensende.

Mit Gedichten von Rose Ausländer, Ingeborg Bachmann, Erich Fried, Marie Luise Kaschnitz, Gottfried Keller, Else Lasker-Schüler, Christian Morgenstern und anderen.

Pendo
www.pendo.ch
Forchstraße 40 CH-8032 Zürich
Fon 0041/1/389 70-30
Fax 0041/1/389 70-35